# 道徳科教育学の構想とその展開

The Concept and Development of Moral Subject Pedagogy

## 田沼 茂紀

TANUMA Shigeki

北樹出版

## まえがき

　平成27（2015）年3月27日の中央教育審議会答申「道徳に係る教育課程の改善等について」を受け、文部科学省が学習指導要領一部改正を告示したことでわが国の道徳教育は大きな転換期を迎えた。つまり、わが国の義務教育諸学校に「特別の教科　道徳」＝道徳科が新たに誕生し、小学校および特別支援学校小学部については平成30（2018）年度より、中学校および特別支援学校中学部については平成31・令和元（2019）年度より全面実施され、わが国における令和新時代の道徳科教育の幕が切って落とされたのである。

　この道徳科の前身が学校教育に位置づけられたのは、明治5（1872）年8月の学制頒布によってわが国での近代教育制度が整えられた時代にまで遡る。当時の学制で設けられた下等小学（修学年限4年）と上等小学（修業年限4年）に置かれた「修身科」こそ、そもそもの始まりである。下等小学では綴り方、習字、算術等々14科目の中に6番目の科目として「修身科」が位置づけられた。明治12（1879）年には侍講元田永孚が取りまとめた明治天皇の教育への意見書「教学聖旨」が時の政府に示され、同年に発布された「教育令」、翌年には改正教育令が再発布となり、修身科は一躍筆頭教科に格上げされて「尊皇愛国心」涵養のシンボリックな役割を果たすこととなった。それはアジア・太平洋戦争が終結した昭和20（1945）年、GHQ（General Head Quarters：連合国軍最高司令官総司令部）の占領政策として同年12月31日に日本歴史、地理と共に修身科が停止されるまでわが国の初等・中等学校教科・学科課程における最重要科目として位置づけられてきたのである。

　その後、終戦後の混乱期を経て再び道徳授業が特設されたのは昭和33（1958）年9月である。その「道徳の時間」は、教育課程上では教科外教育の領域指導時間として位置づけられた。ただ、労働組合運動の隆盛といった社会的背景や国民の政治観や価値観の変化に伴う道徳教育忌避感情や軽視傾向から建前道徳、実効性の伴わない裃を着た道徳と揶揄され続けて平成に至ってしまった。だが、一方で子供を取り巻く社会状況は激変し、2011年に滋賀県大津市内中学校で発生したいじめ自殺事件を契機に実効性の伴う道徳教育の実施が急務となってきた。この実効性ある「考え、議論する道徳」への転換こそ、これからの時代を拓く「特別の教科　道徳」＝道徳科の新たな出発点である。

　さて、本書でこれから述べるのは、令和新時代におけるわが国の道徳教育および道徳科教育の具体的な実践枠組み構想とその展開についての提唱である。特に教職志望学生や経験の浅い現職教員の学習指南書となるよう、平易かつ体系的に学べるような表記・文献紹介を心がけた。そして、その基底にあるのは子供に内在する善なるものを望ましい方向へと導くことを研究対象とした学問分野、道徳教育学の立場である。また、その道徳教育学を社会科学的な視点から「道徳科」へ応用し、学校教育を支える具体的な指導実践枠組みとして機能する「道徳科教育学」という新たな教科教育学理論を本書では提案していく。

　ただ、今日の道徳科へ至る足跡を辿ると、幾度かの大改革を経て現在に至っていることが一目瞭然である。明治の学制施行で小学校教科課程に登場した「修身（修身口授<sub>ギョウギノサトシ</sub>）」が教育令改正によって筆頭教科に格上げされ、アジア・太平洋戦争終結まで「修身科」としてわが国学校教育のバックボーンを成してきた。そして戦後はそれが一転して否定され、新学制改革混乱期の紆余曲折を経ながら昭和33（1958）年に教科外教育の「道徳の時間」特設となった。さらにそこから60年余の時を刻んで辿り着いたのが、「特別の教科　道徳」＝道徳科である。その歴史的変遷の意味をもう一度噛みしめたいものである。

　本書では道徳科教育学定立の視点から授業実践を支える道徳科教育内容構成学、道徳科教育方法学の在り方等について言及するが、前提となる道徳教育学はまだ緒に就いたばかりである。今後の早急な学問的構築が俟たれるところである。

　最後に、著者の敬愛する先達、竹ノ内一郎先生（1914‒2004年）の名言「道徳教育の究極のねらいは、実践できる道徳人を育てることである」という一文を紹介したい。先生は、一教育実践家の立場からわが国の戦後道徳教育振興に尽力された実践的道徳授業理論提唱者である。まさに道徳教育学、道徳科教育学の本質を射貫く言葉である。実践できてこその道徳教育である。本書が提唱する道徳科教育学理論構想構築のコンセプトは、まさにそこにある。

　　　　令和4（2022）年早春

　　　　　　　　　　　　　　　　　　　　　　　　　　　田　沼　茂　紀

# 目　　次

道徳科教育学の構想とその展開

# 第1章

# 道徳科教育学の基礎づけ

## 第1節　道徳教育新時代における道徳科教育学定立の背景

### 1　学校教育としての「道徳教育」で目指すのは道徳性の育み

　「はじめに」でも述べた通り平成27（2015）年3月、わが国の義務教育諸学校教育課程編成の前提である学校教育法施行規則一部改正および学習指導要領一部改正が文部科学省より告示され、小・中学校等の義務教育学校に「特別の教科　道徳」＝「道徳科」が誕生し、道徳教育新時代の歴史が時を刻み始めた。では、この道徳科創設の意図と教育学的意義はどこにあるのであろうか。

　わが国の諸学校における教育課程編成の前提は、教育の国家基準として文部科学省から告示される学習指導要領（course of study）である。小・中学校学習指導要領第1章総則の第1「小（中）学校教育の基本と教育課程の役割」2の(2)に、「道徳教育は、教育基本法及び学校教育法に定められた教育の根本精神に基づき、自己の生き方を考え、主体的な判断の下に行動し、自立した人間として他者と共によりよく生きるための基盤となる道徳性を養うことを目的とすること」と明記されている。つまり、学校における道徳教育や道徳科で目指すのは、「道徳性の養い」である。また、その道徳性の養いは学校における全ての教育活動を通じて実現されるものであり、「特別の教科　道徳」はその中核を担う「要」の教科であると学習指導要領では述べられている。

　また、小・中学校学習指導要領第3章「特別の教科　道徳」の「第1　目標」では、「第1章総則の第1の2の(2)に示す道徳教育の目標に基づき、よりよく生きるための基盤となる道徳性を養うため、道徳的諸価値についての理解を基に、自己を見つめ、物事を（＊中学校：物事を広い視野から）多面的・多角

的に考え、自己の生き方（＊中学校：人間としての生き方）についての考えを深める学習を通して、道徳的な判断力、心情、実践意欲と態度を育てる」と説明されている。

　つまり、子供が自分自身の人間としての生き方や在り方について考えを深める時間が道徳科で意図する学習であり、それらの学習を通して①道徳的判断力（認知的側面）、②道徳的心情（情意的側面）、③実践意欲と態度（行動的側面）という知情意一体となった道徳的諸様相の総体としての「道徳性」を身につけていくことが道徳科で目指す明確な学習到達目標となるのである。

　ただ、ここまでの文脈で道徳教育の在り方やその方法について諸々の疑念も生じてこよう。例えば、道徳と躾の違いは？道徳教育と徳育教育の違いは？道徳と倫理と宗教との関係性は？道徳と法律の関係性は？学校教育と道徳教育と道徳科の区別や関係性は？「道徳」と一口に表現しても、それを取り巻く諸々の疑念は払拭できないであろうし、そもそも道徳教育や道徳科は国家の教育基準である文部科学省学習指導要領によって簡単に規定され得るような狭義の教育概念なのであろうか。そうであれば、学習指導要領が改訂されることで道徳教育の中身（つまり、その指導内容や指導方法）もそれに伴って一変するような朝令暮改的な性質のものに過ぎないということになってしまうのである。

　洋の東西を問わず、長い人類の歴史の中で「個の生き方としての道徳の問題」は常に最大の関心事であり続けてきた。それが学習指導要領とどのように結びつき、どのような論理的整合性をもって学校教育として展開されるのか、この関係性についてはきちんと着目していく必要があろう。なぜなら、本書でイメージしている普遍的な教育学的知見に立脚する「道徳教育学」と、それに連なる学校教育としての道徳教育や教科道徳科成立根拠となる「道徳科教育学」の社会科学的な立脚点についての説明が困難となるからである。

## 2　学校教育の営みが道徳教育そのものであることの吟味

　先ず、学校教育即ち道徳教育という表裏一体の営みである点について触れ、その成立根拠に関わる疑念を解消しておきたい。

　道徳教育の究極の目的は教育基本法を引用するまでもなく、自らの人生を自

律的に善く生きようとする人格的資質・能力の育成である。当然、その前提と
なるのは、自分と同様に生きている他者と共により善く生きようとする未来志
向的な主体的意志力である。ならば、それは学校教育という全ての教育活動の
中で実現されなければならないものであると結論づけても異論はあるまい。つ
まり、学校教育即ち道徳教育なのである。

　わが国における現代の道徳教育は、道徳科を要とする学校教育の場において
全ての教育活動を通じて展開されるが、人格形成という側面から道徳教育を論
じていくと、古代ギリシャの倫理哲学者ソクラテス（Sōkrátēs　B.C.470年頃 −
B.C.399年）の時代から不可避的な人間形成的営みとして論じられてきた。改め
て繙くまでもなく、多くの哲学者、教育思想学者・教育学者、教育研究実践者
によって道徳やそれを施す道徳教育は連綿と語り継がれてきた。むしろ、「子
供を善くする営み」としての道徳教育を語らない教育思想学者や教育学者、教
育実践者は存在しないといった表現が適切であるに違いない。

　ここでは先人たちの人格形成に係る教育思想や道徳教育論を重ね合わせなが
ら俯瞰し、これからの道徳教育が拠り所とすべき考え方や学問的基礎づけとな
るディシプリン（discipline：学問的本質要素）を検討していきたいと考える。

## （1）　カントにおける道徳教育観

　まず取り上げたいのは、カントである。批判哲学書 3 部作によって広く知ら
れているドイツの哲学者イマヌエル・カント（I. Kant　1724 − 1804年）である。
カントは、『実践理性批判』（1788年）の結びで「ここに二つの物がある、それは
−我々がその物を思念すること長くかつしばしばなるにつれて、常にいや増す新た
な感嘆と畏敬の念とをもって我々の心を余すところなく充足する、すなわち私の上
なる星をちりばめた空と私のうちなる道徳的法則である」[1]と自らの信念を述べて
いる。

　この結びの一文はカントの墓碑に刻まれた名言でもあるが、この言葉が意味
するのは自然法則と道徳的法則との二つの支配世界に属して生きる存在の人間
は「〜ならば、〜せよ」といった仮定や前提に基づく仮言命法ではなく、「（無
条件に）〜せよ」という定言命法によってのみ判断・行動することで自ら自律
的かつ自由に生きられるという人間観・道徳観を述べたものである。つまり、

人間は理性による推論に従うことで何が道徳的・実践的であるかを規定できるとカントは考えたのである。

そんな道徳教育観を唱えたカントは、教育学での名著である『教育学講義』（1803年）も著している。その中でカントは、「人間は教育によってはじめて人間となることができます。人間とは、教育がその人から作り出したところのものに他なりません。人間が人間によってのみ教育されるということ、しかも同じように教育を受けた人間によってのみ教育されるという注目すべき事実です」[2]と教育によって人間の本性が発展向上し、完成されると論じている。

カントに依拠すれば、人間性の中には多くの胚芽が宿っており、それを均衡の取れたものとして発達させ、人間の「第二の本性（実践理性）」としての本分に到達させることが教育の働きであるという説明になる。特にカントは、道徳的教化は心構えを陶冶する格率（行為の主観的実践原則）の上に基礎を置くべきで、道徳的訓練に基礎を置くものであってはならないとも断言している。

### （2）　ヘルバルトにおける道徳教育観

次なる人物は、「教授のない教育などというものの存在を認めないしまた逆に、少なくともこの書物においては、教育しないいかなる教授もみとめない」[3]と『一般教育学』（1806年）で看破した19世紀ドイツの教育哲学者ヨハン・フリードリヒ・ヘルバルト（J. F. Herbart　1776－1841年）である。

ヘルバルトは、教育の目的は哲学的倫理学によって決定され、その目的実現の方法論は心理学によって基礎づけられるとして社会科学的な視点から近代教育学の在り方について論じた人物である。そのヘルバルト教育学は、恩師であるドイツ観念哲学者のヨハン・ゴットリープ・フィヒテ（J.G. Fichte　1762－1814年）や、スイスへ訪ねたヨハン・ハインリヒ・ペスタロッチ（J.H.Pestalozzi, 1746－1827年）の人間観および教育観に影響を受けつつ発展的に自己教育理論を展開している。

ヘルバルトは、教育の目的を必然的目的と可能的目的とに分類した。その必然的目的とは道徳的品性であり、道徳的判断の前提となるのは直感的判断や美的判断といったもので、それらは意志によって実現されると説明した。そして、その道徳的意志の在り方やその培いは、「内的自由の理念」「完全性の理念」

「好意の理念」「正義の理念」「公正の理念」といった5類型で関連づけられる
ものであると説明根拠を挙げながら論じている。また、もう一方の可能的目的
については子供の多方面的な興味・関心であると説明づけている。

　ヘルバルトの教育思想は、ペスタロッチが行った直観教授法による教育実践
の理念的完成を目指すところから出発している。その結果、ペスタロッチ教育
論の限界は数・形・語の基礎力訓練と道徳性の育成は初等教育レベルにとどま
るためにそのメトーデ（methode：目的達成手段・方法）は高度な民衆教育に発
展しないことを指摘するに至ったのである。そして、ヘルバルトは教育の目的
は哲学的倫理学によって、教育の方法は心理学によってそれぞれ基礎づけされ
るとペスタロッチの理論面での継承的発展を目指したのである。

　ヘルバルト教育学において、教育の目的は道徳性の陶冶（育成）にあった。
ヘルバルトは、美的感覚の涵養や知識の教授は道徳的陶冶において切り離せな
い「教育学的教授」であると説明している。そして、その道徳的品性陶冶につ
いてヘルバルトは「道徳の根拠は、もっぱら正しい洞察に従う自己の意欲であるか
ら、何よりも第一におのずから理解されることは、道徳的教育はたとえばある外面
的な行動ではなくて、適当な意欲とともに洞察を生徒の心情の中へ提出すべきである、
ということである」[4]と子供自身の自発的な意思による道徳的陶冶を基底にする
教育学理論を展開したのである。

### （3）　デューイにおける道徳教育観

　諸外国の先人でどうしても取り上げなければならないのは、わが国の教育界
に今日においても大きな影響力を及ぼし続けている米国の経験主義教育哲学者
ジョン・デューイ（J. Dewey　1859 – 1952年）である。デューイの教育思想は、
従前の伝統的教育観と対比する手法で新たな教育的枠組みを構築した点に革新
的な特色がある。特に「われわれの教育に到来しつつある変革は、重力の中心の移
動である。それはコペルニクスによって天体の中心が地球から太陽に移されたとき
と同様の変革であり革命である。このたびは子どもが太陽となり、その周囲を教育
の諸々のいとなみが回転する。子どもが中心であり、この中心のまわりに諸々の営
みが組織される」[5]と『学校と社会』（1899年）で述べたこの1節は、まさにデ
ューイ経験主義教育学の神髄であろう。

　デューイは、教育における経験を絶え間なく再組織化・再構成することでその質を変化させ、新たな価値を生み出す過程と捉えた。また、デューイの経験主義教育論から見た道徳教育の考え方では、民主的な共同社会では様々な関心が相互に浸透し合っているので再適応と進歩が社会生活として実現されるような計画的・組織的で創造的な経験による教育的配慮が必要ということである。この指摘によって、従前の内的な道徳（精神）と外的な道徳（活動）という二つの狭隘な概念分離的な考え方でなく、本来的な道徳教育とは知識と行為の関係に関わるものとして捉えることが重要という主張が成立したのである。

　デューイは『民主主義と教育』（1916年）の最終章において、「学校はそれ自体社会生活の一形態、小型の社会となり、また学校の堀の外の、学校と違った共同経験の様式と密接な相互作用ができるものとなるからである。社会生活に有効に参加する能力を高める教育はすべて道徳的である。そうした教育は、社会的に必要な特別の行為を果たすばかりでなく、また成長にとって絶対に欠かすことのできないあの絶えざる再適応に興味を抱くような品性をも形成するのである。人生のあらゆる触れ合いから学ぼうとする関心は、真の道徳的関心である」[6]と結んでいる。

　つまり、デューイの考える道徳教育論とは、教育上望ましい全ての目的と価値自体が善良さを育むというよりも学校教育それ自体が個人や社会との関わりの中で相互に均衡を保つような生活となるだけでなく、社会の一員として生活に対する意識の拡大や深化を意図することであるから、それを受容する力を養うことが道徳の本質であると捉えたのである。折しも、現今のわが国の学校教育が育成を目指す学力観「生きる力」は、子供自身が自らの未来を拓く資質・能力としての「主体的・対話的で深い学び」の育成の上に成り立つ。学習主体として子供を位置づけ、社会との相互連環的な交互作用を通して「自分事」の学びを創出しようとする今日の学校教育の在り方とデューイの主張する道徳教育理論は大いに符合していると考えられる。むしろ、経験主義的な視点から学習者のつまずきや試行錯誤を積極的に学習活動として取り入れ、評価していくようなデューイの提唱するプラグマティズムにおける可謬主義（fallibilism：既存知識へ懐疑）は既にわが国における今日の学校教育の潮流そのものであり、特に道徳教育においてはデューイが思い描く道徳教育理論とまさに同一基軸を

なしていると考えられよう。

## （4）　篠原助市における道徳教育観

　一方、わが国の近代教育学的先人としては、20世紀初頭から二つの世界大戦を経て戦後民主主義教育草創期に至るまで長きにわたって教育学研究を牽引した篠原助市（1876-1957年）を取り上げたい。篠原はその精力的な理論研究を通して多くの研究著作を残しているが、大学の講壇から教育学を論じ続けたので実践とは乖離した「講壇教育学者」と称されたこともある。しかし、現実の篠原は36歳で京都帝国大学へ入学するまで師範学校教師、附属小学校主事として教育現場の最前線に身を置き、豊富な実践教育学的な知見を併せ持っていたのである。かつての同僚で大正〜昭和初期に世界的な盛り上がりを見せた新教育運動の旗手となった及川平治や、同時期に同様の斬新な教育実践理論を提唱して活躍した木下竹次等と時代の空気を共有した異質の教育学者である。

　そんな篠原を敢えて取り上げる理由は、初期の労作である『批判的教育学の問題』（1922年）の中で「教育を生活そのものと見ると、生活の準備と見るとは、また教材の選択において着眼点の大なる差別を将来する」[7]といった大正〜昭和初期に世界的な盛り上がりを見せた新教育運動下にあっても時流に惑わされない大局的な視点で教育の在り方や修身（道徳）教育の在り方を論じた教育学者であるからである。同時代には文化教育学で知られるシュプランガー（E.Spranger　1882-1963年）等のドイツ教育学・心理学理論をわが国に導入し、山崎博（1890-1958年）が校長として牽引し一世を風靡した「田島体験学校」[8]での体験教育理論を基底で支えた入澤宗寿（1885-1945年）等もいるが、ここでは戦後の『訓練原論』（1950年）といった著作まで一貫して道徳教育を論じている篠原を敢えて優先して取り上げることとした。

　篠原の比較的初期の著作『批判的教育学の問題』は、梅根悟・勝田守一監修の下「世界教育学選集」として1970年に復刻刊行されている。解説を担当した梅根は、「その人の、その国での教育学史における地位としてみるなら、彼の日本におけるそれは、ドイツにおけるヘルバルト、アメリカにおけるデューイに比すべきものであるかもしれない」[9]と篠原の教育学的業績の量と質を絶賛していることを付け加えておきたい。

　篠原はヘルバルトとカントの道徳教育観は相互に対蹠的（たいせきてき）でありながらも、理性的な道徳的法則理解から出発している点では同様と見なし、その法則理解と実行とが単純でない点を指摘している。そして、道徳的心情が人と人との関係性において覚醒され、道徳的体験がその覚醒への呼びかけへの応答によって成熟するとして、「道徳の教授の任務はこの熟しつつある体験を明徴（めいちょう）ならしめ、より以て将来の応答への道を明示するに存しなければならぬ。先づ知らしめ、然る後行動に導くのではなくて、己に熟しつつある体験を明徴ならしめ、其の純粋性に徹せしめ、実行に対する指導を与うる所に道徳の教授の本質的任務はある」10)と『教授原論』（1942年）の中で論述している。この書籍が刊行された時代的背景は、尋常小学校が国民学校と改められた戦時下挙国一致体制下ではあったが、戦後に刊行された『訓練原論』（1950年）で述べられている理論展開との齟齬は生じていない。つまり、篠原の考える道徳教育の本質は「道徳的環境において覚醒せられた道徳的心情を明澄ならしめ、不断の活動によっておぼろげながらも有する道徳的観念を解明し、己に対する道徳的衝動を明敏ならしめる場合を指し、個よりかなり豊富な道徳的体験を前提とする」11)ところにあると結論づけられるのである。

　それゆえに篠原は、道徳教育は心情と意思の事柄なのでその架橋は豊かな道徳的体験によって感情を覚醒することと考え、教室で教師が口舌で子供に油をかけるように教え諭すのは役立たないばかりか、却って有害であると断言するのである。

## 3　学校教育における道徳教育の基礎づけ

　ここまでカント、ヘルバルト、デューイ、篠原と、時間軸や空間軸、対人関係軸、状況軸等を意図的に交錯させながら道徳教育の本質、学校教育における道徳教育の位置づけや在り方について検討してきた。

　カントは、「〜せよ」という自らへの義務としての定言命法によって、「〜ならば、〜せよ」という仮言命法的な利己的動機ではなく、無条件に自らの意思で善い行いをすることを義務づけ、自分の思考・判断基準が普遍的な道徳法則にまで高められるとした。そして、それは個として主体的かつ他者に拘束され

ない自由な生き方そのものであると考えたのである。そのための教育は心構え
の陶冶であって、道徳的訓練であってはならないと戒めたのである。

　また、ヘルバルトは教育の必然的目的を道徳的品性の陶冶にあるとして内的
自由の理念、完全性の理念、好意の理念、正義の理念、公正の理念に基づいた
道徳的陶冶の進め方に言及している。そこでは外面に現れた道徳的行為ではな
く、子供が自己洞察しようとする心情と意欲が何よりも重要であると指摘した
のである。そのような捉え方は、子供の生活に対する道徳的関心や意識の拡
大・深化を意図する受容力を育むことであるとしたデューイの基本的な立場と
符合する。つまり、道徳性を自らの内に形成する主体は他ならぬ子供自身であ
るという点についての言及である。よって、篠原の指摘する道徳教育観、教育
という営みの中で人と人との関係性において道徳的心情は覚醒され、そこでの
道徳的体験による覚醒への呼びかけへの呼応が道徳的法則理解になるとする考
え方や捉え方はデューイ等と大いなる共通性をもって理解されるのである。

　さて、現代に生きる我々はここまでに挙げた先人の道徳教育観から何を学び、
道徳教育学や道徳科教育学の学問的基礎づけとすればよいのであろうか。

　それは言を俟たず、道徳性を自らの内に培うのは子供自身であるという至極
当たり前の事実である。よって、外面に顕れる「躾」的な働きかけでは人格的
陶冶としての道徳性の培いが適切には実現しないという本質的な捉えである。

　言わば、道徳教育において何よりもまず理解しなければならないのは、外部
からの教え込み（indoctrination）による「型はめ」するような道徳的行動の指
導では不可能だということである。つまり、道徳教育はあくまでも子供の内面
に働きかけ、その働きかけの手立てを労しながら道徳的覚醒を促し、その覚醒
を通して道徳的価値自覚に基づく個としての価値観形成を企図していく教育的
営みであることと説明できるのである。そこには教育学的な考え方に基づく教
育内容構成学的な働きかけと同時に教育方法学的な視点での明確な目的達成に
至る働きかけ、その両者の融合なくしては実現しないものであることを敢えて
ここできちんと押さえてから本書の核心について次章以降で展開していきたい。

## 第2節　道徳教育を「学」として学ぶための基礎的事項の理解

### 1　人間にとって「道徳」とは何か

#### （1）　善く生きることは正しく生きること

　日常生活での事柄をいちいち取り上げ、「道徳としてはどうか？」と自問する人はあまり見かけないであろう。しかし、ふとした事情で、あるいは、たまたま遭遇した日常的場面で、「これは本当に善いことなのか？」、「こんな行いは、道徳的に間違っているのではないか？」といった素朴な疑問や感情が湧き上がってきたような経験はないだろうか。そんな時の個としての心の揺らぎや迷いの要因となっているもの、それこそが「道徳」なのであろうと考える。

　まず、「道徳」という熟語のもつ意味から解明してみたい。広辞苑[12]を繙いてみると、「人のふみ行うべき道。ある社会で、その成員の社会に対する、あるいは成員相互間の行為の善悪を判断する基準として、一般に承認されている規範の総体」とある。そして、法律のような外面的強制力を伴うものでなく、個人の内面的な規範原理であり、事物に対する人間の在るべき態度もこれに含まれると続けられている。つまり、個の内面にあって、個の在り方や生き方と緊密に関わり合って個々人の日常行動の善し悪しを決定づけているものが道徳と呼称される内容そのものであろうと説明できるのではないだろうか。

　広辞苑では、さらにもう一つの意味として、中国春秋時代の思想家である老子の『老子道徳経』から、「道」と「徳」とを説明している。つまり、熟語として構成される道徳の「道」とは、人が人として善悪をわきまえて正しく生きるために守り従わなければならない規範であるとしている。言わば、人生において人として踏み行うべき道、道理を意味しているのである。また、熟語の対となっている「徳」はその道の本質に従った振る舞い、「善さをよしとする人の在り方や生き方」をするための道標もしくは羅針盤を意味していると説明される。よって、人として踏み行うべき人生の羅針盤を子供一人一人が自らの内面に形成することを目的に施されるのが学校教育における道徳教育であるということになろう。

## （2）「道徳」を語るソクラテスの言葉

　知恵者を自称するソフィスト（sophist：弁論術を教える教師）よりも、知らない自分を自覚している自分がより優れているとして「無知の知」を唱えた前出の古代ギリシャ時代の倫理哲学者ソクラテスは、問答によって論破された政敵等によって公開裁判にかけられ、不正な死刑宣告を受け、70歳を越えた高齢ながら「悪法もまた法なり」と自ら毒杯を仰いで獄中でその波乱の生涯を閉じた。その死の間際、ソクラテスが老友クリトンと交わした対話をまだ20代の若者であった弟子のプラトン（Plátōn　B.C.427-B.C.347年）が対話集『クリトン』[13]として書き残している。そこではこんなやり取りがなされている。

> ソクラテス：一番大切なことは単に生きることそのことではなくて、善く生き
> 　　　　　　ることであるという我我の主張には今でも変りがないかどうか。
> クリトン：むろんそれに変りはない。
> ソクラテス：また善く生きることと美しく生きることと正しく生きることとは
> 　　　　　　同じだということ、これにも変りがないか、それともあるのか。
> クリトン：変りはない。（＊訳書原文箇所引用）

　ソクラテスにとって、道徳的に生きることは善く生きることであり、善く生きることは美しく生きること、正しく生きることそのものであったのである。

## （3）　未来永劫のための魂の世話としての「道徳」

　ソクラテスの最期の時という設定で描かれているプラトンとの対話集『パイドン』[14]では、永遠不滅のイデア（idea：ものの形）として人間を支配する魂の世話について以下のように述べている。

　もしも魂が不死であるならば、われわれが生と呼んでいるこの時間のためばかりではなく、未来永劫のために、魂の世話をしなければならないからである。そして、もしもわれわれが魂をないがしろにするならば、その危険が恐るべきものであることに、いまや思いいたるであろう。なぜなら、もし死がすべてのものからの解放であったならば、悪人たちにとっては、死ねば肉体から解放されると同時に、魂もろともに自分自身の悪からも解放されるのだから、それは幸運な儲けものであっただろう。しかし、いまや、魂が不死であることが明らかな以上、魂にとっては、でき

るだけ善くまた賢くなる以外には、悪からの他のいかなる逃亡の道も、また、自分自身の救済もありえないだろう。（＊訳書原文箇所引用）

　人間の魂は、例え肉体が滅んでも不滅である。よって、個々人の魂については死後もその在り方が問われるのであるから、生きている間により善く生き、より賢く生きるという魂の世話、つまり道徳的に生きる必要があることをプラトンはソクラテスの言葉を借りて語っているのである。

　ソクラテスにとっての「魂の世話」について村井実（1972年）は、「『魂の世話』というのは、もちろん個人が善悪を知りわけて生きることではあるが、それがそのまま社会的な営みとして、国家にとっての重要な機能」15)と考えられたのであった。つまり、個人が善く生きるということは、即ち国家も善くあるということを意味するのである。このソクラテスの思想を引き継ぎ後世に遺したプラトンは、個人の正義モデルを国家の正義を論ずることで解き明かそうとした『国家』という代表的な著作を残している。よく「徳治国家」といった言葉を耳にするが、これは法律によって国の政治を進める法治主義に対し、道徳によって国民が国家統治する理想政治を目指す徳治主義の考え方である。

### （4）　道徳は教えられるのか

　道徳教育とは、「徳（アレテー／英: virtue）」の教育である。徳とは、人間としての卓越性といった意味を有する。この徳の教育の在り方については、古代ギリシャのソクラテスの時代から問われ続けてきた古くて新しい命題でもある。もし、仮に教えられないとするなら、学校での道徳教育は成り立たないことになるし、教えられるということであれば道徳教育を徹底することで、この世の中から不道徳な人を簡単に無くすことができるに違いない。では、いずれなのであろうか。

　この根源的な問いについて、プラトンは対話集『メノン』において師であるソクラテスと他の都市国家より訪れた青年メノンとの問答を通して語っている。ソクラテスは、メノンとの対話を通してその本質にじりじりと迫っていく。「徳は知なり」とソクラテスは語り、「徳は教えられうるもの」、「徳は知識」、「徳は善きもの」という3命題を極めていく。『メノン』における結論は、真の

知としての徳を確実に備えた哲人政治家のみが徳を教えられるとして、「誰か徳の教師がいないかと何度もたずねて、あらゆる努力をつくしてみたにもかかわらず、見つけ出すことができないでいることはたしかなのだ」[16]という一言で語られている。つまり、そのような知を備えた人はこれまで存在しなかったから、徳は教えられたことがなかった。それは、道徳は教えられないという解を意味しているのである。

　道徳は教えられないとなると、ならばどう学校でそれを教育するのかという新たな課題が生まれ、その教育内容や教育方法の在り方を模索していかなければならないことが容易に理解できるのである。

### （5）　なぜ道徳は教育されなければならないのか

　学校教育では、なぜ道徳を教育しなければならないのであろうか。フランスの社会学者E.デュルケーム（Émile Durkheim　1858-1917年）は、「教育の目的は子どもに対して全体としての政治社会が、また子どもがとくに予定されている特殊的環境が要求する一定の肉体的、知的および道徳的状態を子どもの中に発現させ、発達させることにある」[17]と述べている。デュルケームの言に従うなら、教育とは社会生活においてまだ成熟していない世代に対して成人世代が行使する意図的作用である。そして、道徳教育も当然そこに含まれる。

　一方、立場は異なるが、プラグマティズム（実用主義・経験主義）哲学者であり、進歩主義教育学者としてわが国の戦前・戦後教育に大きな影響力を及ぼした前出のデューイは、その主著『学校と社会』[18]の中で、学校は子供が受動的に学習する場ではなく、子供が興味に溢れて活動的な小社会にならなければならないと述べている。子供たちは、学校教育を通して自分らしい生涯にわたる生き方に必要なものを自らの必然性のあることとして学ぶのである。もちろん、子供は人として生き、その一生を全うする過程において、およそ道徳的問題を回避して生きることは不可能であるに違いない。その社会生活を送る上で、一人一人が人間らしい望ましさを実現しようとすると、そこでの行動規範を規定する法律さえあれば上手くいくとは考えにくい。人間社会の潤滑油として機能し、一人一人の人間の尊厳を保ちつつ自己実現に向けて充実した人生を送れるようにするためには、やはりそこには道徳の存在が必要となってくる。

このような人間としてよりよく生きる力を育てるために、学校教育では道徳教育を基底に置いて展開していくことが必須なのである。

　事実、道徳教育はその歴史を繙くまでもなく、洋の東西を問わず、各々の国の各々の内容や方法で行われてきた。つまり、学校教育は知識や文化の伝達だけすればそれでよしとはならないのである。では、人々が考える道徳教育とは一体どのようなものを意味しているのであろうか。

　この問題について村井実（1967年）は、「『徳』の教育というのは、『道』を教えられた理性が『これをなすべきである』と命令するとき、『私はそうしたくない』と答える矛盾の可能性から若い人々を救うための教育である」[19)]と、絶妙な解説をしている。つまり、道徳教育での「教える」というのは理性のみに働きかけて成立するものではなく、当事者の情操や主体的な道徳的意志への訓練を経て初めて成立し得ることを物語っているのである。


## 2　倫理・法律・宗教と道徳との関係性
### （1）　倫理と道徳教育との関係とは

　道徳教育という語感から、道徳とは普遍的規範であるとか、国家的な枠組みを超えた人類普遍の真理を追求することを教育するものといった誤解を生みやすい。しかし、決してそのようなものではない。むしろ、市井の人々の良好な社会的関係を構築したり、個としての充実した日々を内面から支えたりする「芯棒（心柱）」となるものを育んでいく営みである。

　よって、各々の国では自分たちが置かれた時代やその社会的ニーズによって必要とされる事柄から道徳教育の内容を選択し、構成し、その国の実情に適した道徳教育方針として規定し、実施するのである。よって、その背景には国家的なイデオロギー（思想傾向）や宗教性、文化や歴史に裏打ちされた国民性等々が色濃く反映されている。言わば、国家理想として目指すべき望ましさが体現された一つの理想型が道徳教育であると考えた方が自然なのである。

　そのような前提に立つなら、道徳教育の内容は二つの要素で成り立っていると解せよう。つまり、道徳教育の構成内容は古来より一貫している黄金律や望ましさが収斂されてそれ自体が有意味な徳目となって凝縮された不変的価値内

容と、その時々の時代的・社会的要請で変化する可変的な価値内容とで混在的に構成されているものである。そのような混在的な価値内容を一律に施す道徳教育は、自分たちの国家や社会を未来永劫のものとして継承・発展させるための「意図的かつ目的的な営み」なのである。

　ここまで語れば、容易に察せられることであるが、私たちの日常生活場面を想起すると、「倫理（ethics）」と「道徳（moral）」とが同義的に語られるようなことも少なくない。だが、そこには厳密な区分がなされよう。

　例えば、話者が発言の中で国民道徳と言ったり、国民倫理と言ったりするような場合でも、違和感なくその意図は相手に受け止められるであろう。それ程までに類似した意味を有するのが倫理と道徳である。しかし、そう理解しつつも、暗黙裏に使い分けているような場面も少なくない。

　例えば、環境倫理とは言うが環境道徳とはあまり言わないし、営利活動に伴う法令遵守（compliance）の視点からよく用いられる企業倫理等も、やはり企業道徳とは表現しないのが一般的である。つまり、両者には類似する部分と明確に区別している部分があるということである。この倫理と道徳の定義づけについては、以下のように分類することができよう。

　　　倫理・・・人間がよりよく生きる上で必要とされる社会生活、個人生活の
　　　　　　　指針。（倫理は道徳的に生きるための理論）
　　　道徳・・・人間がよりよく生きる上で必要とされる考え方を実現するための具体的な実践方策。（道徳は倫理の実践）

　要は、両者の関わりとは車の両輪のような不可分一体な関係と捉えられよう。いずれか一方がなければそれは円滑に機能しないことになり、両方のバランスが均等になった状態でこそ、その社会的機能の発揮が期待できるのである。

### （2）　道徳と法律との関係とは

　望ましい社会の実現という観点からよく引き合いに出されるのが、個人の逸脱行動抑止力という面での、「法」と「道徳」との優先性の問題である。法、道徳、宗教という概念はそれぞれに個人の言動を規定するが、そこには外的拘束力と内的拘束力、法律上の罪意識と精神的もしくは宗教的罪意識（自罪とか原罪）といった対比で一般的には語られる。

　ここで言う「法律」とは、人々が支え合って暮らす共同社会において、犯罪等の個人の逸脱した言動は他者の安全や快適さ、利益等を侵害する許されざるものとして罰とか反則といった拘束力をもって規制される。このような外部からの拘束力は、法的拘束力として公認されていることで犯罪等の抑止力として大きな意味をもつ。

　それに対し、道徳とは個に内面化された内的拘束力である。そこでの判断基準は道徳に照らしての是非である。外的拘束力は、それが公然と白日の下に晒されなければ免れることも可能である。しかし、道徳における内的拘束力はそうはいかない。他者が知っているか否かではなく、自らの良心（conscience）に照らして是か非かという罪意識である。

　このようなことから、個の外的拘束力となって機能するのが法律であり、個の内面的拘束力となって機能するのが道徳である。これら異なる性格を有する両者を単純に比較することの意味はあまりないが、他律（heteronomy）から自律（autonomy）へという個の人格的発達側面から考えさせられる面は多々あろう。法律と道徳との根源的な差違をまとめるなら、以下のようになろう。

　　法律・・・個人の外面に現れた行為に対して第三者がその善悪を判断し、
　　　　　　罰則という形で適用される。
　　道徳・・・個人の内面にあってその実体は見えないが、社会的行為に対す
　　　　　　る規範意識として作用する。

　法律と道徳の関係は、外面に表れた行為の規準となっている動機に占める割合でも考えられよう。例えば、交通量の全くない交差点で人が青信号に変わるのを待っている状況があったとする。横断するのに何の支障が生じないにもかかわらず赤信号で待っているといった外面的な行為について、その人はどのような動機でそうしているのかが大いに問題となる。法律に従ってのことであれば、道路交通法に違反すると自分にも他者にも危害が及ぶような場合も想定されるから信号を守るということになろう。それに対し、道徳に従ってということであれば、誰かが見ているからとか、罰せられるからといった理由ではなく、社会的な合意形成に基づくルールとして法律が存在し、そこに定められている以上は遵守するのが当然であるといった動機で信号を守ることになろう。

　以上のようなことから、法律は規制や処罰を伴う外的拘束力としての社会的規範であるのに対し、道徳は個人の内的拘束力として作用する個人的規範であることが理解できよう。

## （3）　道徳と宗教との関係とは

　人間の思想や生き方に影響を及ぼす人格に固有な属性として見た場合、道徳と宗教との関係性はかなり密接なものであるとするのが一般的見解であろう。事実、世界の少なからぬ国々の道徳教育では、その根幹的な部分を宗教的教義や戒律等に依拠している場合も少なくない。個の内面を規定する内的拘束力という点では、道徳の総体としての道徳性も、宗教の基となっている原典や教義から派生する宗教性も、個人が現実的に置かれている自己の状況を「より善い」ものに向上・改善しようとする精神的な働きという部分ではまさに符合するものである。

　もし、両者にその差異を求めるとするなら、道徳性は個の主体的意思力が前提となって内的拘束力として機能するのに対し、宗教性はその基となる教義や戒律を受容して遵守しようとする個としての内的意思力である。つまり、遵守すべき規範としての道徳的価値観形成を自らの主体的意思で行うか、本来的に望ましいものとして存在する宗教的価値観を受容して自らの主体性をもって規範に則った生き方の実現を目指すのか、要はその差異である。前者は家族や地域社会における小集団や国家といった単位でのコミュニティ内で共有する価値観とか、合意形成を図ることが可能な共通の価値観とはなかなかなりにくい。それに対し、宗教的価値観の共有は極めて容易であり、時には盲目的服従による暴走も懸念されるといった様相も含んでいる。

　ここまでで明らかなように、個人の内的規範として作用する道徳的価値観、言い換えるなら道徳的傾向性としての道徳性を精査していくと、そこには不可分な要素として宗教性も密接に関連してくるのである。古来より受け継がれてきた戒律や黄金律と称されるものは、その源を辿ればほぼ相違なく宗教に由来するのである。その点からすれば、特定宗教の影響力が強い社会にあっては、それが道徳教育の代替機能を果たすことになる。よって、移民による異教徒が多数派でない国の中には、「宗教」の時間が道徳教育として位置づけられてい

る場合も少なくないのである。ちなみに、わが国の公立学校における道徳教育
では、教育基本法において政教分離の原則が示され、非宗教性を貫いている。

---

教育基本法

（宗教教育）

第15条　宗教に関する寛容の態度、宗教に関する一般的な教養及び宗教の社会
　　生活における地位は、教育上尊重されなければならない。

2　国及び地方公共団体が設置する学校は、特定の宗教のための宗教教育その
　　他宗教的活動をしてはならない。

---

　私立学校にあっては、道徳教育に替えて宗教教育を実施してもよいことにな
っている。だが、その実施方法によっては宗教教育がそのまま道徳教育と同様
の機能を果たすとは限らない。宗教教育と一口に言っても、その実施方法や内
容は広範に及び、場合によっては学習指導要領に示された道徳教育の成果が期
待できないようなことも考えられよう。

　例えば、宗教教育として特定宗教の教義のみを指導するような場合、果たし
て道徳教育で取り上げるような内容を網羅し、目標を達成できるのか、はなは
だ疑問であろう。また、高等学校公民科科目「倫理」で取り上げる先哲の思想
と同様に、宗教的知識教化であっても、やはり道徳教育で目指すような教育成
果は期待できないであろう。やはり、宗教教育で道徳と振り替える場合には、
宗教の教義や知識のみでなく、宗教的情操教育まで踏み込んでの人格形成を意
図していく必要があろう。

　そのような宗教的情操育成に主眼を置いた教育で取り上げる道徳的価値、例
えば生命尊重とか、他者への思いやり、社会奉仕や勤労等々は、非宗教性を原
則とした道徳教育よりも宗教体験（宗教的儀式や雰囲気に連なる感性的・感覚的
体験）を伴って切実性ある個々人の生き方として内面化されよう。むしろ、非
宗教性を前提にした場合、その道徳教育で取り上げる指導内容に対する国民の
合意形成こそが難しい面もあろう。ここに、非宗教性を貫く道徳教育の難しさ
と課題が残されているのである。

　要は、妄信的に特定宗教に偏することなく、教育基本法第15条に述べられているような宗教に対する寛容さ、宗教に対する理解をもって共存を図っていく姿勢が大切なのである。

## 3　道徳性と社会性との違いとは何か
### （1）　学校教育は道徳的社会化である

　ここまで述べてきたように、道徳教育は人間の在り方、生き方にそのまま関わる根本問題を正面から取り上げる教育活動である。よって、授業での結論めいたものを安易に求めたり、子供個々に異なる道徳的なものの見方・感じ方・考え方を一律の教育成果として見出そうとしたりすることは無意味なことである。むしろ、人は誰しも日々の生活の中で様々な事態に遭遇し、喜怒哀楽といった人間としての自らの内にある自然性に翻弄され、戸惑ったり、迷ったりしながら生きている。時には有頂天になって喜びはしゃいだり、時には嘆き・悲しみの中で奈落の底に突き落とされたり、悲喜こもごも渦巻く自らの内面的感情と対峙し、抱え悶えながら生きる存在でもある。そんな中で自らがどう生きるのかという拠り所、生き方の確立を知らず知らずに自らの内に求めるのである。善を志向し、その価値を日常生活場面で実現しようとするところに道徳の意味があり、そのための道徳的なものの見方、感じ方、考え方を鍛え高めることで実践化への意志力や態度を育成していくところに道徳教育が成り立つということになるのである。

　また、その過程ではデュルケームが指摘する社会的事実としての道徳教育の側面も否定するわけにはいかない。人間が社会的存在である以上、デュルケームが言うように、教育の目的は子供が将来参加することになる集団や社会の要求する一定の身体的・知的・道徳的状態を子供に出現させたり、発達させたりする意図的かつ継続的、組織的な方法論的社会化の過程が教育であるとした側面も否定できない。子供に社会の一員として行為し得る「人間としての在り方生き方」を自覚させるため、学校における教育活動全体を通じて包括的に指導するのが道徳教育である点からするなら、そこで求められる社会的資質・能力も緊密に結びついてこよう。それらが、道徳的実践を基底で支える道徳的知識

や判断力、態度といった要素で構成される「道徳知＝道徳力」を形成している
わけである。このような学校で身に付ける学力の総体である学校知そのものと
重なり合う特質を考慮するなら、道徳教育は学校教育の究極目的である人格形
成を目指して道徳的諸価値を個々に内面化させる道徳的社会化（moral
socialization）を意図した包括的な営みであると説明できるのである。

## （2）　道徳教育の基底にあるのはトータルな人間力の育成

　小・中学校学習指導要領に示されたわが国の学校教育の目標は、そのまま道
徳教育の目標と重なり合うことは既に述べた。つまり、わが国の学校教育にお
ける最重要課題は究極的に人格形成なのである。この点は、諸外国より好意的
評価を受けるが、子供の全人格丸抱えでの指導を基底にした日本型学校教育の
特質でもある。この教育の特質については、以下のような背景が挙げられる。

　　　a.子供の教育に熱心な国民性であること

　　　b.教育の根本的な目的を知識・技能よりも人格形成に置いていること

　　　c.教育における平等性を強く求める傾向にあること

　長い鎖国の時代から脱し、教育によって一気に近代国家の道を邁進してきた
わが国の社会的・文化的背景や、それを価値あるものとして支持してきた国民
性が学校教育における人格形成といった部面に高い評価を置く傾向となってい
るのかもしれない。事実、それを象徴するように、教育界のみならず、産業界
等からも事ある毎に「人材育成」、「人間力の強化」が叫ばれるのである。この
ように国民がこぞって求める「人間力」とは一体どのようなものなのであろう
か。この点をまず明確にしないと、それを道徳教育でどう育むのかといった理
論的方略も方法論的方略も見出せないことになる。わが国の教育の特質という
視点から、道徳教育における人間性の捉え方について明らかにしておきたい。

　この点を究明するためには、まず、わが国における道徳観や倫理観のルーツ
を辿っておく必要があろう。なぜなら、それらは日本の文化や伝統に深く根ざ
して今日に至っているからである。

　例えば、わが国には古来より「お山」、「お水」といったように個物へ敬語を
つけて呼ぶような習慣がある。この前提となっているのは、おおよそ温帯モン
スーン気候区に位置して豊かな自然や風土と一体になって生きてきた日本人固

有の共栄・共存をよしとする共生的思想、いわば天地万物に至る一体感に根ざした自然観や人間観、社会観である。

　事実、古事記や万葉集に度々登場する「清 明 心」という言葉も古来より日本人の生き方を明確に象徴していると考えることができよう。この清明心は、明朗で裏表がない誠実な心を意味し、社会共同体の秩序を重んずる人間礼賛の考え方である。そして、自然や社会共同体の中で人々が調和する行為基準の前提となる寛容性と謙虚さ、さらには祭り等に象徴されるような社会共同体の一員としての融和と奉仕の精神に基づいた道徳観・倫理観が精神風土となって今日まで連綿と引き継がれてきたことは否めない事実であろう。これらは、次世代を担う子供たちに対するわが国固有の道徳教育根本原理となっていることを忘れてはならないし、人格形成に多大な影響を及ぼしていることも事実である。

　このような感性的人間観は、人間としてのありのままの姿としての自然性（human nature）に基づいて物事を深く感じ取る心の働き、感性（sensitivity）に裏打ちされた人間理解の視点である。カント哲学的に捉えるなら、感性とは感覚的能力であり、物事を思考・判断して認識する能力としての悟性や論理的かつ統一的な認識能力としての理性からは区別される。つまり、人間誰しもが本来的にもっている自然性としての善さが主体的に選択され、実践されるような資質・能力が「人間力」ということになろう。それは、即ち道徳力である。

　道徳教育における人間力を想定した場合、そこには物事の判断・理解力といった認知的側面、目的の伴う具体的な行為としての行動的側面のみでは不十分である。さらには、心が動く、心が通い合うといった自分や他者への感性的な眼差しとしての情動に基づく理解や判断、行為への身構え等といった情意的側面が何よりも重視されてくる。人間固有の道徳観、倫理観の前提には、このような感性的人間観に拠った人間理解の視点が不可欠である。もちろん、人間理解と言うのは容易いが、それはあまりにも複雑かつ解明困難なことでもある。

　このような多面的な顔をもつ存在としての人間、感性的人間観に裏打ちされた人間に内包されるトータルな「人間力」としてのコア・コンピテンシー構成要素を想定するなら、以下のような3点が考えられよう。

　　a.人間としての自然性に根ざした自己制御的要素

　　b.社会的存在として調和的かつ規範的に生きるための人間関係構築的要素
　　c.自他存在の尊重と自律的意志に基づく価値志向的要素

　人間は誰しも心の中で「明日は今日よりも善く生きたい」という本質的な願いをもっている。その点を考慮するなら、性善説にその基盤を置きながら、一見捉えどころのない存在としての人間を複眼的に理解していこうとする眼差しを豊かにすることこそ、道徳教育では何よりも大切な姿勢であるに違いない。

　また、感性的な人間理解という点では、その道徳的行動を支える個々人の規範意識、道徳的価値観をどう捉えるのかという部分も大いに考慮しなければならない。例えば、傍目には道徳的に立ち振る舞っているように見えたとしても、それを当人がどう自覚して行為しているのかという点は、それこそ本人のみしか知るよしのないことである。いや、道徳的な振る舞いをしている当人自身も本質部分では何も自覚化していないといったことが起こっても決して不思議な事態ではないであろう。

　この点についての検討は、米国の心理学者E.チュリエルの（E.Turiel　1983年）の領域特殊理論（Domain-specific theory）という考え方が参考になる。

　チュリエルの主張する領域特殊理論[20]とは、人間の社会的知識には質的に異なったそれぞれの独立領域（「道徳：moral」、「慣習：convention」、「個人：personal」）があり、その時々になされる様々な社会的判断や社会的行動は「道徳」、「慣習」、「個人」の各領域での知見が調整された結果であると説明するものである。そして、それら各領域での知識獲得の文脈やプロセスは全く異なっているという主張が領域特殊理論提唱の枠組みである。

　チュリエルによれば、最初の「道徳」領域は道徳的価値を土台に構成される知識で、その運用は価値基準に照らしての判断・行動となる。また、2番目の「慣習」領域の知識は家族や仲間集団、学校、会社等々の社会組織を成立させている要素への理解である。よって、「決まりがあるから」といったことが運用基準となる。3番目の「個人」領域の知識は、その判断や行為の影響が個の範疇にとどまる運用基準である。いわば、個人の許容範囲といった認識である。

　例えば、「虚言」を取り上げるなら、「道徳」領域で言えば「人を欺く嘘をつ

いてはいけない」ということになるであろうし、「慣習」領域で言えば「法律で罰せられたり、組織内で批判されたりするから嘘をついてはいけない」となろう。そして、「個人」領域では「周りに迷惑を及ぼさなければ個人の自由だ」ということになる。もっとも、難病の告知といった人間愛の視点からの虚言もあるので安易な適用は慎まなければならないのは当然であるが、それ以上に各領域における発達的側面が何よりも重要であろうと考える。

　では、なぜこのような側面を重視しなければならないのであろうか。それは、人間の道徳的行為を可能にすることや道徳性を育んでいく際にどのような方法、指導の手だてを講ずればよいのかという点と緊密に関連するからである。

　道徳教育で取り上げる内容は「道徳」、「慣習」、「個人」の各領域それぞれのものが混在して全体的な価値構造を構成している。ならば、その程度によって一律の指導方法では対処できないことも多かろうと考えるのは自然な発想であろう。つまり、教師が懸命に指導したとしても、その方法論に適切性が伴わなければ道徳教育の目的は達成されないのである。

　道徳教育では、「子供の琴線に触れる」とか「心に響く」といった用語が好んで用いられる。しかし、感性的人間観に基づく子供理解の視点や、人間力育成のプロセスで求められる資質・能力を明確にしておかなければ、そのような働きかけは子供たちの心に響いていかないのではないかと懸念するのである。教師の道徳指導に際しての盲点、それを明確な視点で指摘しているのがチュリエルの「領域特殊理論」であろう。

## （3） 道徳性と社会性の関連性と差異とは

　道徳教育の目標として掲げられている「道徳性を養う」とは、何か特別な人生の高みを目指すために必要な資質・能力を求めているわけではない。一人の尊重されるべき存在である子供が、将来的に一個の独立した社会人として、職業人として、家庭人として、自分の善さを発揮しながら幸福な人生を送ることができるようなトータルな資質・能力としての豊かな人間性を意味している。その人間性という人格全体部分に関わる資質を構成する主要素が「道徳性（morality）」であり、「社会性（sociality）」である。道徳性のみでも、社会性のみでも、豊かな人間性の育成という視点では十分ではない。言わば、道徳性と

社会性は相互補完的に対となって機能してこそ、人格陶冶という部分で意味を
もつものなのである。

　このように、社会性と道徳性とは相互補完的な関係にあり、単独で存在する
わけではない。日常生活の中で社会性が望ましい形で発揮されるためには、そ
の前提として道徳性の獲得が不可欠であるし、個の内面に培われた道徳性が日
常生活の中で望ましい形で実践されるためには、その支えとして社会性の獲得
が不可欠である。両者に共通するのは、社会的存在として生きる人間の「望ま
しさ」である。

　この両者の関係について発達心理学者の首藤敏元（1995年）は、「社会性は
向社会的な方向に発達する。道徳性は社会性の価値的側面として、その発達の
方向を規定している」[21]と明快に説明している。つまり、道徳性は個人と他
者との望ましい関わり方の価値づけの方向性が個の内面に向くのに対して、社
会性は個人と他者との望ましい関わり方の価値づけの方向性が個と他者との関
係性そのものに向くのである。そして、その共通項は、他者と共により善く生
きるという「望ましさ」なのである。

**図1-1　道徳性と社会性の相互補完関係** （田沼　2016年）[22]

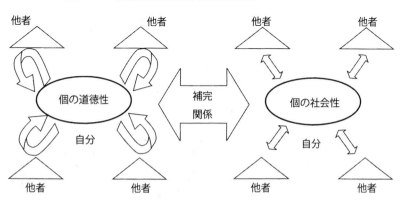

★道徳性は個と他者との望ましい関わり方の価値づけの方向性が個の内面に向き、一方、社会
性は個と他者との望ましい関わり方の価値づけの方向性が個と他者との関係性に向く。

## 4　道徳性としての道徳的習慣・道徳的慣習とは

　小・中学校学習指導要領解説『特別の教科　道徳編』には、「道徳性とは、人間としてよりよく生きようとする人格的特性であり、道徳性を構成する諸様相である道徳的判断力、道徳的心情、道徳的実践意欲と態度を養うことを求めている。これらの道徳性の諸様相は、それぞれが独立した特性ではなく、相互に深く関係しながら全体を構成しているものである。したがって、これらの諸様相が全体として密接な関連をもつように指導することが大切である」と述べられている。しかし、研究者はもちろんのこと、日々子供と対峙する学校教育関係者であっても、道徳性という用語の概念については様々な解釈で理解しているような場合も少なくない。例えば、基本的な生活習慣の形成＝道徳性といった理解であったり、先に述べた他者との人間関係構築力としての社会性＝道徳性といった理解であったりといったようなことである。極端な場合は、「躾」＝道徳性の涵養と公言して憚らないようなことすらある。

　道徳性は個の内面的な精神作用であるだけに、その解釈を巡っては「これ」といった明確な納得解は見つからないのである。ゆえに、学習指導要領で説明されている道徳的判断力、道徳的心情、道徳的実践意欲と態度、といった道徳性の構成要素についても不可分一体なものを便宜的に区分して説明しているといった理解の方が実際的なところであろう。しかし、それでは公教育としての道徳教育指導において一貫性を欠くこととなる。そのような観点から道徳性の諸様相を共通理解し、統一的な見解の下に一貫性の伴う教育計画と具体的な実践を行っていく必要があるのである。

　道徳性の諸様相についての解釈は上述の通りであるが、躾や基本的生活習慣の形成、限定された集団・社会内の望ましさに関する取り決め事、といった道徳性概念から派生する部分について整理しておきたい。

---

道徳性・・・・道徳的判断力、道徳的心情、道徳的実践意欲と態度という諸様相で説明される人格的特性。

道徳的習慣・・社会的存在である人間として望ましいとされるルールやマナー、エチケットと称されるような意図的な行為。

> 道徳的慣習‥限定された集団内や地域、組織といった小社会内において暗黙
> 　　的了解として承認されている望ましさとしての規範。

　いつも手元に置いて多年世話になっている『新道徳教育事典』の冒頭には、とても的確かつ納得できる説明がなされている。少し長いが引用しておきたい。

　「道徳という言葉は、特に日本語の場合、とかく誤解と偏見を招きやすい。道徳という言葉から連想されるのは、人間のごくありふれた普段着の姿ではなく、納まり返った晴れ着の姿である。そこで道徳教育というと、いきなり聖人君子の育成とまではいわないにしても、ともかく立派な人間をつくるというような、窮屈で重苦しい意味に取られることが多いのである。しかし、道徳とは、人間以外についてはいわないのであって、たとえば犬の道徳とか猫の道徳とはいわないのであって、道徳をどのような意味で用いるにもせよ、ともかくも人間の、人間としての、人間らしい良さ、の意味であることだけはまちがいない。とすれば、道徳性とはつまるところ人間性にほかならず、道徳的とは人間的ということにほかならない。道徳教育はいきなり大げさなことではなく、人間らしい人間、まともな人間を育てようというだけのことである」[23]

　如何であろうか。裃を着た道徳、改まった道徳、何か特別なハレの日の道徳等々のイメージがつきまとい、当事者であるはずの我々一人一人が自らの内面で否が応でも立派なものとして祭り上げてしまっているのである。よって、気楽に取り組みにくい、日常生活事として語りにくいといったネガティブな印象を抱かせてしまうのである。それを普段着の日々の生活場面へと引き出すことで、「道徳性」という用語に本来的な意味が与えられると考えるのである。

## 第3節　道徳科教育学と道徳教育学の相互補完的関係

### 1　学校教育は即道徳教育であるとするための必須要件

　ここまでの展開で疑念が生じてくるのは、学校における全ての教育活動が道徳教育となり、その全てが子供の道徳性形成に寄与するのかという点である。

　つまり、子供はただ個として善良でありさえすればそれで道徳性は身につい
ていると言えるのか？ただ自分の周りにいる他者とのトラブルもなく、良好な
関係性が保たれてさえいれば、それで道徳性が身についていると言えるのか？
個の生き方の善さとしての道徳性形成を学校教育としてどう意味づけるのか？
どう学校教育における道徳性形成促進の成果を評価するのか？そんな学校教育
全体における道徳教育の在り方についての整合性は明確な吟味が必要である。

　先に例示した自問、個として善良であればよいのか、対他者との関係性が悪
くなければそれでよいのかと思惟すれば、決してそうとは断言できない状況も
多々あろう。個人があって、そこから派生する社会があって、その交互作用を
経ることで生涯にわたる個の人格形成が成し遂げられると考えるなら、その前
提には「自立した一人の人間として他者と共によりよく生きるための基盤となる道
徳性を養う」という子供たちに関わる教師の意図的かつ合目的的な「教育的営
み」の視点が明確に存在しなければならないと考えるのである。

　つまり、学校で日々展開している教育活動というのは知的側面にとどまらず、
道徳性や社会性形成側面においても、感性といった人格形成的な情操面の視点
においても、その多くは効果的に作用するものであることは疑いのない事実で
あろう。しかし、その全てが最初から丸ごと善いものであるのかと問われれば、
「待てよ。果たしてそうと言い切れるのか」と立ち止まって沈思黙考したい衝
動に駆られるのは自然な感情ではなかろうか。つまり、学校の教育活動は全て
善いものであるはずだという誤謬に陥ることなく、一つ一つの教育活動内容を
その都度丁寧かつ真摯に精査・検討し、自問する姿勢があってこそ、学校教育
全体で機能する道徳教育が実現できるようになるのである。

## 2　道徳教育で目指す道徳性形成の道筋についての共有

　義務教育諸学校の教科外教育・領域の時間として60年間に及ぶ足跡を刻ん
できた「道徳の時間」が「特別の教科　道徳」＝道徳科へと全面移行したことは、
わが国の道徳教育史においてとてつもなく大きなターニングポイントとなる出
来事であった。

　21世紀の現代社会はとても不透明で、明日の未来に対しても不確実な構造を

有している。例えば、2020年代の数年間だけを取り上げても想定外の出来事が噴出している。半世紀の時を経て再度わが国に巡り来て沸きに沸いた「2020東京オリンピック、パラリンピック」、突如出現した新型コロナウイルス感染症の猛威によって開催はやむ無く阻まれてしまった。そんなことを誰が予見し得たであろうか？現代社会では想定外の出来事のみでなく、同時発生的に道徳的問題も表裏の関係として生じてくる。いじめ事件を発端に誕生した道徳科であるが、コロナウイルス罹患者やその治療に従事する医療従事者への嫌がらせや偏見差別も平然と生じている。また世界へ目を転じれば、人権擁護に敏感なはずであった米国では白人警察官の不当な職務行為によって黒人少年が殺害（2012年）されたことを契機に一気に噴出した人種差別抗議運動ブラック・ライブズ・マター（Black Lives Matter：BLM）が新たな道徳的問題を提起している。

　道徳教育は、その時々の時代的背景と無縁ではない。日本が世界に向けて提唱する未来社会のコンセプトとして登場したSociety 5.0構想等はまさしくそれに該当しよう。サイバー空間（仮想空間）とフィジカル空間（現実空間）を高度に融合させたシステムにより経済発展と社会的課題の解決を両立させるという人間中心の社会として構想されたSociety 5.0であるならば、そこに至るまで狩猟社会（Society 1.0）⇒農耕社会（Society 2.0）⇒工業社会（Society 3.0）⇒情報社会（Society 4.0）と歴史的経緯の中で培われてきた道徳的価値は不変なのであろうか？未来型社会に向けて、道徳教育はどう変わっていくのであろうか？大いに気になるところである。

　しかし、他方ではそんな道徳教育観に対する疑念も生じよう。道徳教育で取り上げる道徳的価値、そもそもそれは本来的に不変なものではないのか？それとも、時代の推移と共に変化する性質のものなのであろうか？こんな根源的な問題をないがしろにして、ただ道徳教育の方法論のみを喧伝することは無意味であるに違いない。

　先に取り上げたカントは、人間は真理を究める理性と道徳を決定づける感性とをもっているとして、人間は自らの意思で道徳法則に従うことのできる存在であり、道徳的な基礎の上に宗教があって有徳さに比例した「最高善（highest good：究極目的としての善）」が実現されると考えた。カント哲学者であり、戦

後の吉田茂内閣で文部大臣を務めて「道徳の時間」創設に尽力した天野貞祐<ruby>天野貞祐<rt>あまのていゆう</rt></ruby>（1884-1980年）は、特設道徳に反対する左翼組合系諸団体の怒号が飛び交う中、全国5カ所（東京、仙台、奈良、徳島、別府）で「道徳の時間」実施のために文部省が主催開催した道徳教育指導者講習会において、最初の指導講演者として「道徳教育について」と題する講演を行った。

　天野はその中で道徳的価値について、「道徳は社会のルールである。また、倫理、つまり、ともがらのすじみちといってよい。人間の踏むべきすじみちは、昔も今も変わらない。（中略）道徳は変わらぬ一面があるとともに、変わる一面もあるというように多面的に考えるのが哲学である。道徳が変わるということは、今まで自覚されなかったことを、自覚することである。昔は働くことはいやしいこととされていたが、今では、非常にたいせつなことだと言われるようになった」24)と述べている。天野によれば、道徳は社会生活のルールであるから変わらない。しかし、人間の道徳的日常生活を直視するならその意味づけや運用の仕方は時代に相応した自覚にあるということになる。例示しているように、「勤労」そのものがもつ道徳的価値は変わらないが、それに対する人間の意味づけとしての価値自覚が変化してくれば、当然その運用は異なるのである。ならば、道徳科授業においてもただ道徳的価値を項目化した学習指導要領の内容を金科玉条のように繰り返すだけではその目的を達し得ないということになる。それは、道徳的価値を取り巻く「不易と流行」とも表現できよう。新しい道徳科授業で考えるべきはその指導方法論についての検討も極めて重要であるが、その前に指導内容としての道徳的価値についての吟味・検討、さらには道徳的追体験としてそれを体現し、自己省察的に自覚させつつ価値づけていく教材の在り方や分析が極めて重要事項となってくるのである。

　つまり、これからの教科教育としての道徳科は人格形成に係る道徳性の形成という前提があるだけに、他教科同様の主知主義的な指導によって道徳的価値の自覚化を促すことができない「特別さ」はあるものの、道徳的価値を学習指導要領の内容として項目化して体現した事柄を教材分析も含めて精査・検討する道徳科教育内容構成学的な視点、さらには如何にそのような道徳的諸価値の理解や自覚という目標に主体的な学びとして至らせるのかという道徳科教育方

法学的な視点が車の両輪のような役割としてますます不可欠な要件となってくることを「道徳科教育学（Moral Subject Pedagogy）」定立という立場で提案するのが本書の意図するところなのである。

## 第4節　道徳科教育学の定立を基礎づけるディシプリン

「道徳は教えられるのか」といった素朴な問いは、古代ギリシャの時代より哲学者たちによって語り継がれてきた大きな関心事である。

道徳教育とは、「徳（アレテー／英: virtue）」の教育である。徳とは、人間としての卓越性といった意味を有する。この徳の教育の在り方については、古代ギリシャの哲学者ソクラテスの時代から問われ続けてきた古くて新しい命題でもある。もし、仮に教えられないとするなら、学校での道徳教育は成り立たないことになるし、教えられるということであれば道徳教育を徹底することで、この世の中から不道徳な人を簡単に無くすことができるに違いない。では、いずれなのであろうか。

この根源的な問いについては前節と重複もするが、若き弟子プラトンは老師ソクラテスの思想を対話集によって後世に伝えるという偉大な功績を残した。特に対話集『メノン』では、師であるソクラテスと他の都市国家より訪れた青年メノンとの問答という形式を通して道徳の意味、道徳教育の本質的な意味を語っている。最重要な部分でもあり、再度押さえておきたい。

ソクラテスは、メノンとの対話を通してその本質に順序立てて迫っていく。「徳は知なり」とソクラテスは語り、「徳は教えられ得るもの」、「徳は知識」、「徳は善きもの」という3命題を極めていく。そしてその結論は、真の知としての徳を確実に備えた哲人政治家のみが徳を教えられるとして、誰か徳の教師がいないかと訪ね歩き、あらゆる努力を尽くしても見つけ出すことができなかったと結論づけたのである。つまり、そのような知を備えた人はこれまで存在しなかったから、徳は教えられたことが一度もなかった。つまり、道徳は教えられないという命題に対する「解」を明らかにしたのである。

道徳は教えられないとなると、ならばどう学校でそれを教育するのかという

新たな命題が生まれてくる。そして、その教育内容や教育方法の在り方を社会科学的な論理的整合性をもって説明しなければ学校教育における道徳教育は成立し得ないことになるがと、本質的問題理解へ容易に導くのである。

それを解く一つの手がかりがある。世代を問わず、多くの人々から支持されている書の詩人として知られる相田みつを（1924-1991年）の『道』[25]と題する詩書作品の一部を引用し、人間の生き方、人生を善く生きる歩み方について道徳教育や道徳科で学ぶことの真意を考えてみたい。

相田の詩書作品『道』の冒頭の一行は、こんな言葉で始まる。

「道はじぶんでつくる　道はじぶんでひらく」

どうであろうか？「ああ、確かにそうだ」「自分の一生も、自分の生き方も、それを創るのは自分でしかできない」と大いに納得できよう。さらに、相田の紡ぎ出す詩の言葉はこう続く。

「人のつくったものは　じぶんの道にはならない」

実に明快で、実に達観した人間理解、人生理解のための紡ぎの言葉である。まさに道徳教育、特に道徳科授業のためのような書詩作品である。

翻って、これを道徳科新時代の授業に当てはめて考えてみると、重要な視点が見えてくる。取りまとめると、以下のような3点に要約される。

a.自分の生き方を学ぶためには自らの「問い」が不可欠である。

b.自分の「問い」の解決には自ら拓く主体的な学びが欠かせない。

c.自分で解決した「問い」のみしか自分の生き方には反映されない。

本書の後半で提案する道徳科授業理論は先に述べた3視点を踏まえた方法学的な考え方、すなわち「子供が自ら動き出す授業づくり」である。道徳科授業を通して、子供がそれぞれに自らの内に個別な道徳的価値観形成をできるようになることを究極の目的として目指していきたい。

## 第5節　道徳教育学と道徳科教育学との位置関係

学校における実際の教育的営みは、一般的に教育（education）と呼ばれている。その働きかけは知識やスキルのみにとどまらず、人格形成に係る道徳性や

社会性をも育む広い概念としての営みである。

　先の広辞苑で「教育」という用語の意味を問うと、「教え育てること。人を教えて知能をつけること。人間に他から意図をもって働きかけ、望ましい姿に変化させ、価値を実現する活動」と記されている。これは、'education'という用語の語源であるラテン語の'educere'をe +ducereに分解して解釈した時のe-は「外へ」という意味をもつ接頭語、'ducere'は「引き出す」という意味に拠っているとされている。つまり、子供がその内面にもっている可能性を外へ引き出す、というのが「教育」という用語がもつ本来の意味となるのである。しかし、具体的な学校教育での学習活動場面を想定すると、ただ子供の内面にあるものを引き出すのみでは不十分であることが容易に理解される。つまり、「畑に蒔き時を確かめて作物の種子を蒔かなければ、そこからは何も逞しく生えてはこないし、豊かな実りを収穫することなどあり得ない」ということと同義なのである。

　よって、教育という熟語には種蒔きとしての「教える」と、蒔いた種子の自己成長性を引き出す「育む」の両方の意味が含まれているのである。言わば、人間は成長・変化する存在である。時間の流れの中で絶えず身体を働かせ、頭脳を働かせ、心を働かせて移り動いていくのが本来の人間の姿なのである。

　それに対して教育学（pedagogy）は、教育方法とか教授法といった教育理論や教育実践等に係る諸々の背景を含めて学問分野として基礎づけ（discipline）されている。前述のヘルバルトが、教育の目的は哲学的倫理学によって決定され、その目的実現の方法論は心理学によって基礎づけられるとして社会科学的な視点での「教育学」を論じたことは周知のところである。

　その教育学の語源は、「子供」を意味する'paidos'と「導く」を意味する'ago'から作られた'paidagogike'に由来すると言われているが、このような概念としての教育学と学校での具体的な営みを体現している学校教育を踏まえて道徳教育学という一学問分野を構想すると、それは'moral pedagogy'もしくは'moral educational science'と意訳できるのではなかろうか。

　このような表現の違いの背景にあるのは、道徳教育学を下支えする学問分野をどう定義づけるのかという根源的な問題が内在しているからである。様々な

立脚点はあろうと考えられるが、端的な表現をすればその内容構成学的な部分は哲学・倫理学ということになるであろうし、それを体現する方法学的な部分は教育学・教育心理学といった分野が土台として基礎づけされよう。また、社会科学的な視点をより強調するなら哲学・倫理学・社会学・宗教学等々の内容学的要素がより加味されるであろうし、その方法学的な部分も教育学、教育方法学、教育心理学、臨床心理学、情報学等々の諸々の学問分野が寄与するので、モラルエデュケーショナル・サイエンスといった表現がより実際的な意図を適切に伝えるものであると考えられよう。

　このような道徳教育学が教育界のみならず社会全体で広く認知されるなら、それに特化して学校教育課程として位置づく教科教育学（subject education）の一分野としての道徳科教育学がその歩みを開始することとなろう。このような学問研究基盤が定立することで、教科「道徳科」に関する領域を研究対象としたり、それを学校教育課程の中で具体的な教育実践として体現させたりするために社会科学的な視点から理論構築を目指す学問分野「道徳科教育学」が新たな胎動を開始することとなる。そして、より確かな理論的背景をもった道徳科教育へと発展することを願う次第である。

　わが国における新たな教科教育学誕生は、何も道徳科が初めてのことではない。例えば、平成元（1989）年の学習指導要領改訂で小学校低学年に誕生した生活科、さらには平成10（1998）年の学習指導要領改訂で誕生した学習の時間としての「総合的な学習の時間」、さらには平成29（2017）年の学習指導要領改訂で新たに誕生した小学校高学年での「外国語科」創設等は、具体的な事例として理解できることである。

　そんな新教科等の創設に伴い、新たな学問分野が検討され、根づいてきた。例えば、日本生活科・総合的学習教育学会（Japanese Association for the Education for Living Environment Studies and Integrated Studies）は、平成4（1992）年に設立された日本生活科教育学会を母体としてスタートし、学習指導要領全面実施を控えた平成12（2000）年には小・中・高等学校における「総合的な学習の時間」も学会研究目的に加え、現在の「日本生活科・総合的学習教育学会」へ組織発展してその分野の学問的定立に貢献している。

　この小学校低学年に生活科が誕生する際、当時は教科成立要件や教科実施を巡って様々な論争が展開された。しかし、生活科は最終的に低学年社会科と低学年理科という従前からの教科枠組みでの合科的な発想ではなく、新たな生活科内容学と生活科方法学とを構想することで今日に至る生活科教育学という一学問分野を定立させたのである。道徳科教育学も同様の視点でその定立を目指すなら、同様に道徳科においても同様の動向があって然るべきである。既に、その分野では日本道徳教育学会（Japanese Society for Moral Education）等の関連学会が複数立ち上がっている。ならば、既存の学会創設理念に囚われることなく、新たに位置づけられた「道徳科」を教育学の一学問分野として定立させることに学校関係者、学会関係者は全力を注いでほしいと願う次第である。本書がその先鞭をつける役割を多少なりとも果たせるならば、それは大いに本望とするところである。

　因みに、道徳科教育学が学問的専門分野として定立するためには、そのディシプリンとしての本質的構成要件を充足するための道徳教育内容構成学と道徳科教育方法学とは必須要件となろう。また、それらを融合させるための道徳性発達心理学や臨床心理学、倫理学等の知見も重要要件となってこよう。

### ■第1章の引用文献

1 ）　I.カント『実践理性批判』波多野精一他訳　1979年　岩波文庫　p.317
2 ）　I.カント『教育学講義他』勝田守一・伊勢田耀子訳　1971年　明治図書　p.15
3 ）　J.F.ヘルバルト『一般教育学』三枝孝弘訳　1960年　明治図書　p.19
4 ）　J.F.ヘルバルト　同上書　p.51
5 ）　J.デューイ『学校と社会』宮原誠一訳　1957年　岩波文庫　p.45
6 ）　J.デューイ『民主主義と教育』金丸弘幸訳　1984年　玉川大学出版部　p.474
7 ）　篠原助市『批判的教育学』梅根悟編　1970年　明治図書　p.48
8 ）　田沼茂紀『再考－田島体験学校』2002年　川崎教育文化研究所刊では入澤宗寿のドイツ文化教育学を背景にした田島体験教育学校の実践理論が網羅されている。
9 ）　梅根悟「解説　篠原助市とその教育学」『批判的教育学』梅根悟編　1970年　明治図書　p.219
10）　篠原助市『教授原論』1942年　岩波書店　p.240＊旧字体は改めた。
11）　篠原助市『訓練原論』1950年　寶文館　p.69
12）　新村出編『広辞苑』2018年　岩波書店　第7版を参照。

13）　プラトン『ソクラテスの弁明・クリトン』藤沢令夫訳　1994年　岩波文庫　p.82

14）　プラトン『パイドン』岩田靖夫訳　1998年　岩波文庫　p.153

15）　村井実『ソクラテスの思想と教育』1972年　玉川大学出版部　p.109

16）　プラトン『メノン』藤沢令夫訳　1994年　岩波文庫　p.82

17）　デュルケーム『教育と社会学』佐々木交賢訳　1976年　誠信書房　p.58

18）　デューイ『学校と社会』宮原誠一訳　1957年　岩波文庫　第2章参照

19）　村井実『道徳は教えられるか』1990年　教育選書版　国土社　p.50

20）　日本道徳性心理学研究会『道徳性心理学』1992年　北大路書房　pp.133-144

21）　首藤敏元「道徳性と社会性の発達」二宮克美・繁多進編『たくましい社会性を育てる』1995年　有斐閣選書　p.83

22）　田沼茂紀『道徳科で育む21世紀型道徳力』2016年　北樹出版　p.121

23）　青木孝頼・金井肇・佐藤俊夫・村上敏治編『新道徳教育事典』1980年　第一法規出版　p.1

24）　天野貞祐「道徳教育について」（講演集）文部省『新しい道徳教育のために』1959年　東洋館出版社　p.5（天野講演分は全15頁）

25）　相田みつを「道」『いちずに一本道いちずに一ツ事』1992年　佼成出版社　pp.120-121

■第1章の参考文献

1）　I.カント『道徳形而上学原論』篠田英雄訳　1960年　岩波文庫

2）　小澤周三他『教育思想史』1993年　有斐閣

3）　J.デューイ『経験と教育』市村尚久訳　2004年　講談社学術文庫

4）　篠原助市『改訂　理論的教育学』1949年　協同出版

5）　村井実『教育思想』（上・下）1993年　東洋館出版社

6）　教育思想史学会編『教育思想事典』2000年　勁草書房

7）　小原国芳編『日本新教育百年史』第4巻関東　1969年　玉川大学出版部

8）　岩間教育科学文化研究所『世界新教育運動辞典』2018年　オリオン出版

9）　藤井千春編『西洋教育思想』2016年　ミネルヴァ書房

10）　日本教科教育学会『教科とその本質』2020年　教育出版

11）　田沼茂紀『学校教育学の理論と展開』2019年　北樹出版

# 第2章
# わが国道徳教育の推進構造についての理解

## 第1節　学習指導要領から概観するわが国の道徳教育

### 1　道徳教育の目標としての道徳性の養い

　古今東西、遍く人間社会の中で「人が人を育み育てる」という営みが存在しなかったり、人が人として「他者と共に善く生きる」といった教えが肯定されなかったりといった状況は考えにくい。どのような国家体制下であろうと、どのような社会・文化システム下であろうと、人間が人間らしく善く生きること、人間同士が互いに支え合って善く生きることを是とし、遵守し、それを受け継いでいくことは、人間社会における普遍的必然であろうと考える。ここにこそ、学校教育や道徳教育が成立し得る大前提としての根拠があろう。

　例えば、わが国の学校教育における道徳教育の存在根拠となるのは教育基本法（平成18（2006）年改正）である。その第1章「教育の目的及び理念」第1条には、「教育は、人格の完成を目指し、平和で民主的な国家及び社会の形成者として必要な資質を備えた心身ともに健康な国民の育成を期して行われなければならない」と述べられ、第2条の1項に「幅広い知識と教養を身に付け、真理を求める態度を養い、豊かな情操と道徳心を培うとともに、健やかな身体を養うこと」と続けている。この日本国憲法第26条「教育を受ける権利・教育の義務」の基本理念を体現したのが教育基本法であり、その下位規定である学校教育法施行規則に基づいて文部科学省より告示されるのが学習指導要領である。

　小・中学校学習指導要領第1章総則の第1「小（中）学校教育の基本と教育課程の役割」2の(2)には、以下のように述べられている。

**図2-1 学校教育全体で進める道徳教育と道徳科の相互補完性**

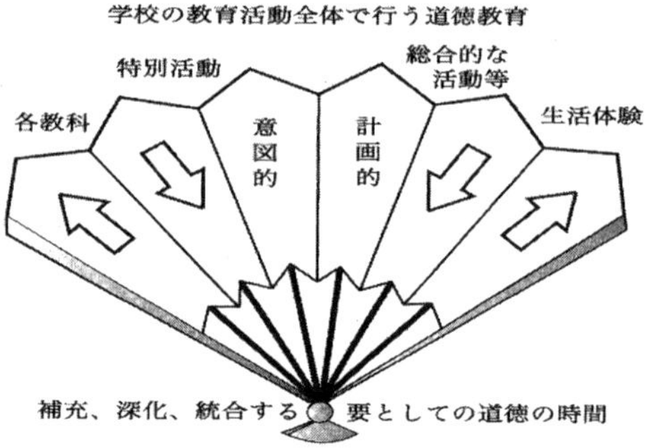

　学校における道徳教育は、特別の教科である道徳（以下「道徳科」という。）を要として学校の教育活動全体を通じて行うものであり、道徳科はもとより、各教科、外国語活動、総合的な学習の時間及び特別活動のそれぞれの特質に応じて、児童（生徒）の発達の段階を考慮して、適切な指導を行うこと。

　つまり、道徳教育は学校で行われる全ての教育活動における固有の目標や特質を踏まえながらその教育活動全体を通じて実現されるものであり、「特別の教科　道徳」はその中核を担う「要」の教科という位置づけになっている。なお、「要」とは学校における様々な教育活動を道徳教育の目標や内容という視点からより構造的に関連づけて明確化する機能概念であり、道徳科が各教科等における実践的道徳指導と連携する役割分担を踏まえながら意図的・計画的に推進する教科として道徳科が機能するのである。

　また、総則では以下に続けて、次のようにも述べられている。

　道徳教育は、教育基本法及び学校教育法に定められた教育の根本精神に基づき、自己の生き方を考え、主体的な判断の下に行動し、自立した人間として他者と共によりよく生きるための基盤となる道徳性を養うことを目的とすること。

　つまり、学校で行われる全ての教育活動でそれぞれの固有の目標や特質を踏

まえつつ、「自立した人間として他者と共によりよく生きるための基盤となる道徳性を養う」ことがわが国における道徳教育の目指す目標となるのである。

## 2　道徳科で目指す道徳的判断力・心情・実践意欲態度の育成
### （1）　道徳科の目標

　学校の道徳教育推進の要としてその中心的役割を果たす「特別の教科　道徳」＝道徳科については、小・中学校等学習指導要領では第1章総則ではなく、第3章「特別の教科　道徳」で示されている。その目標は、以下の通りである。

---

（小・中学校学習指導要領第3章「特別の教科　道徳」の「第1　目標」より）
　第1章総則の第1の2の(2)に示す道徳教育の目標に基づき、よりよく生きるための基盤となる道徳性を養うため、道徳的諸価値についての理解を基に、自己を見つめ、物事を（＊中学校：物事を広い視野から）多面的・多角的に考え、自己の生き方（＊中学校：人間としての生き方）についての考えを深める学習を通して、道徳的な判断力、心情、実践意欲と態度を育てる。

---

　最終的に道徳科で目指すのは、「よりよく生きるための基盤」としての道徳的資質・能力を踏まえた道徳性、つまり道徳性の構成要素である「道徳的判断力」、「道徳的心情」、「道徳的実践意欲と態度」の育成なのである。

　「特別の教科　道徳」の目標に照らして、そこで育むべき子供の道徳的資質・能力形成を視座すると、図2-2のように示すことができよう。そこで示唆しているのは、従前は支配的であった心情重視型授業からの脱皮である。

　道徳的価値自覚をするためには、その前提として道徳的諸価値の理解が不可欠であろう。道徳的価値構造とは不可分一体なものであるが、学習指導要領ではそのまま直接に指導できないので四つの視点で整理し、その視点の括りの中に小学校低学年19項目〜中学校22項目を便宜的に内容項目として配置している。当然、それらの内容項目は時代的な推移や社会的変化に伴って再構成されてきたことは、これまでのわが国の学習指導要領改訂の変遷を辿れば一目瞭然である。道徳的諸価値を四つの視点区分から配置した内容項目という切り口によっ

## 図2−2　道徳科の目標と育むべき道徳的資質・能力

心情重視型道徳授業から論理的思考型徳教育科授業へ

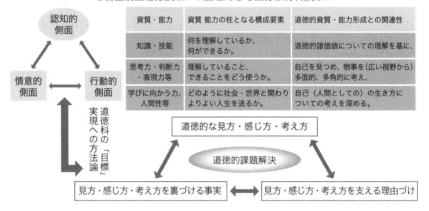

て、多様な視点からその価値総体の自覚的理解を目指すのである。

　道徳科で実現が求められているのは、道徳的諸価値の理解を基にしながら、自己を見つめることである。ただそれは道徳的諸価値についての知見的理解がなければ道徳的問題に対しての思考も、判断も、その実現方法についての検討も不可能なのである。つまり、認知的側面が機能しての道徳学習なのである。その学習方法論としての視点が「物事を広い視野から多面的・多角的に考え」たり、「人間としての自己の生き方についての考えを深め」たりすることなのである。もちろん、子供の道徳学習は机上の空論を語り合っても実践力形成にはつながらないので、道徳的課題解決のプロセスでは自らの道徳的な見方・感じ方・考え方を前提に、それを裏づける根拠や事実を確認しながら自らの道徳的価値観として意味づけして新たな価値認識を更新していく「主張」⇒「事実」⇒「論拠」といった論理的・批判的思考（critical thinking）に基づく学びが道徳科においてもなくてはならないことになるのである。

　もちろん、その前提には道徳的課題解決の必然として自らの情意的側面が働いていなければならないし、道徳的価値の実現に向けてのスキルや実践的見通しといった行動的側面とのバランスのとれたトータルな道徳学びが保障されていなければならないのは言うまでもない。

　従前の「道徳の時間」ではともすると感動といった情意的側面のみがやや誇張気味に強調され、認知的側面や行動的側面を軽視するような傾向が見られた。それでは道徳科での学びが子供の日常的道徳生活で発揮されたり、その中で見出した自分の道徳的課題を道徳科で想起しながら解決したりするといった理論と実践との往還に基づく、言わば子供にとっての等身大の自分事となる道徳学習がなかなか実現できないことを学習指導要領「特別の教科　道徳」の目標から読み取っていくことが何よりも大切な点であろう。

　そんな混乱回避という点で本書が強調したいのは、著者が提唱するモラルラーニング・スキル（ズ）（Moral Learning Skills）＝MLS[1)]の育みである。

　モラルラーニング・スキルとは、子供自身が必要とする道徳学びを獲得する際に発揮される「自己学習実現力」である。つまり、子供一人一人がかけがえのない存在として生きる上で求められる必要不可欠な生き方学びの方法や態度、生き方学習の先にある最適解を見出す際に機能する本質的な学習能力としてのコンセプチュアル・スキル（conceptual skills：概念化能力）である。

　コンセプチュアル・スキルとは、目の前で発生している事象が内包する様々な知識や情報等が渾然一体となっている複雑な状況から共通項となる事実を拾い出し、その本質的な概念要素を見極め、集約し、推論的要素も踏まえながら把握する能力のことである。

　これを道徳科授業における道徳学習という視点から捉えると、人間としての自分の在り方や生き方を理解する上で最も重要スキルであることが納得されよう。ただ、この個としての生きて働く力となる能力は誰しもが同一学習条件下であれば一様に育まれるのかと問われれば、そこは甚だ心許ない部分でもある。なぜなら、道徳学習はあくまでも個の内面に根ざした個別的な学びだからである。よって、そこでの子供一人一人の最適な学び方を考えるなら、その人数分だけ個別的に存在することは容易に想定されよう。

　例えば、一つの経験から派生する多くの事柄を類推的に学ぶことができる子供は道徳科授業でよく散見されることである。だからといって、その子供が他教科での学習も同様に優れているのかといった問題は別次元である。ただ明確なことは、先見的な視点から物事を見通しながら最適解を導き出せる能力を備

えた子供は、モラルラーニング・スキルの育成を意図した道徳学習をすることで自らの中に内在する道徳的資質・能力を大きく開花させる契機とできるに相違ない点である。そんな大風呂敷を拡げるまでもなく、子供の生き方学習を道徳科授業で促進するためにモラルラーニング・スキルという視点を教師が意識するだけで、「生き方学習促進能力」を高める一助となることは疑念を挟む余地がないところであろう。それを道徳科授業の中でどう具体的に育成するような手立てを教師が意図的に取り入れようとするのか、ただそれを意識するならこれまでとは違う視点での授業づくりが可能となってくるのである。

　再度、学習指導要領「特別の教科　道徳」に立ち返って、その内容に着目すると、そこで学年段階毎に示された内容項目は四つの視点（A. 主として自分自身に関すること、B. 主として人との関わりに関すること、C. 主として集団や社会との関わりに関すること、D. 主として生命や自然、崇高なものとの関わりに関すること）から構成され、記述された内容項目は簡略に表されたタグと共に項目構成（小学校低学年19項目、中学年20項目、高学年および中学校22項目）されている。もちろん道徳科では、内容項目として示されたその文言を子供に直接教え込む価値注入指導（indoctrination）は回避することが必須要件である。なぜなら、学ぶ本人が自ら自覚的に欲しないものは決して血肉化して生きて働く道徳的知識とはなり得ないからである。

　よって、小・中学校学習指導要領解説編ではその点に言及し、丁寧に述べている。つまり、内容項目として示された事柄は子供と教師が人間としての在り方や生き方を追求していく際の「課題」であるとしている点である。よって、知的理解として既知のことをなぞるような道徳科授業を幾ら重ねても、決して自分事としての「自覚的な価値理解」には至らないのである。道徳科授業で大切なのは、学習指導要領に示された内容項目を切り口に子供が「人間としての自己を見つめ、考える時間」とすることである。子供は小さい頃から親や周囲の大人たちから事ある毎に道徳的知識を教え込まれている。敢えて道徳科ではそんな子供たちに「当たり前」と頭で分かっていると思い込んでいた内容を再吟味させ、「ああ、だからこう考え、こう行為することが大切なんだ」と心底得心させる「自分事学びをする時間」にしていくことが重要なのである。

## （2）　道徳的資質・能力形成としてのモラルラーニング・スキル

　ここで言うモラルラーニング・スキル＝MLSとは、著者が提唱している理論概念である。要は、子供が道徳学習を経て自らの内に形成する道徳的資質・能力である。それは明確な正解がない「問い」について自分にも、他者に対しても説得性ある「最適解」を導き出すための「生きて働く力」でもある。

　これを道徳科授業において学習指導要領の目標実現に向けて吟味・検討するなら、幾つかの道徳学習成立要件としての道徳的資質・能力がイメージできよう。つまり、「a.　自分事としての道徳的課題に気づく力」、「b.　自分事としての道徳的価値を学び深める力」、「c.　自分事として道徳的価値を納得して受容する力」である。詳述するなら諸々の要素は考えられるが、教育実践的な視点から要約するなら、大凡この 3 点に要約できるであろう。

　道徳科授業は、本書「まえがき」でも触れた竹ノ内の名言ではないが、「道徳教育の究極のねらいは、実践できる道徳人を育てることである」ことに尽きる。ただ、その言葉を唱えるだけでは子供の生き方学習を可能とするモラルラーニング・スキルは育っていかない。「玉磨かざれば光なし」の重要性に教師が子供と共に学びながら気づき、意図的にその道徳的資質・能力を子供たちが磨けるよう教育実践を具現化していくことが教師の重要な使命なのである。

　道徳科授業が日々展開される教室には、それこそ十人十色の子供たちが学んでいる。中には、優れたモラルラーニング・スキルの潜在的能力があっても、それを実現できない授業しか展開されていなければ不可能であろうし、そのようなモラルラーニング・スキルを身につけることが苦手な子供もいることは事実である。それゆえ、様々な学びの事情を抱える子供たちに対して、その共通項となる「共に生きる他者とより善く生きる」という心根の培いが不可欠なのである。だからこそ、そんな子供たちに対してコンセンプチュアル・スキルとしてのモラルラーニング・スキルの大切さを体感的に伝え、磨かせ、将来的に開花可能な「生きて働く力」を道徳科授業で獲得させることが重要な肝であり、即ちそれが学習指導要領の目標実現となるのである。

　このような資質・能力形成の発想を道徳科で培う学習要素として着目し、ことさら重視しようとする背景には、これからのSociety5.0と呼ばれるサイバー

空間（仮想空間）とフィジカル空間（現実空間）を融合させた人間中心社会に
おいては、とても重要で不可欠な学習要素となってくるからである。子供一人
一人の可能性を拡げ、より確かに生きて働く道徳的資質・能力として育んでい
く上で必須となってくるモラルラーニング・スキル、明日の道徳科授業充実に
向けて実践的な検証がこれから大いになされることが期待されよう。

## （3）　学校における道徳教育の「要」としての道徳科授業

　わが国の道徳科教育は学習指導要領総則でも述べられているように、「学校
の教育活動全体を通じて行うもの」であり、それを束ね、焦点化し、道徳的諸
価値を子供一人一人に有機的・関連的に意味づけさせ、深化させていく役割を
果たすのが要の教科学習時間として位置づけられている道徳科である。

　そのような教育機能を円滑に展開させるためには、学校における全ての教育
活動が道徳教育となるよう各学校は意図的・計画的に教育活動が実践展開され
るよう自校の道徳教育推進マップ（道徳教育全体計画）をその時々に見直し、
改善し、リアルタイムで更新して日々の教育活動へ反映されるようにしていく
こと、つまり道徳教育カリキュラム・マネジメントを促進することが何よりも
肝要なのである。なぜなら、自校の教育活動はどんなものでも全て子供たちの
健やかな人格形成に寄与する道徳教育となっているはずだという盲目的な思い
込み（誤謬）に陥ることなく、一つ一つの教育活動内容をその都度丁寧かつ真
摯に精査・検討し、自問する姿勢があってこそ、学校の教育全体を通じて機能
する道徳教育が実現するものだからである

　学校の教育課程に位置づけられた道徳科で展開される道徳学習は、全ての教
育活動を通じて培った道徳性（偶発的で個別的で体系的なまとまりとなって自覚
化されていない道徳的体験）をより確かなものとするところに必然的意味がある。
ゆえに、意図的・計画的に設定した主題に照らして学習者全員で共有できる道
徳的追体験となる道徳教材で補充し、そこに内在する道徳的課題解決を学習者
相互が共有し、協同的（cooperative）な道徳的課題解決のための学びを深化
させ、その中で互いに共有し合える共通解（学習者の多くが納得できる道徳的価値
内容の意味づけ）を導き出し、さらにその共通解に照らして自己省察する中で
どう自らの納得解（自分事としての道徳的価値への納得）として個の内面で統合

### 図 2 - 3　全体計画と道徳科授業とのモデレーションによるカリマネ構想

全体と部分の双方向・調和往還的視点（moderation）から道徳科カリマネを構想

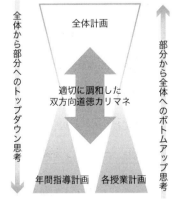

道徳教育全体計画から各学年年間指導計画へ

全体計画

適切に調和した
双方向道徳カリマネ

年間指導計画　各授業計画

全体から部分へのトップダウン思考

部分から全体へのボトムアップ思考

年間指導計画各時間から道徳教育全体計画へ

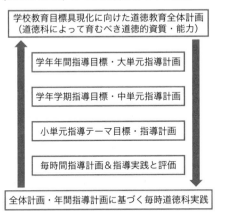

学校教育目標具現化に向けた道徳教育全体計画
（道徳科によって育むべき道徳的資質・能力）

学年年間指導目標・大単元指導計画

学年学期指導目標・中単元指導計画

小単元指導テーマ目標・指導計画

毎時間指導計画＆指導実践と評価

全体計画・年間指導計画に基づく毎時道徳科実践

モデレーションによって道徳科カリマネの
即時性・可塑的柔軟性を確保する

させていくのかという道徳科授業における「補充・深化・統合」という一連の道徳学習プロセスが大切なのである。それを実現する時間として機能してこそ、道徳教育の要としての教科「道徳科」なのである。

　道徳科授業はそれ自体が単独で存在するのではなく、各学校の道徳教育全体計画と調和往還的にモデレーション（moderation：調整的摺り合わせ）[2]することで成立するのである。また、それと並行して実践に基づく改善点を即時的に反映させるカリキュラム・マネジメント（curriculum management：カリマネ）を実現することで意図的・計画的な教育活動として妥当性を伴って展開されるのである。リアルタイムでカリキュラム・マネジメントが機能するような各学校独自の道徳教育推進マップを作成すること、これこそ重要である。そして、キーワードとなるのがモデレーションである。複数の人がその事柄を評価するための規準となる物差しを検討し、合意形成する手続きだからである。

　平成28（2016）年 3 月告示の小・中学校学習指導要領では、「カリキュラム・マネジメント」が強調されている。それは一体何を意味し、どのような運用を期待するのであろうか。

**図2−4 学校における道徳教育推進モデル図**

学校の校是・校訓等に基づいて学校教育目標を策定
⇩
学校教育目標具現化のための道徳教育目標と道徳教育全体計画策定
⇩
道徳教育全体計画に基づく学年道徳教育目標・具体的指針の策定
⇩
学年道徳教育目標実現のための各教科・教科外教育年間指導計画策定
⇩
各学級実態に基づく学級道徳経営方針と学級道徳経営計画の策定
⇩
学級道徳経営計画に基づく学期・月別指導計画策定とカリマネ実践
⇩
長・中期的スパンと毎時指導を踏まえた双方向的実践でのカリマネ実施

　「マネジメント」という用語そのものは学校教育の場に限らず、福祉や医療、企業等の生産管理現場において多用されている。それは、各分野において、それぞれの組織が設定した目標の具現化を目的として、その達成のための手段としての組織活動や生産活動を見直し、改善を加えながらより効果的な組織的活動方法にシステムを最適化していく営みである。

　今日の学校教育においても、各学校がただ毎年決まり切った教育活動を展開していくといった旧態依然のことなど許されない状況となっている。当たり前のことではあるが、各学校が個々に掲げる自校の理念と独自な教育目標を策定しながら、創意工夫を生かした特色ある教育活動を展開し、社会的な責任を果たしていくことを求められている。このような学校に与えられた社会的な役割を果たしていくための前提となるのは、各学校の理念や掲げる目標を体現していく教育課程実施、つまり学校が目指す「理想の子供像の具現化」の言うことに尽きるであろう。その教育課程において継続的かつ発展的な改善を前提にした各教科等の教育計画をどう編成し、どう実施し、さらにそれをどう改善・再構築していくのかという学校組織運営手法がカリキュラム・マネジメントであり、これからの学校教育で重視されなければならない視点である。

　カリキュラム・マネジメントの基本は、日々の教育実践の内容・方法についてのP（Plan：計画）⇒D（Do：実践）⇒S（See：評価改善）という短期的な見

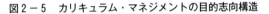

図2-5　カリキュラム・マネジメントの目的志向構造

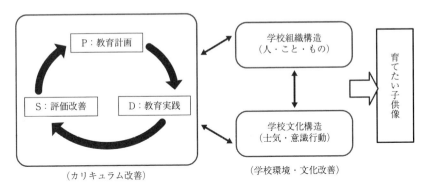

取り改善を意図したPDSサイクルである。ただ、学校は年次計画に従って意図的・計画的・発展的に運営されるものである以上、そこにはそれを支える教育条件整備活動としての組織構造マネジメント（人、資金、組織、時間、情報）、教師集団の意識や士気、教育実践行動力といった学校文化マネジメントも同時進行的に推進しなければ教育理念や学校教育目標はおぼつかないのである。それら一切合切を視野に置いた学校カリキュラム・マネジメントをイメージすると、図2-5全体にあるような大きな目的志向的な組織運営手法としての長期的なカリキュラム・マネジメントが必要となってくるのである。

　短期的な見取り改善を意図したPDSサイクルを長期的なカリキュラム・マネジメントで捉えていくと、そこにはPDCAサイクルの一連の流れが見えてくる。

　マネジメント・プロセスとして流れを示すと、P.教育課程の立案・編成（Plan：教師の総意を反映して立案）→ D.教育課程の実践（Do：計画に基づいて実践）→C.教育課程実践の評価（Check：実施時期・方法・内容等について評価観点に従って有効性検証）→A.教育課程の再編成（Action：評価結果に基づく改善・再編成）というPDCAというサイクルを辿ることが頷けよう。このマネジメントを毎時間の指導で捉えていくと本時を踏まえて次時へ改善するという「指導実践即評価・改善」を企図したS（See）のPDS短期サイクルが実現する。

　学校教育全体での道徳教育推進を通して期待されている教育効果、つまり、子供一人一人の個性的なよさを引き出し、育み伸ばし、将来にわたって自らの

よりよい生き方を志向する道徳的資質・能力の育成を図るといった理想の実現は、各学校の道徳教育全体計画として位置づけられ、さらに各学年毎の道徳教育年間指導計画へと敷衍され、中・長期的カリキュラム・マネジメントと毎時間の道徳科授業を踏まえた短期的カリキュラム・マネジメントとが並行的に展開されることで継続的かつ実効的に機能するようになってくる。その実現には、意図的にカリキュラム・マネジメントを推進していくという教師集団の共通理解とカリキュラム改善に向けた自覚および実践意志力が不可欠なのである。

## 第2節　道徳科で培う道徳的資質・能力の総体としての道徳性

### 1　道徳性の構造とその諸様相

　学校教育全体を通じて行う道徳教育を束ね、相互に関連づけ、有機的に整合性をもたせ、道徳的価値理解としての「共通解への導き」から、道徳的価値自覚としての「納得解の紡ぎ」を促進する役割を果たすのが道徳科であるが、そこでの育成すべき道徳性の構造と諸様相はどうなっているのであろうか。

　道徳科は、子供自身が人間としての在り方や生き方について価値理解、人間理解、他者理解の側面から自らの考え方を深めることを意図する学習の時間である。そして、それらの学習を通じて育成すべき目標として示されているのは「道徳性」である。その道徳性とは、「道徳的判断力」、「道徳的心情」、「道徳的実践意欲と態度」という人格的特性としての道徳的諸様相の総体として構成されている。もちろん、道徳性の諸様相は当然のことであるが個の内面性に係る事柄であり、道徳的判断力、道徳的心情、道徳的実践意欲と態度という三つの諸様相が不可分一体となって構成されるものである。よって、明確な具体性あるものとして等分に扱うとか、この学習ではこの要素だけと明確な線引きは本来的には不可能なことである。このような人格的特性形成概念としての道徳性を学校における道徳教育として、あるいはその中核となる道徳科を介して育成していくためには、年間を通じた道徳教育推進マップをイメージし、それを具体的な教育活動として一つ一つ道徳科授業に落とし込んでいくという発想が不可欠である。それを受けての毎時間の道徳科授業である。

**図2－6　道徳教育および道徳科で培う道徳性の諸様相**

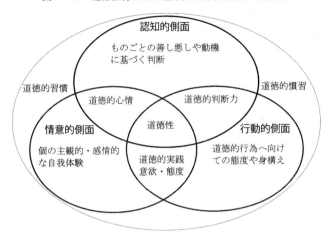

道徳的判断力→日常的なそれぞれの場面において善悪を判断する能力である。
道徳的心情　→道徳的価値の大切さを感じ取り、善を行うことを喜び、悪を憎
　　　　　　　む感情のことである。
道徳的実践意欲と態度
　　　　　　→道徳的判断力や道徳的心情によって価値があるとされた行動を
　　　　　　　取ろうとする傾向性を意味する。

　道徳科の授業構想においては、そこでの学習の中核的内容となる主題を構想
する。その際、学校教育全体での道徳教育との往還を常に意識していくことが
とても重要である。道徳科における主題名とは、その時間で学習する道徳的価
値のねらいと道徳的追体験として提示する教材内容とによって構成される。言
わば、その授業を端的に表すタグもしくは内容項目に係る授業タイトル名でも
ある。つまり、他教科で言う一定の指導内容と配当時数とで構成される「単
元」、複数時数による指導内容で構成される「題材」と同様である。

　道徳科ではその主題設定の際、道徳的諸様相のどの部分を各教科における道
徳教育と関連づけたり、道徳科年間指導計画とどう連動させて構成したりする
ことが可能なのかを有機的学習構造としてイメージしていくことが大切である。
かつての道徳授業では、年間35時間（小1は34時間）の指導時間しか配当され
ていないためにそれぞれ単独の授業として主題構想されることが多かった。し
かし、道徳科となってからは現代的な課題等にフレキシブルに対応するために

年間授業35時間を大単元、各学期を中単元、月毎あるいは課題テーマ毎に複数時間の小単元（ユニット：unit）での学習構成とすることで、各内容項目を関連づけて多面的・多角的視点から道徳的価値理解を可能にする学習構想が一般的になってきた。

　第4章で述べる著者が提唱しているパッケージ型ユニット、課題探求型による道徳科授業構想のメリットは、複合的な道徳テーマに基づく学習を連続させることで子供の道徳的課題意識を複眼的に拡大させながら統合的に道徳的価値理解を促す点にある。ユニットテーマに係る道徳学習を一貫することで子供の連続した道徳課題追求が可能となり、自らとの接点を見出しながら自分事としての血肉化された道徳的価値理解を促進していけるところに大きな特徴がある。それを可能にしているのは、道徳的諸様相を単独に存在しているといった紋切り型の道徳性理解ではなく、その道徳性を体現する子供たちのトータルな人格的育ちにより着目するという教育学的な視点があるからである。

　図2−6から一目瞭然であるが、道徳性という人格特性の善さの総体は集合円でしか表せないような複合的構造を成している。それらの諸様相を傾向的に分別すると道徳的判断力を中心とした認知的側面、道徳的心情を中心とした情意的側面、道徳的行為への身構えや道徳的態度を中心とした行動的側面とが見えてくる。それらは当事者である個人の内面に自らの意思で形成される「内的道徳」である。その他に、内的道徳としての道徳性と重なり合ったり、一見すると道徳性と似通ったりする「道徳的習慣」や「道徳的慣習」といった「外的道徳」の側面がある。外的道徳は幼少期からの育成過程や社会生活過程で受け入れ、無意識的に形成されてきた道徳的スキル等である。

　次に社会生活上で不可欠な外的道徳として有効に作用する道徳的習慣、道徳的慣習について述べたい。

　道徳的習慣とは、分かりやすく説明すれば日常的道徳生活を支える集団内の人間関係を円滑に保ち、その秩序を維持する上で求められる了解事項としてのルール、マナー、エチケット等のことである。また、道徳的慣習とは限定された集団や社会内で共有し合う了解事項である。それらは主体的な価値理解や価値自覚に基づいて当為されるといった個の内面的拘束力に基づく内的道徳とい

う側面よりも、生活経験プロセスの中で真似たり、教えられたりしてそれが望ましいことと血肉化された外的拘束力として機能する外的道徳であることが多い。道徳教育で求めるのは外的拘束力に従う道徳的思考・判断力や道徳的行為を可能にする実践意志力ではなく、あくまでも個の主体的かつ内発的な意思力に基づく道徳的思考・判断・行為を可能にする道徳的実践力であることは言うまでもない。

　ただ、その言動を周囲にいる人間が推し量って「これは内的道徳である」とか、「これは外的道徳である」といった判断を下すことはできにくい。それはあくまでも個としての内面的な道徳的思考・判断力および道徳的実践意思に基づく行為、つまり個の道徳性発露の一側面である限りはその当事者以外にそれを峻別できるような性質のものではないからである。

　ゆえに個の道徳的思考・判断力や道徳的行為に係る日常的道徳生活においては、これが内的道徳でそれが外的道徳であるといった短兵急で一面的な視点に立った判断や道徳的評価は回避すべきなのである。もちろん、それ等を容認しつつもその中での当事者の道徳性評価が求められることはよく散見される事実である。ならば、人間は常に自らのより善い生き方を志向し、善を希求する存在であるという前提に立って道徳性形成に係る学習状況評価や人格的成長に係る評価をするという肯定的個人内評価の視点から道徳科学習評価を進めるならば、内的道徳とか外的道徳といった峻別での個の道徳的言動や判断、実践に向けた意欲等の評価はあまりこだわる意味をもたないと考えるべきであろう。

## 2　道徳性形成を裏づける道徳的資質・能力

　AI（Artificial Intelligence：人工知能）の普及やGIGA（Global and Innovation Gateway for All）スクール構想といったICT機器活用やオンラインネットワークの拡充に伴う高度情報化・グローバル社会の到来は、もはや学校においては日常風景となっている。これらの現実を踏まえながら近未来の学校における道徳教育や道徳科指導を視座すると、そこにはわが国が目指そうとしている学力観を踏まえた時代的発展に符合した学習指導観が不可欠な要件であることに思い至ってくる。

## 図2-7　令和の日本型学校教育で育む子供の資質・能力

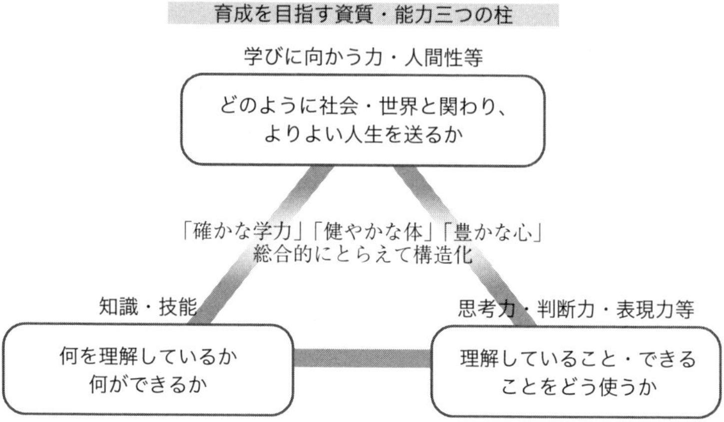

育成を目指す資質・能力三つの柱

学びに向かう力・人間性等

どのように社会・世界と関わり、
よりよい人生を送るか

「確かな学力」「健やかな体」「豊かな心」
総合的にとらえて構造化

知識・技能

何を理解しているか
何ができるか

思考力・判断力・表現力等

理解していること・できる
ことをどう使うか

（平成28年12月21日　中央教育審議会答申「補足資料」より作成）

　平成29（2017）年3月、これからの新しい時代に生きる子供たちに必要とされる資質・能力形成を目指す小・中学校等学習指導要領が全面改訂された。そこでのキーワードは、予てよりわが国の学校教育で実現を目指す目標として掲げている「生きる力」である。

　学習指導要領とはその前文にも書かれている通り、「よりよい学校教育を通してよりよい社会を創る」という理念を実現するため、学校知（school knowledge）としての教育課程の基準を大綱的に定めたものである。学校が公の性質を有するものである以上、そこには全国的な教育水準を確保するための基準が必要であり、学習指導要領がその役割を果たすのである。その学習指導要領第1章「総則」では、これからの学校教育で目指すべき目標や内容、その具現化に向けての進め方等が記されているが、そこには、「主体的・対話的で深い学びの実現に向けた授業改善を通して、特色ある教育課程を展開する」中で児童生徒に「生きる力」を育むものであることが明記されている。

　そのために各学校は教育活動を展開する際には「学びの力（知）」、「豊かな心（徳）」、「体育・健康（体）」という三つの事項の実現を図り、豊かな創造性を備え、持続可能な社会の創り手となり得るよう、子供たちに生きる力を育む

ことが求められているのである。道徳教育はそんな「知育・徳育・体育」のトライアングルの中で、主に「徳育」に係る部分を担う教育活動なのである。

　図2－7は、これからの学校教育で子供たちに育む資質・能力を表したものである。これに前出のモラルラーニング・スキルの三つの具体的な道徳的資質・能力を育む力、つまり「a.　自分事としての道徳的課題に気づく力」、「b.　自分事としての道徳的価値を学び深める力」、「c.　自分事として道徳的価値を納得して受容する力」を重ね合わせると以下のような整合性ある説明ができる。

---

Ⅰ　何を理解しているか、何ができるか
　a.自分事としての道徳的課題に気づく力
Ⅱ　理解していること・できることをどう使うか
　b.自分事としての道徳的価値を学び深める力
Ⅲ　学びに向かう力、人間性等
　c.自分事として道徳的価値を納得して受容する力

---

　ここで重要なのは、「なぜ道徳を学ぶのか」という子供たちの素朴な問いに対する明確な教育的メッセージの発信である。それは言を俟たないただ一点の事柄、「心豊かにより善い明日を生きるため」に子供は学ぶのである。

## 第3節　道徳科で取り上げる道徳的価値内容

　道徳的価値という表現をすると、「道徳的価値とは、学習指導要領に示された内容項目のこと」と紋切り型の理解をしている学校関係者も少なくない。しかし、それは皮相的な捉えである。例えば「思いやり」といった道徳的価値を取り上げても、見方を変えるとそこには他律的に道徳的習慣や道徳的慣習として行っていたり、人間関係形成といった社会性に係る事柄としても受け止められていたりする要素も含まれている。また、義務教育の対象である小学校低学年から中学校上学年までの児童・生徒の発達段階を踏まえると、道徳科で取り上げる道徳的諸価値はただ項目化された文言の理解にとどまらない系統性や発

展性を踏まえた価値内容項目であることについて理解しておく必要があろう。

　そもそも、道徳的諸価値とは「道徳的な正しさ」あるいは「道徳的な善さ」を意味するものである。そうした望ましさとしての道徳的諸価値を「思いやり」とか「友情」とか「公正公平」といった抽象化された文言で置き換えられたものを「徳目」と呼んでいる。徳目をいくら丁寧に教え込んでも道徳的行為に至らないことは、先にも繰り返し触れたことでもある。反芻するなら、そこには行為の主体者である子供自身が諸価値に対する納得や自覚の伴う理解段階に至る学びがないからである。つまり、道徳的諸価値というのは予め明確な内容として存在するわけではなく、幾つかのカテゴリーに分類したり、内容項目化したりして理路整然と説明づけられるような性質のものではないのである。それゆえ、小・中学校学習指導要領解説「特別の教科　道徳編」では「『第2内容』は、教師と児童（生徒）が人間としてのよりよい生き方を求め、共に考え、共に語り合い、その実行に努めるための共通の課題である」と敢えて但し書きをつけているのである。つまり、道徳科では内容項目化された文章を文字通りに解釈してそのまま指導で教え込むのではなく、内容項目に含意された道徳的諸価値を互いに語り合うことで発達段階に即しながら本質を踏まえて深く理解し、自覚化していくための「課題」であると念押ししているのである。ここで言う課題とは、学習を深めていくための「学習課題」あるいは「学習のめあて」といった事柄を意味するものである。

　学習課題とか学習のめあてと言った場合、その前提となっているのは教師が授業の中で子供たちに提示して到達させるノルマ的な目標ではなく、学習主体者としての子供自身による学びのための「問い」を意味するのである。もちろん、それらは個々人によって異なり、それがバラバラだと個々の課題探求活動は狭隘かつ管見的な個々人の内にとどまるものに終始し、どこまでいっても堂々巡りのものとなってしまう。そこで、それらの個々人の個別な問いをモデレーションするというもう一手間かけた学習活動を展開することで共通学習課題を設定するという手続きが必要となってくる。それは個々人の問いについての解決に資することを意図した個別学習課題解決のための協同学習を成立させることを意図したモデレーションである。個別の問いを個々人で解決すること

は難しいが、個々の問いを共通学習課題あるいは学習のめあてとして設定して
課題追求する過程、つまり協同学習では自分とは異なる思いもよらない視点か
らの発想や知見等が得られるのである。それは即ち自己課題としての「問い」
についての納得解を導き出す学びのプロセスに違いない。そして、その協同学
習で互いが語り合ったことは自らにも強烈なインパクトをもたらすだけでなく、
共に学ぶ相手にも同様のインパクトを与えるのである。ここに、個別な問いを
共通学習課題としてモデレーションする理由が明確に見えてくる。

　個別な問いを共通学習課題として収斂しながら課題追求して辿り着いた共通
解に照らし、再度自らの問いを吟味・検討すると個人では到達し得なかった多
面的・多角的な視点からの個としての納得解が導き出されてくるのである。そ
の点で、道徳科の第一歩は子供一人一人が自らの「問い」をもつことから始ま
ると主張するものである。そして、それは共通学習課題へと止揚（独：aufheben）
するプロセスそのものであると意味づけられるのである。

## 表2−1　小・中学校学習指導要領内容項目一覧

| | 小学校第1学年及び第2学年（19） | 小学校第3学年及び第4学年（20） |
|---|---|---|
| **A　主として自分自身に関すること** | | |
| 善悪の判断，自律，自由と責任 | (1) よいことと悪いこととの区別をし，よいと思うことを進んで行うこと。 | (1) 正しいと判断したことは，自信をもって行うこと。 |
| 正直，誠実 | (2) うそをついたりごまかしをしたりしないで，素直に伸び伸びと生活すること。 | (2) 過ちは素直に改め，正直に明るい心で生活すること。 |
| 節度，節制 | (3) 健康や安全に気を付け，物や金銭を大切にし，身の回りを整え，わがままをしないで，規則正しい生活をすること。 | (3) 自分でできることは自分でやり，安全に気を付け，よく考えて行動し，節度のある生活をすること。 |
| 個性の伸長 | (4) 自分の特徴に気付くこと。 | (4) 自分の特徴に気付き，長所を伸ばすこと。 |
| 希望と勇気，努力と強い意志 | (5) 自分のやるべき勉強や仕事をしっかりと行うこと。 | (5) 自分でやろうと決めた目標に向かって，強い意志をもち，粘り強くやり抜くこと。 |
| 真理の探究 | | |
| **B　主として人との関わりに関すること** | | |
| 親切，思いやり | (6) 身近にいる人に温かい心で接し，親切にすること。 | (6) 相手のことを思いやり，進んで親切にすること。 |
| 感謝 | (7) 家族など日頃世話になっている人々に感謝すること。 | (7) 家族など生活を支えてくれている人々や現在の生活を築いてくれた高齢者に，尊敬と感謝の気持ちをもって接すること。 |
| 礼儀 | (8) 気持ちのよい挨拶，言葉遣い，動作などに心掛けて，明るく接すること。 | (8) 礼儀の大切さを知り，誰に対しても真心をもって接すること。 |
| 友情，信頼 | (9) 友達と仲よくし，助け合うこと。 | (9) 友達と互いに理解し，信頼し，助け合うこと。 |
| 相互理解，寛容 | | (10) 自分の考えや意見を相手に伝えるとともに，相手のことを理解し，自分と異なる意見も大切にすること。 |
| **C　主として集団や社会との関わりに関すること** | | |
| 規則の尊重 | (10) 約束やきまりを守り，みんなが使う物を大切にすること。 | (11) 約束や社会のきまりの意義を理解し，それらを守ること。 |
| 公正，公平，社会正義 | (11) 自分の好き嫌いにとらわれないで接すること。 | (12) 誰に対しても分け隔てをせず，公正，公平な態度で接すること。 |
| 勤労，公共の精神 | (12) 働くことのよさを知り，みんなのために働くこと。 | (13) 働くことの大切さを知り，進んでみんなのために働くこと。 |
| 家族愛，家庭生活の充実 | (13) 父母，祖父母を敬愛し，進んで家の手伝いなどをして，家族の役に立つこと。 | (14) 父母，祖父母を敬愛し，家族みんなで協力し合って楽しい家庭をつくること。 |
| よりよい学校生活，集団生活の充実 | (14) 先生を敬愛し，学校の人々に親しんで，学級や学校の生活を楽しくすること。 | (15) 先生や学校の人々を敬愛し，みんなで協力し合って楽しい学級や学校をつくること。 |
| 伝統と文化の尊重，国や郷土を愛する態度 | (15) 我が国や郷土の文化と生活に親しみ，愛着をもつこと。 | (16) 我が国や郷土の伝統と文化を大切にし，国や郷土を愛する心をもつこと。 |
| 国際理解，国際親善 | (16) 他国の人々や文化に親しむこと。 | (17) 他国の人々や文化に親しみ，関心をもつこと。 |
| **D　主として生命や自然，崇高なものとの関わりに関すること** | | |
| 生命の尊さ | (17) 生きることのすばらしさを知り，生命を大切にすること。 | (18) 生命の尊さを知り，生命あるものを大切にすること。 |
| 自然愛護 | (18) 身近な自然に親しみ，動植物に優しい心で接すること。 | (19) 自然のすばらしさや不思議さを感じ取り，自然や動植物を大切にすること。 |
| 感動，畏敬の念 | (19) 美しいものに触れ，すがすがしい心をもつこと。 | (20) 美しいものや気高いものに感動する心をもつこと。 |
| よりよく生きる喜び | | |

| 小学校第 5 学年及び第 6 学年（22） | 中学校（22） | |
|---|---|---|
| **A　主として自分自身に関すること** | | |
| (1) 自由を大切にし，自律的に判断し，責任のある行動をすること。 | (1) 自律の精神を重んじ，自主的に考え，判断し，誠実に実行してその結果に責任をもつこと。 | 自主，自律，自由と責任 |
| (2) 誠実に，明るい心で生活すること。 | | |
| (3) 安全に気を付けることや，生活習慣の大切さについて理解し，自分の生活を見直し，節度を守り節制に心掛けること。 | (2) 望ましい生活習慣を身に付け，心身の健康の増進を図り，節度を守り節制に心掛け，安全で調和のある生活をすること。 | 節度，節制 |
| (4) 自分の特徴を知って，短所を改め長所を伸ばすこと。 | (3) 自己を見つめ，自己の向上を図るとともに，個性を伸ばして充実した生き方を追求すること。 | 向上心，個性の伸長 |
| (5) より高い目標を立て，希望と勇気をもち，困難があってもくじけずに努力して物事をやり抜くこと。 | (4) より高い目標を設定し，その達成を目指し，希望と勇気をもち，困難や失敗を乗り越えて着実にやり遂げること。 | 希望と勇気，克己と強い意志 |
| (6) 真理を大切にし，物事を探究しようとする心をもつこと。 | (5) 真実を大切にし，真理を探究して新しいものを生み出そうと努めること。 | 真理の探究，創造 |
| **B　主として人との関わりに関すること** | | |
| (7) 誰に対しても思いやりの心をもち，相手の立場に立って親切にすること。 | (6) 思いやりの心をもって人と接するとともに，家族などの支えや多くの人々の善意により日々の生活や現在の自分があることに感謝し，進んでそれに応え，人間愛の精神を深めること。 | 思いやり，感謝 |
| (8) 日々の生活が家族や過去からの多くの人々の支え合いや助け合いで成り立っていることに感謝し，それに応えること。 | | |
| (9) 時と場をわきまえて，礼儀正しく真心をもって接すること。 | (7) 礼儀の意義を理解し，時と場に応じた適切な言動をとること。 | 礼儀 |
| (10) 友達と互いに信頼し，学び合って友情を深め，異性についても理解しながら，人間関係を築いていくこと。 | (8) 友情の尊さを理解して心から信頼できる友達をもち，互いに励まし合い，高め合うとともに，異性についての理解を深め，悩みや葛藤も経験しながら人間関係を深めていくこと。 | 友情，信頼 |
| (11) 自分の考えや意見を相手に伝えるとともに，謙虚な心をもち，広い心で自分と異なる意見や立場を尊重すること。 | (9) 自分の考えや意見を相手に伝えるとともに，それぞれの個性や立場を尊重し，いろいろなものの見方や考え方があることを理解し，寛容の心をもって謙虚に他に学び，自らを高めていくこと。 | 相互理解，寛容 |
| **C　主として集団や社会との関わりに関すること** | | |
| (12) 法やきまりの意義を理解した上で進んでそれらを守り，自他の権利を大切にし，義務を果たすこと。 | (10) 法やきまりの意義を理解し，それらを進んで守るとともに，そのよりよい在り方について考え，自他の権利を大切にし，義務を果たして，規律ある安定した社会の実現に努めること。 | 遵法精神，公徳心 |
| (13) 誰に対しても差別をすることや偏見をもつことなく，公正，公平な態度で接し，正義の実現に努めること。 | (11) 正義と公正さを重んじ，誰に対しても公平に接し，差別や偏見のない社会の実現に努めること。 | 公正，公平，社会正義 |
| (14) 働くことや社会に奉仕することの充実感を味わうとともに，その意義を理解し，公共のために役に立つことをすること。 | (12) 社会参画の意識と社会連帯の自覚を高め，公共の精神をもってよりよい社会の実現に努めること。 | 社会参画，公共の精神 |
| | (13) 勤労の尊さや意義を理解し，将来の生き方について考えを深め，勤労を通じて社会に貢献すること。 | 勤労 |
| (15) 父母，祖父母を敬愛し，家族の幸せを求めて，進んで役に立つことをすること。 | (14) 父母，祖父母を敬愛し，家族の一員としての自覚をもって充実した家庭生活を築くこと。 | 家族愛，家庭生活の充実 |
| (16) 先生や学校の人々を敬愛し，みんなで協力し合ってよりよい学級や学校をつくるとともに，様々な集団の中での自分の役割を自覚して集団生活の充実に努めること。 | (15) 教師や学校の人々を敬愛し，学級や学校の一員としての自覚をもち，協力し合ってよりよい校風をつくるとともに，様々な集団の意義や集団の中での自分の役割と責任を自覚して集団生活の充実に努めること。 | よりよい学校生活，集団生活の充実 |
| (17) 我が国や郷土の伝統と文化を大切にし，先人の努力を知り，国や郷土を愛する心をもつこと。 | (16) 郷土の伝統と文化を大切にし，社会に尽くした先人や高齢者に尊敬の念を深め，地域社会の一員としての自覚をもって郷土を愛し，進んで郷土の発展に努めること。 | 郷土の伝統と文化の尊重，郷土を愛する態度 |
| | (17) 優れた伝統の継承と新しい文化の創造に貢献するとともに，日本人としての自覚をもって国を愛し，国家及び社会の形成者として，その発展に努めること。 | 我が国の伝統と文化の尊重，国を愛する態度 |
| (18) 他国の人々や文化について理解し，日本人としての自覚をもって国際親善に努めること。 | (18) 世界の中の日本人としての自覚をもち，他国を尊重し，国際的視野に立って，世界の平和と人類の発展に寄与すること。 | 国際理解，国際貢献 |
| **D　主として生命や自然，崇高なものとの関わりに関すること** | | |
| (19) 生命が多くの生命のつながりの中にあるかけがえのないものであることを理解し，生命を尊重すること。 | (19) 生命の尊さについて，その連続性や有限性なども含めて理解し，かけがえのない生命を尊重すること。 | 生命の尊さ |
| (20) 自然の偉大さを知り，自然環境を大切にすること。 | (20) 自然の崇高さを知り，自然環境を大切にすることの意義を理解し，進んで自然の愛護に努めること。 | 自然愛護 |
| (21) 美しいものや気高いものに感動する心や人間の力を超えたものに対する畏敬の念をもつこと。 | (21) 美しいものや気高いものに感動する心をもち，人間の力を超えたものに対する畏敬の念を深めること。 | 感動，畏敬の念 |
| (22) よりよく生きようとする人間の強さや気高さを理解し，人間として生きる喜びを感じること。 | (22) 人間には自らの弱さや醜さを克服する強さや気高く生きようとする心があることを理解し，人間として生きることに喜びを見いだすこと。 | よりよく生きる喜び |

　道徳的諸価値については、平成29（2017）年7月刊行の小・中学校学習指導要領解説「特別の教科　道徳編」では、以下のように説明されている。

> 　道徳的価値とは、よりよく生きるために必要とされるものであり、人間としての在り方や生き方の礎となるものである。学校教育においては、これらのうち発達の段階を考慮して、児童（生徒）一人一人が道徳的価値観を形成する上で必要なものを内容項目として取り上げている。児童（生徒）が今後、様々な問題場面に出会った際に、その状況に応じて自己の生き方を考え、主体的な判断に基づいて道徳的実践を行うためには、道徳的価値の意義及びその大切さの理解が必要になる。
>
> 　一つは、内容項目を人間としてよりよく生きる上で大切なことであると理解することである。二つは、道徳的価値は大切であってもなかなか実現することができない人間の弱さなども理解することである。三つは、道徳的価値を実現したり、実現できなかったりする場合の感じ方、考え方は一つではない、多様であるということを前提として理解することである。道徳的価値が人間らしさを表すものであることに気付き、価値理解と同時に人間理解や他者理解を深めていくようにする。

　この説明から、道徳科においては道徳的諸価値と向き合い、価値に対する理解と自覚を深めながら、「価値理解」⇒「人間理解」⇒「他者理解」を感得していくことが重要である点が理解されよう。もちろん、その前提にあるのは「自己理解」ということである。そしてそれは同時に、他者と共により善く生きる自己への継続的探求という一貫した姿勢であることは言うまでもない。

## 第4節　道徳科で育む実効性の伴う道徳的実践力

### 1　論理的実効性が伴う道徳性を育む多面的・多角的な視点

　道徳教育の究極的な目的は、冒頭で触れたように「実践できる道徳人を育てる」ことに尽きる。道徳科で子供に実効性ある道徳性を育むためには、ただ道徳的諸価値を系統的発展性のみ考慮して内容項目を順次指導するだけでは不十

分である。なぜなら、内容項目として示された道徳的価値を型通りに考えさせ、意味づけしても、それが日常的道徳生活の中で発揮されるためには「多面的・多角的」な視点から柔軟に道徳的問題を把握し、具体的な道徳的実践への見通しをもたなければその価値理解は知的理解にとどまってしまうからである。

　ここで言う「多面的」とは、一見すると同じように見えても本当はその実相が異なるような場合である。ある一面から見るとどれも平面の円に見えるが、本当は円柱だったり、円錐だったり、円錐台だったり、球だったりすることはよくあることである。道徳的な問題とて同様である。一見しただけではその本質を見抜けない、多様な捉え方が存在することは誰しも経験することである。

　また、「多角的」とは同一のものを様々な角度から捉え直す手続きを踏むことで、そこに含まれている多様性に気づくことである。道徳的行為を例にするなら、その行いの中には様々な動機となって作用する道徳的価値が含まれていよう。でも、それらの理由に関係なく道徳的行為に着目すれば、それは外部の目には同じような行為として映るのである。

　道徳的諸価値を理解するということは、「多面的・多角的に理解する」ことそのものである。道徳科では、他の教育活動での道徳教育と密接な関連を図りながら、計画的、発展的な指導によってこれを補ったり、深めたり、相互の関連を考えて発展させ、個の内面で統合させたりする「補充・深化・統合」のプロセスがとても重要なのである。そのプロセスを通して子供は道徳的諸価値についての理解を基にしながら、自己を見つめ、人間としての自らの生き方についての考えを深め、その内面に必要とされる道徳性を形成するのである。

## 2　自己の生き方や人間としての生き方を深める対話

　小・中学校道徳科において道徳性の諸様相である道徳的判断力、道徳的心情、道徳的実践意欲と態度を培っていくためには、その前提として自己の生き方や人間としての生き方について考え深める学習が必要である。つまり、自分の知らない他者の道徳的な問題を客観的かつ分析的に知識として理解するのではなく、今を生き明日を生きていく自らの切実感が伴う「自分事」として直面する道徳的問題や諸課題を乗り越えるために求められる「生きて働く力」を作用さ

図2－8　「多面的」「多角的」なものの捉え方モデル図

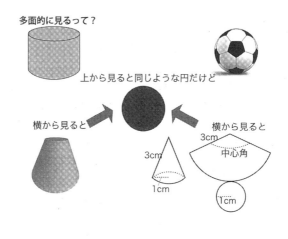

多面的に見るって？

上から見ると同じような円だけど

横から見ると

横から見ると

3cm

中心角

3cm

1cm

1cm

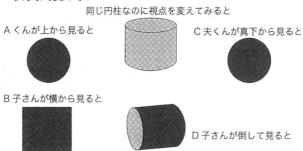

多角的に見るって？

同じ円柱なのに視点を変えてみると

Aくんが上から見ると

C夫くんが真下から見ると

B子さんが横から見ると

D子さんが倒して見ると

せるという道徳的覚醒が伴う理解を求められるのである。そのような「主体的・対話的で深い学び」を実現するためには当事者が自分自身と語り合い、他者とも語り合うことが不可欠である。なぜなら道徳科授業では「語り合い＝対話」がないと子供自身が自己の在り方や生き方についての考えを深められないからである。その理由は図2－9の事由に尽きる。

　人が自らの「ものの見方・感じ方・考え方」を前進させる状況とは、どのようなものであろうか。特に自らの在り方や生き方といった抜き差しならない自分事に関わる時はどうなのであろうか。

図2－9　自己内対話と他者対話の関係性

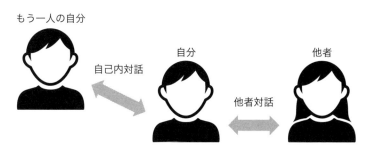

　多くの人がすぐに納得できるのは、自分だけの自己内対話のみでは堂々巡りし、なかなか考えを前進させることができない事実である。しかし、他者対話によって自分では思いつかない多面的・多角的な考え方に触れることができて課題解決しやすいことは日常的経験知として納得されよう。ただ、道徳学習の視点ではそれだけで十分とはならない。自己の考え方を深めていくためには、他者対話を通してもう一人の自分と自己内対話する過程を経なかったら、子供自身が「主体的・対話的で深い学び」を実現できないからである。

## 3　道徳的発露としての道徳的実践力と道徳科教育学の視点

　従前の小・中学校学習指導要領では、「道徳の時間の目標」の中に「道徳的実践力を育成する」と明記されていた。ただ、道徳教育は道徳性を養うものであると「第1章　総則」の「第1　教育課程編成の一般方針」の2に掲げられていることもあり、道徳性は即ち道徳的実践力を包摂するものであるという用語の集約がなされて、「道徳的実践力」は現行学習指導要領では削除された。しかし、道徳科授業で培う力を教師がイメージする時、やはりそこには教育専門用語として多年用いられ、学校現場でも定着している「道徳的実践力」という指導概念的な象徴語は確かな手応えのある授業づくりを目指す上では必須であろう。つまり、学習指導要領から用語が削除されたからという刹那的な理由で禁句化してしまうような皮相的な学校教育であってはならないのである。

　この「道徳的実践力」という用語が道徳性に包摂された理由は、従前の学習指導要領解説「道徳編」での説明が限定的であったことが挙げられている。従

前の解説では、道徳的実践力の構成要素が道徳的心情、道徳的判断力、道徳的実践意欲と態度だけであり、そのために道徳授業では内面的資質の涵養に限定されているという自縛的なイメージで受け止められ、育成するのは内面的資質としての道徳的実践力であり、道徳的行為や道徳的習慣といった具体的な資質・能力にまで言及すべきではないといった自制力が指導者側に働いていたためという指摘もある。この点に関し、当時の中央教育審議会委員であった柳沼良太（2015年）は、それまで「道徳授業では内面的な道徳的実践力までを養い、学校の教育活動全体で行う道徳教育では道徳性を育成すればよいという分業制があったのである。それゆえ、従来の道徳授業は、道徳的習慣や道徳的行為を含まない独特の『道徳的実践力』を育成することが目標であるため、指導に実効性が乏しいのは当然であった」3)と指摘している。しかし、学習指導要領で学校現場に定着してきた「道徳的実践力」という用語を概念規定が難解といった理由から削除したことについては、様々な異論が示された。学校における道徳科授業は具体性の伴うものである以上、培うものが「道徳性」では漠然とし過ぎている。用語概念についての丁寧な解説は今後も必要であろうが、具体的に授業を通して育む道徳的資質・能力と重ねてイメージしやすい「道徳的実践力」は行政用語ではなく、道徳教育の学術専門用語（technical term）として令和道徳科時代においても従前と同様に用いられることであろう。

　旧学習指導要領解説では、「道徳的実践力」がこう説明されていた。

　　道徳的実践力とは、人間としてよりよく生きていく力であり、一人一人の児童（＊中学校：生徒）が道徳的価値の自覚及び自己の生き方についての考えを深め（＊道徳的価値を自覚し、人間としての生き方について深く考え）、将来出会うであろう様々な場面、状況においても、道徳的価値を実現するための適切な行為を主体的に選択し、実践することができるような内面的資質を意味している。それは、主として、道徳的心情、道徳的判断力、道徳的実践意欲と態度（＊註：現行学習指導要領では道徳的判断力と道徳的心情とを表記する順番が逆になっている）を包括するものである。
　　本来、道徳的実践は、内面的な道徳的実践力が基盤になければならない。道

徳的実践力が育つことによって、より確かな道徳的実践ができるのであり、そのような道徳的実践を繰り返すことによって、道徳的実践力も強められるのである。道徳教育は、道徳的実践力と道徳的実践の指導が相互に響き合って、一人一人の道徳性を高めていくものでなければならない。

　この旧学習指導要領解説における道徳的実践力の用語概念を現行学習指導要領「特別の教科　道徳」＝道徳科の目標に照らしても、それ程大きな齟齬が生ずるわけではない。つまり、現行学習指導要領の主軸となる「主体的・対話的で深い学び」の実現に向けた道徳科としての授業改善イメージを体現している「考え、議論する道徳」で目指すべき道徳的資質・能力形成を支える三つの柱「知識・技能」「思考力・判断力・表現力等」「学びに向かう力・人間性等」が有効に機能し、発揮される過程で鍛えられる「見方・考え方」があってこその人間としての自己の生き方学習が可能となるのである。それはまさに道徳的なものの見方・感じ方・考え方を身につけていくための内面的資質、つまり呼称の適否はさておいても本来的には道徳的実践力であるに違いないのである。

　本書では、そのような道徳科で子供たちに培うべき道徳的資質・能力を前節でも述べたように、モラルラーニング・スキル＝MLSといった理論概念でイメージしている。このモラルラーニング・スキルは、子供が「主体的・対話的で深い学び」としての道徳学習を経て自らの内に形成する道徳的資質・能力である。学習指導要領道徳科の目標に照らしてイメージすると、著者は「自分事としての道徳的課題に気づく力」「自分事としての道徳的価値を学び深める力」「自分事として道徳的価値を納得して受容する力」と 3 点に要約したが、子供の道徳的発達実態や学校が置かれた道徳的環境等を勘案するなら、それ以外にも求められたり、さらには集約されたりすることは大いに考えられるところである。MLSの諸要件はあれこれと想定されはするが、教育実践的な視点から要約するなら、MLSは本書が提案する 3 点に大凡集約されるのではないかと考えている。

　道徳教育や道徳科授業を通して培う道徳性は、即ち道徳的実践を可能とする個の内面的資質としての道徳的実践力である。この道徳的実践力が育つことに

よって、より確かな道徳的実践が可能となり、道徳的実践をすることで道徳的実践力は相互補完的に機能して逆に強化されるのである。このような道徳的実践に寄与する道徳的実践力という、言わば道徳性発揮に不可欠なモラルラーニング・スキルでもある資質・能力概念は安易に否定されるべきものでない。

　この事例が物語るように、道徳科教育学を構想するに当たって留意しなければならないのは、学習指導要領の時代推移を背景にした朝令暮改な特殊性である。道徳教育に係る用語一つとっても、その改訂時の事情で栄枯盛衰が如実である。そのようなことから従前の教科教育学では、各教科固有の内容構成学研究は学習指導要領に委ね、その知識や技能に関する文化伝達という教科教育方法学的に主軸を置くことに偏りがちであった。教科教育学者の佐藤照雄（1985年）はその在り方について、「個人の名人芸に頼っていたのでは理論的に深められない。学習内容、学習方法を含めた学習活動の全体像そのものを研究対象として、その構造的関連、機能を研究し、学習指導の方向性、効率性、効果性を高めるという現場的な必然性からできている」[4]とその学問的存在理由を端的に説明している。つまり、教科教育学＝各教科方法学ではないのである。そこには子供の人格形成に寄与する「教科による教育学」としての教科教育内容構成学の視点が不可欠であり、教科教育学を成立させるための教科目標を具体化する教科内容を子供の人格形成という視点をもって学習構造分析するといった自律的な内容構成理論研究が促進されるべきである。

■第2章の引用文献

1）　田沼茂紀編『インクルーシブな道徳科授業づくり』2021年　明治図書　pp.12－13
2）　C.V.ギップス『新しい評価を求めて－テスト教育の終焉－』鈴木秀幸訳　2001年　論創社　p.100
3）　柳沼良太『実効性のある道徳教育』2015年　教育出版　p.9
4）　佐藤照雄「教科教育についての課題提起」『教科教育百年史』1985年　建帛社　第1部第2章　p.22

■第2章の参考文献

1）　田沼茂紀『道徳科で育む21世紀型道徳力』2016年　北樹出版
2）　髙宮正貴『価値観を広げる道徳授業づくり』2020年　北大路書房
3）　貝塚茂樹他編『道徳教育を学ぶための重要事項100』2016年　教育出版

4）　荒木寿友・藤澤文編『道徳教育はこうすれば〈もっと〉おもしろい』2019年　北大路
　　書房

5）　田沼茂紀編『道徳科重要用語事典』2021年　明治図書

# 第3章

# 道徳科教育推進のための基礎的な理解

## 第1節　わが国の道徳教育が今日まで歩んだ足跡

### 1　修身科時代における道徳教育
### （1）　道徳授業としての「修身口授」の開始

　わが国において今日のような学校教育制度が整備され、その枠組みの中で道徳教育が開始されたのは、明治5（1872）年8月に明治新政府の下で実施された学制発布（学制頒布）以降のことである。

　その精神は学制に先立って前日に発せられた太政官布告「学事奨励に関する被仰出書(おおせいだされしょ)」にある「邑(むら)に不学の戸なく家に不学の人なからしめんことを期す」という一文に象徴されていると言っても過言ではないだろう。それまでの武家支配による幕藩体制下にあっては、各藩の師弟を対象とした藩校や郷学校、一般庶民を対象とした寺子屋等々で地域の実情に即した教育が施されていた。その拠り所となる教育内容も一様ではなかった。それが学制によって、全国的な拡がりをもった均質な教育制度へと転換を遂げることとなったのである。まさしく、国家主導による近代公教育制度の幕開けである。わが国の道徳教育の起源もここにある。小学校における「修身口授(ぎょうぎのさとし)」と呼ばれた初等科の学科目が、まさしく道徳教育の第一歩であった。

　なお、ここで言う学制とは、全国を8大学区にし、1大学区に32中学区を置き、1中学区に210の小学区を配置することで全国に5万3760校の小学校を設立しようとする壮大な教育制度の布達である。当時の新政府では学制実施の順序を大学、中学校の設置よりも、まずは全国津々浦々まで小学校を設立させることが最優先課題であった。事実、3年後の明治8（1875）年には小学校数が全

国で2万4303校、児童数は193万人あまりに達している。その急速な普及を支え
たのはそれまでの旧時代の教育を担った寺子屋の師匠、私塾や藩校教師、神官、
僧侶、武士等である。その人たちが教師となり、急場凌ぎに寺院、民家を転用
して開校したことで一気に学校教育が普及したのである。

　小学校については、尋常小学の他に女児小学、村落小学といった種類を規定
しているが、教科の教授要旨や使用する教科書について「小学教則」で定めて
あるのは尋常小学のみで、下等学校（6歳〜9歳まで）と上等小学（10歳〜13歳
まで）の2段階構成で実施された。そこでの教科構成は、綴字、習字、単語、
会話、読本、修身、書牘（手紙文）、文法、算術、養生法、史学大意、理学大意、
体術、唱歌（当分は欠いても可）の14教科であり、今日の道徳の時間に相当す
る修身科は6番目に置かれていた。なお、この修身科は政府制定の小学教則で
は「修身口授」となっており、教師が談話によって子供に必要な倫理道徳を授
けるものであった。

　修身口授は第1学年前期の第8級から第2学年後期の第5級までの2年間に
おいて週1〜2時間程度の位置づけで、あまり重要視されてはいない。上級で
の教科書としては欧米の倫理道徳を主とした翻訳書が用いられ、修身科として
独立させずに読本の一部として実施された。当時の教科書としてはフランスの
小学校教科書を翻訳した箕作麟祥の『西泰　勧善訓蒙』、イギリスのチャンブ
ルの教訓的寓話集を翻訳した福澤諭吉の『童蒙教草』、アメリカのウェーラン
ドの倫理書を翻訳した阿部泰蔵の『修身論』等がよく知られたところである。

　ただ、それらは西洋でギリシャ哲学から培われてきた道徳思想であり、わが
国の神道や仏教、儒教を拠り所とした道徳思想と根本部分で異なるものであっ
た。これら教科書の未整備もあるが、人格形成といった人間力陶冶が重要視さ
れないまま混乱期が続いたわが国の学校教育制度の実情が浮かび上がってくる。
それは欧米列強の中で近代化を急がなければならなかったわが国において、まず
ず最優先すべきは近代諸科学の導入を前提とした知育偏重教育であったからで
ある。

### （2）　文明開化期の知育重視から徳育重視への転換

　近代教育制度下での知育偏重も、明治10年代になると西洋の知識を取り入れ

ることで急激な近代化を推し進めようとする文教政策への批判が噴出することとなる。それは、学校に就学させることで子弟の立身出世や治産昌業につながるという理想が破綻を来したからである。また、重い税負担と厳しい就学督促に対する不満ばかりでなく、わが国の伝統的な国学や儒教思想と結びついた皇国思想も台頭してきたからである。明治12（1879）年、学制に代わって制定された教育令（画一的な学制の中央集権化を改めて財源も含めて地方へ権限を委譲しようとしたため自由教育令と称される）への反発から明治天皇の侍講であった儒学者の元田永孚（1818-1891年）が起草した「教学聖旨」が国民教育の根本方針として示される。この教学聖旨は明治天皇が各地を巡幸して教育の実情を視察したことを受け、国民教育の根本方針を示すという形式を取っており、後の「教育に関する勅語（教育勅語）」の前身となるものである。

　教学聖旨は「教学大旨」と「小学条目二件」とから構成され、前者においてはわが国教育の根本精神は「仁義忠孝」を説く儒教の教えを中心とし、それから西洋の知識・技術を学ぶべきである旨が述べられている。そして、後者では小学校の幼少期には「仁義忠孝」の道徳観を明確に教え込み、それが長じてそれらを実用に即した実際的な教育として行うべきであると述べている。それらは古典や中国、日本の逸話を中心に「仁義忠孝」を核とする徳目にまとめられ、『幼学綱要』として宮内省から全国の学校に頒布されたのである。いわゆる、徳目を教授するという徳目主義道徳の開始でもある。

　この教学聖旨を受け、明治13（1880）年に政府は改正教育令を公布した。この改正教育令の特色は学校の設立や運営、就学義務等を厳しく規定したことである。翌年には「小学校教則綱領」も定められ、小学校教則や教科書、就学督促、教員の資格・免許状、学校管理の詳細な規定に基づいた国、各府県という学校教育の組織化が行われたのである。その根幹にあるものは、西洋崇拝から儒教主義を基本とする皇国思想への転換である。当然、修身科は筆頭教科となり、「小学校教員心得」（明治14（1881）年）や「学校教員品行検定規則」（同年）では、「尊皇愛国ノ志気」を喚起すべきと道徳教育の重要性を鼓舞したのである。ここでの道徳教育の主眼は個々人の人格的成長ではなく、国家意識の涵養であったことは言うまでもない。

## （3）　修身科の精神的主柱としての「教育ニ関スル勅語」

　わが国の学校教育制度の基礎が固まったのは、明治18（1885）年に内閣制度が設けられ、文部省が設置されてからである。初代文部大臣となった森有礼（もりありのり）（1847 - 1889年）は、帝国大学令、師範学校令、中学校令、小学校令（諸学校令）を次々に公布した。小学校は尋常小学校4年、高等小学校4年の2段階と定められ、尋常小学校就学が義務化された。

　明治23（1890）年に公布された「小学校令」の第1条には、「小学校ハ児童身体ノ発達ニ留意シテ道徳教育及国民教育ノ基礎並ニ其生活ニ必須ナル普通ノ知識技能ヲ授クルヲ以テ本旨トス」と記されている。この規定は、太平洋戦争が勃発した昭和16（1941）年の国民学校令公布まで続くものである。ここに国家道徳を大義としたわが国の戦前道徳教育の礎が確立されたのである。その際、学校における徳育の大本となり、教育の基本方針となるべく天皇から国民に下賜（か・し）されたのが「教育ニ関スル勅語」、いわゆる「教育勅語」である。

　明治24（1891）年制定の「小学校教則大綱」では、「修身ハ教育ニ関スル勅語ノ旨趣ニ基キ児童ノ良心ヲ啓培シテ其徳性ヲ涵養シ人道実践ノ方法ヲ授クルヲ以テ要旨トス」と述べられている。

---

　教育（きょういく）ニ関（かん）スル勅語（ちょくご）（原文ルビは著者による）
　朕惟（ちんおも）フニ我（わ）カ皇祖皇宗（こうそこうそう）國（くに）ヲ肇（はじ）ムルコト宏遠（こうえん）ニ德（とく）ヲ樹（じゅ）ツルコト深厚（しんこう）ナリ
　我（わ）カ臣民（しんみん）克（よ）ク忠（ちゅう）ニ克（よ）ク孝（こう）ニ億兆（おくちょう）心（こころ）ヲ一ニシテ世世厥（よよそ）ノ美（び）ヲ濟（な）セルハ此
　レ我（わ）カ國體（こくたい）ノ精華（せいか）ニシテ教育（きょういく）ノ淵源亦實（えんげんまたじつ）ニ此（ここ）ニ存（そん）ス
　爾（なんじ）臣民（しんみん）父母（ふぼ）ニ孝（こう）ニ兄弟（けいてい）ニ友（ゆう）ニ夫婦相和（ふうふあいわ）シ朋友相信（ほうゆうあいしん）シ恭儉己（きょうけんおの）レヲ持（じ）シ
　博愛（はくあい）衆（しゅう）ニ及（およ）ホシ學（がく）ヲ修（おさ）メ業（ぎょう）ヲ習（なら）ヒ以テ智能（ちのう）ヲ啓發（けいはつ）シ德器（とくき）ヲ成就（じょうじゅ）シ進（すす）テ
　公益（こうえき）ヲ廣（ひろ）メ世務（せいむ）ヲ開（ひら）キ常（つね）ニ國憲（こくけん）ヲ重（おもん）シ國法（こくほう）ニ遵（したが）ヒ一旦緩急（いったんかんきゅう）アレハ義勇（ぎゆう）
　公（こう）ニ奉（ほう）シ以テ天壌無窮（てんじょうむきゅう）ノ皇運（こううん）ヲ扶翼（ふよく）スヘシ是（こ）ノ如（ごと）キハ獨（ひと）リ朕（ちん）カ忠良（ちゅうりょう）ノ
　臣民（しんみん）タルノミナラス又以テ爾祖先（なんじそせん）ノ遺風（いふう）ヲ顯彰（けんしょう）スルニ足（た）ラン
　斯（こ）ノ道（みち）ハ實（じつ）ニ我（わ）カ皇祖皇宗（こうそこうそう）ノ遺訓（いくん）ニシテ子孫臣民（しそんしんみん）ノ倶（とも）ニ遵守（じゅんしゅ）スヘキ所（ところ）
　之（これ）ヲ古今（ここん）ニ通（つう）シテ謬（あやま）ラス之（これ）ヲ中外（ちゅうがい）ニ施（ほどこ）シテ悖（もと）ラス朕（ちん）爾臣民（なんじしんみん）ト倶（とも）ニ
　拳々服膺（けんけんふくよう）シテ咸其德（みなそのとく）ヲ一ニセンコトヲ庶幾（こいねが）フ

明治二十三年十月三十日
御名御璽
<small>ぎょめいぎょじ</small>

　教育勅語は315文字で構成され、主な徳目（評価が予め定められた道徳的価値）が12項目含まれている。教育勅語の功罪を巡っては今でも根深い賛否両論があり、道徳教育推進の足かせとなっている。以下に、徳目を列挙するが、これらの道徳的内容は現代のわが国にも必須なものであることを改めて確認しておきたい。各種団体等が現代語訳で公表しているが、その内容には若干の偏りも認められるので、ここでは著者による解釈概要のみ示しておきたい。

---

　　私たちの祖先は、道義による理想国家を目指して日本の国づくりを行ってきた。今日まで全ての国民が心を合わせた成果が、わが国の優れた国柄である。教育においても、道義によって理想を達成すべきであると私は考える。

　　国民は親に孝養を尽くし、兄弟・姉妹は助け合い、夫婦は仲良くし、友人は信じ合い、そして自分は言動を慎み、人に手を差し伸べ、学問を怠らず、職業に専念し、知識を養い、人格を磨き、社会公共に貢献し、法律や秩序を守り、国家に緊急事態があれば奉仕することが大切である。これらは、善良な国民としての務めであり、祖先から引き継がれてきたわが国の伝統であり、美風である。

　　これらの事柄は祖先の教訓として私たちが守り継がなければならないものであり、昔も今もわが国だけでなく外国においても正しい道であるから、天皇である私も国民と共に立派な日本人となれるよう願って努力したい。

　明治23年10月30日

　天皇の署名と印鑑

---

　要は、教育勅語の内容を巡る問題ではなく、その下賜された経緯や内容の拡大解釈、方法論的前提としての国家主義思想が為政者に巧みに利用され、結果的に修身科のみならず学校教育の全てが時の天皇制国家主義に加担したことになっている事実は理解しておきたい。

【教育勅語12の徳目】

1. 孝行：親に孝養をつくしましょう。

2．友愛：兄弟・姉妹は仲良くしましょう。

3．夫婦の和：夫婦はいつも仲むつまじくしましょう。

4．朋友の信：友だちはお互いに信じ合ってつき合いましょう。

5．謙遜：自分の言動をつつしみましょう。

6．博愛：広く全ての人に愛の手をさしのべましょう。

7．修学習業：勉学に励み職業を身につけましょう。

8．智能啓発：知識を養い才能を伸ばしましょう。

9．徳器成就：人格の向上につとめましょう。

10．公益世務：広く世の人々や社会のためになる仕事に励みましょう。

11．遵法：法律や規則を守り社会の秩序に従いましょう。

12．義勇：正しい勇気をもって国のため真心を尽くしましょう。

（＊その他「一旦緩急アレハ義勇公ニ奉シ」：国難に際しての国民の務め）

　わが国の徳育教育および学校教育の根本としての教育勅語が教育界に及ぼした影響力の絶対性は、天皇から示された国民への教育方針として、文部大臣へ下賜されるという手続きを経たことにある。国民は必然的に「奉戴」されたという事実に基づいて強制されることとなり、文部大臣の「勅語奉承に関する訓示」を受けて各学校では印刷謄本が下賜され、奉読式を執り行うこととなったのである。以降、祝祭日には奉読し、訓告する儀式が制度化されたのである。もちろん、当時の検定教科書制度に及ぼした影響も計り知れない。

### （4）　修身科の変遷と国家の趨勢

　わが国では明治36（1903）年以降、国が指導内容を定めた教科書国定制度が確立するが、それまでは検定教科書制度となっていた。その検定教科書期は、およそ3期に分けられる。

　検定教科書期における特色は、学年別に編纂されていたこと、つまり、子供の発達的視点をもった近代教科書であり、均質な教育内容を全国津々浦々まであまねく効率的に普及させる役割を果たしたのである。

第1期（初期）……明治19（1886）年の小学校令公布期の教科書で、検定制で学年設定および教育内容の標準化が図られた。

第2期（中期）……明治23（1890）年の第二次小学校令、翌年の小学校教則
　　　　　　　　　大綱に準拠し、「教育勅語」の精神が盛り込まれた。
第3期（後期）……明治33（1900）年の第三次小学校令改正・小学校令施行
　　　　　　　　　規則に基づく教科書記載内容の統一化（仮名遣い、漢字使
　　　　　　　　　用範囲等）が図られた。

明治34（1901）年、各地で採択教科書を巡る疑獄（贈収賄）事件発生。
明治36（1903）年、「小学校教科用図書翻刻発行規則」を制定し、翌年より
　　　　　　　　　国定教科書が使用開始された。

　教育というと思い浮かべるのが、教師と子供、それと主たる教育内容として
の教科書（教材）である。教科書の内容が統一され、子供の発達段階、発達特
性に応じて編纂されるということは、教育制度上の大きな変革である。かつて
の寺子屋や手習い塾等に見られた教育関係は、教師が対面する生徒に往来物と
いった庶民的教材を教育内容（社会生活で求められる知識や立ち居振る舞い）と
して対話や所作によって伝達（問答：dialogue）していくという「滲み込み型」
の形式が主であった。また、その前提は子供の学びの状況に合わせた子弟の関
係を前提に成立したのである。それが近代教育制度の下で教科書が発達すると
様相が一変する。教師と子供の個と個の関係性は、教科書を介した教師から大
勢の子供への一斉伝達（教師対複数のとりたて指導：mass-logue）へと転換する
のである。当然、修身科による道徳教育においても例話による修身口授の時代
から徳目（予め価値あるものと定められた内容）をあまねく効率的に刷り込むた
めのカリキュラムに基づいた教え込み型指導スタイルへと変化をもたらすので
ある。教育勅語の渙発（詔勅発布）や検定教科書制度がわが国の戦前道徳教育
に与えた影響は計り知れない。

### （5）　修身科と国定教科書の変遷

　国定教科書制度への移行の発端は、修身科にあると言ってよい。検定教科書
制度下での修身科は、当初、教科書を用いない方針であった。しかし、教育勅
語の渙発によって、その浸透を図るために方針転換したものである。そこでの

修身科教科書は教育勅語に基づいて編纂され、毎学年そこに示された徳目を繰り返して学ぶという「徳目主義」に則った教科書であった。それも明治30年代になると、当時のわが国で主流をなしていたヘルバルト主義（ドイツの教育学者J. F. ヘルバルトに連なる学派の人々が提唱した「予備」→「提示」→「比較」→「総括」→「応用」といった段階教授説）に基づく模範的な人物の逸話を中心に編纂した「人物主義」へと変化し始める。

　国民の就学率が93%に達した明治36（1903）年からの修身科国定教科書は国民思想の基本となる教科書であるため、文部省は修身教科書調査委員会を設置し、3年あまりを費やして徳目主義と人物主義とを併用するかたちで編纂し、翌年から使用が開始された。以降、国定教科書は国内・外の社会情勢を踏まえ、4度改訂されて太平洋戦争以降の民主主義教育へと引き継がれていくこととなる。国定教科書の各時期の特色は以下のようにまとめられる。

---

**第1期国定教科書期**：明治37（1904）年4月〜　折衷型教科書
　検定教科書時代の徳目主義と人物主義との折衷型で、各課の題目は学校、個人、家庭、社会、国民の各領域に分けられた徳目主義、内容は人物主義で近代的市民倫理も取り入れられている。

**第2期国定教科書期**：明治43（1910）年4月〜　家族国家観型教科書
　義務教育が6ヶ年に延長されたこの時期、国家主義的色彩が濃く、皇室および国家に対する徳性の涵養、前近代的な家族倫理が強調され、国家道徳・国民道徳が基調となっている。また、取り上げる人物も外国人は極力排除され、第1期の13人から5人へと激減している。徳目主義と人物主義の折衷調和が特徴である。

**第3期国定教科書期**：大正7（1918）年4月〜　国際協調型教科書
　第1次世界大戦後の大正民本主義、児童中心主義を基底にした新教育運動の最中に改訂された国定教科書である。その社会的背景が反映され、国際協調色が色濃くなっている。第2期の儒教的な国家主義、家族主義的な内容が削減された反面、公益や共同といった社会倫理的な内容、諸外国の事例が大幅に増加

している。

**第4期国定教科書期**：昭和9（1934）年4月〜　超国家主義型教科書

　世界恐慌、労働運動弾圧、満州事変勃発という世相の中で、一気にファシズムが台頭した時期である。当然、第4期教科書は子供の生活や心理を重視したり、カラー化を図ったりするなど、形式や方法論の面で第3期を引き継いでいる。しかし、内容は忠君愛国、天皇の神格化が全面に押し出された構成となっている。

**第5期国定教科書期**：昭和16（1941）年4月〜　臨戦教育型教科書

　戦時下版教科書である。この年に国民学校令が公布され、尋常小学校は国民学校へとその姿を変えた。修身科は皇国思想や戦時下の臣民の心構えを思想統制する重要な科目である。昭和16年には、小学校1、2年用「ヨイコドモ」、翌年には3、4年用「初等科修身」、翌々年には5、6年用同名書が使用された。内容面では軍国主義一色で、神話が歴史的事実であるとして取り扱われたり、戦争を神国日本の聖戦と位置づけたりと、極端かつ異常な編纂方針であった。

　この5期に及ぶ改訂を見た国定教科書の時代も、昭和20（1945）年8月15日の太平洋戦争敗戦をもって終了する。連合国軍の占領下にあって、修身科も昭和20年12月31日にGHQ（General Headquarters：連合国軍最高司令官総司令部）指令「修身、日本歴史及ビ地理停止ニ関スル件」をもって正式に教科としての役割を終えた。

　修身科の果たした役割については現在においても様々な評価があって見解も分かれるが、最大の問題点は道徳的行動様式を知識として教授するという方法論にある。個々人への内面化という点で、道徳的知見と日常的道徳実践との乖離があったことは疑いの余地がない事実である。

## 2　戦後道徳教育不振と道徳教育忌避感情

### （1）「道徳の時間」特設までの経緯

　アジア・太平洋戦争敗戦によるわが国の政治、経済、教育等における社会制度の抜本的改革は多くの困難と課題を露呈することとなった。教育においては、

教育勅語と修身科の取り扱いがGHQ、日本政府いずれにおいても大きな課題であった。

　教育勅語を最高理念とする修身科による道徳教育からの転換開始は、昭和21（1946）年 3 月にアメリカ教育使節団がGHQ最高司令官に提出した報告書によってである。その報告書では、「近年の日本の諸学校において教授される修身の課程は、従順なる公民たらしめることをその目的とした。忠義心を通して秩序を保たうとするこの努力は、周知の如く社会の重要な人物に支持されて、非常に効果的であったのでやがてこの手段は不正な目的と結びついた」[1]と修身科停止理由を述べると共に、民主主義を永続させるためには倫理が必要であり、その民主主義は価値の多様性を表すものであるからそのための教育手段も多様である必要性を指摘し、「公民教育」を提案している。

　文部省はこれを受けて同年 6 月に「新教育方針」を策定し、翌年 2 月まで 5 冊に分けて発表している。特に「新日本教育の重点」では、「個性尊重の教育」、「女子教育の向上」と共に「公民教育の振興」を掲げ、「社会を構成している一員として、社会の共同生活をりっぱにいとなむために必要な知識や技能や性格を身につけさせるのが公民教育の目的である」[2]と述べている。

　しかし、旧教育制度の枠組みの下での公民科構想は、「国民学校公民教師用書」（昭和21年 9 月）、「中等学校・青年学校公民教師用書」（同年10月）まで刊行したのであるが、同年11月 3 日日本国憲法制定、翌年 5 月 3 日日本国憲法施行に併せて制定公布された教育基本法、学校教育法に伴う新教育制度の実施で日の目を見ずに短い役割を終えたのである。

　文部省は昭和22（1947）年 3 月、新学校教育制度下での教育課程、教育内容、指導方法を取りまとめた「学習指導要領一般編（試案）」を公表し、同年 5 月の学校教育法施行規則をもって各学校における教育課程編成の基準としたのである。この一般編の後に示された社会科編（試案）の目標として掲げられた15項目の中に公民教育、道徳教育の目標を含ませ、小・中学校での道徳教育としたのである。また、昭和25（1950）年 8 月に来日した第 2 次アメリカ教育使節団が翌月にGHQ総司令官に提出した報告書では、道徳教育について「道徳教育は、ただ社会科だけからくるものだと考えるのはまったく無意味である」と

指摘している。そこでは、「道徳教育は全教育活動を通じて、力説されなければならない」3)と述べられ、ここに、学校における教育活動全体を通じて行ういわゆる「全面主義」の道徳教育方策が打ち出されたのである。

　確かに、全面主義道徳教育の理論的妥当性はまさにその通りなのであるが、その最大の欠陥は計画的、発展的な見通しをもった道徳指導ができないことにある。言わば、子供一人一人の内面で価値を調和的に統合させて道徳的実践への意欲を喚起する指導の「要」をもたないのである。

　終戦直後にわが国が進めていた公民科構想が頓挫し、GHQの影響下でアメリカのソーシャル・スタディーズをモデルにした社会科へと道徳教育が誘導されたことで、修身科教育の功罪に関する検証と戦後新教育下での道徳教育の方向性検討が十分になされないまま過ぎてしまったことが課題として残り、結果的に十数年に及ぶ道徳授業未実施の空白期間を生むこととなったのである。

　また、それ以上に不幸だったのは戦前の天皇制国家主義と本来的な意味での道徳教育とを意図的に同一視して指弾するといった政争の具に利用されたことである。例えば、昭和21（1946）年8月に戦後教育について検討するために設けられた教育刷新委員会での教育勅語を巡る激しい議論の結末は、教育基本法制定によって法的な拘束力を失うものの孔孟思想やモーゼの戒律のように存在すればよいといったような程度の議論であった。むしろ、イデオロギーを背景にした世論が教育勅語や修身科を必要以上に指弾したのである。事実、時の文部大臣であった天野が提起した修身科復活と「国民実践要領」は、昭和26（1951）年1月の「道徳教育を主体とする教科あるいは科目を設けることは望ましくない」とする教育課程審議会答申によって葬り去られたのである。この答申を受けた文部省は同年2月に道徳教育振興方策を発表し、4～5月に通達として「道徳教育のための手引書要綱」を作成し、社会科をはじめとした各教科、特別教育活動といった学校教育全般を通じての道徳教育実施を訴える以外に手段をもたなかったのである。

　それが大きく変革したのは、55年体制と呼ばれる自由党と民主党とによる保守合同によってである。昭和31（1956）年、絶対安定多数を背景に清瀬一郎文部大臣は教育課程審議会に対して「小学校中学校教育課程ならびに高等学校通

信教育の改善について」を諮問し、具体的な道徳教育の検討を求めるに至った
のである。翌年に文部大臣となった松永東（まつながとう）は、よりいっそうの道徳教育推進に
向けた積極方策を働きかけ、教育課程審議会は昭和32（1957）年11月の中間発
表で「道徳の時間」特設を公にし、翌年3月の答申「小学校・中学校教育課程
の改善について」において正式に「道徳の時間」特設を明示したのである。そ
こには、毎学年毎週1時間以上道徳教育のための時間を特設すること、従来の
ような徳目内容を教え込むといった意味での教科としては取り扱わないことが
明記され、戦後13年に及ぶ道徳教育混乱の空白時代が解消されることとなった
のである。

## （2）　特設「道徳の時間」が内包した諸課題

　今日の「特別の教科　道徳」＝道徳科に至る役割を果たした学校の1領域と
しての「道徳の時間」が小学校、中学校の教育課程に位置づけられ、実施され
たのは昭和33（1958）年9月からである。同年3月の教育課程審議会答申を受
けて8月に学校教育法施行規則一部改正が実施され、道徳の時間は各教科、特
別教育活動、学校行事と並ぶ教育課程「領域」としてようやく市民権を得たの
である。実に、戦後10余年の空白時間を費やしてのことである。

　ただ、当時は労働運動が隆盛を極めた時期でもあり、文部省の行政施策に日
本教職員組合がことごとく対立するという教育不毛の時代でもあった。そのた
め、道徳の時間特設に向けて全国5会場で実施された都道府県道徳教育講習会
が大混乱に陥ったり、学校教育の場での指導そのものを無視したりといった道
徳無指導状況が発生し、その根深い対立の余波は半世紀を経た今日にまで深い
陰を落としている。特設「道徳の時間」の是非を巡る論点は、おおよそ以下の
ようなことに尽きる。

　1点目は、国家が道徳教育によって国民の良心にどこまで関与できるかとい
う問題である。2点目は、道徳教育は全教育活動において実施すべきであると
いう特設主義に対する反対論である。3点目は、生活指導によってこそ道徳生
活に対する確かな認識や豊かな情操が育つという立場からの反対論である。そ
の前提にあるのは戦前の修身科批判論であり、生活指導による道徳的習慣化と
いう道徳教育過信論であった。このような道徳の時間を巡る不毛な論争は、半

世紀を経てもわが国の道徳教育振興を妨げる潜在要因として作用している。

　道徳の時間が特設されて以降のわが国の道徳教育は、5度の学習指導要領全面改訂と2度の一部改正を経てその姿を「特別の教科　道徳」へと変貌させてきたのである。ただ、その時間の名称や内容項目構成等こそ適宜再構成されたものの、その基本方針や指導目標、指導方法等は一貫して現在に至っていることを肝に銘ずるべきであろう。むしろ問題なのは、道徳教育忌避感情や軽視傾向といった障壁解消のための有効策構築である。今後の道徳教育の改善・充実方策について視座すると、なお多くの課題が存在しており、国民の一部からは「道徳教育は機能していない」との厳しい批判もなされ、期待される姿にはほど遠い状況にある。その主たる背景は、以下の4点である。

①歴史的経緯に影響され、未だに道徳教育そのものを忌避しがちな風潮がある。
②道徳教育の目指す理念が関係者に共有されていない。
③教員の指導力が十分でなく、道徳の時間で何を学んだのかが印象に残るものになっていない。
④他教科に比べて軽んじられ、道徳の時間が、実際には他の教科に振り替えられることがある。

　ゆえに、わが国の道徳教育史における3度目の大改革とも例えられる、今般の「特別の教科　道徳」＝道徳科への移行転換は、表3-1にあるような経緯を辿ってきたが、先に挙げた諸課題をどのように是正していけるか、多くの国民や教育関係者の期待が込められていることだけは確かである。

## 3　「道徳の時間」から「特別の教科　道徳」へ

　教育課程の教科外教育の1領域であった「道徳の時間」が、教科教育の1教科として位置づけられたことは、とても大きな転換である。比較的に示せば、表3-2のようになる。

　道徳の時間から道徳科に移行転換したことで、学校での道徳教育には変化が生じている。つまり、特別の教科として他の教育活動との緊密な連携を保ちつ

表3-1　道徳科創設に至る道徳教育改革動向

| 改革年 | 道徳教育改革に関する出来事 |
|---|---|
| 昭和33（1958）年 | 小・中学校教育課程に「道徳の時間」特設。 |
| 昭和39（1964）年 | 小・中学校「道徳指導資料集」刊行。 |
| 昭和61（1986）年 | 臨時教育審議会第2次答申で徳育充実を提言。 |
| 平成6（1994）年 | 「道徳教育推進状況調査」結果公表、以降5年毎に実施。 |
| 平成10（1998）年 | いじめ自殺事件の頻発、神戸児童連続殺傷事件発生等の動向を受け、中央教育審議会が「幼児期からの心の教育の在り方について」を答申。 |
| 平成12（2000）年 | 教育改革国民会議「教育を変える17の提案」を報告。その中で小学校「道徳」、中学校「人間科」、高校「人生科」と道徳教科設置を提案。 |
| 平成14（2002）年 | 道徳教材「心のノート」を全児童・生徒に配布。 |
| 平成20（2008）年 | 教育再生会議第2次報告にて「徳育の教科化」を提言。中央教育審議会答申では時期尚早と見送り。 |
| 平成25（2013）年 | 教育再生実行会議第1次提言にて「道徳の教科化」を提言。それを受けた道徳教育の充実に関する懇談会も、「道徳の教科化」を報告。 |
| 平成26（2014）年 | 心のノート全面改訂版『私たちの道徳』を全児童・生徒に配布。<br>中央教育審議会が仮称「特別の教科　道徳」を提言。 |
| 平成27（2015）年 | 小・中学校学習指導要領一部改正によって「特別の教科　道徳」＝道徳科が創設。同年4月より移行措置。 |
| 平成30（2018）年 | 検定教科書での小学校「道徳科」が全面実施。 |
| 平成31・令和元（2019）年 | 検定教科書での中学校「道徳科」が全面実施。 |

つ全体的な道徳教育を推進する部分と、要の教科として独立して機能する教科教育的営み部分の並立である。特に道徳科に関しては教科教育学的視点から、以下のような課題改善が求められよう。

### （1）　教育課程における授業マネジメントの重要性

教科となったことで、これまで以上に各学校の教育課程にしっかりと位置づけられる。時間割の組み方一つとっても、全校朝会等でついその時間が削られがちな月曜日1時限目に道徳科授業を位置づけるといった安易な発想も改善さ

表3−2 「道徳科」と「道徳の時間」の特質的差異について

| 名　称 | 「道徳の時間」 | 「特別の教科　道徳」 |
|---|---|---|
| 教育課程 | 教科外教育の1領域 | 教科教育としての「特別の教科」 |
| 授業時数 | 35時間（小1は34時間） | 35時間（小1は34時間） |
| 使用教材 | 「心のノート」、「私たちの道徳」等の副教材を適宜使用 | 道徳科教科書（検定、採択手続きを経て無償配布） |
| 指導教師 | 担任を中心に全教員で | 担任を中心に全教員で |
| 授業評価 | 道徳性については、常にその実態を把握して指導に生かすよう努める。ただし、道徳の時間に関して数値などによる評定は行わない。 | 学習状況や道徳性に係る成長の様子を継続的に把握し、指導に生かすよう努める。ただし、数値などによる評価ではなく、記述評価によって行う。 |

れるであろう。教科の時間である以上、いい加減な指導では済まされなくなるので、結果的に道徳科授業が充実することとなる。

　その際に求められるのは、道徳科授業マネジメントである。言うまでもなく、マネジメント（management）とは、そのものが発揮する効果を最大限に引き出すための管理手法を意味する。小・中学校学習指導要領「総則」では、カリキュラム・マネジメントを推進するためには「a.教育内容の教科等横断的構成の視点」「b.実施状況評価とその改善」「c.教育活動に必要な人的・物的体制確保」の必要性が示されている。ならば、学校の全教育活動を通じて行う道徳教育や各教室で日々展開される道徳科授業をマネジメントする体制が整えばどうなるのか。これまで「道徳教育はいくら指導しても、その指導効果が見られない」とか、「たかが1時間の授業をして、子供の内面の育ちがどうなっているのか推し量るなんて不遜である」等々の旧態依然の考え方が問い直され、実効性が伴わないと批判されてきた道徳教育が大きく転換されよう。これからの道徳科では、学校教育全体の中で道徳科授業をマネジメントするという発想が不可欠となってくることを敢えて強調しておきたい。

### （2）　道徳科教科書に基づく新たな授業展開の工夫

　学校教育法第34条「小学校においては、文部科学大臣の検定を経た教科用図書又は文部科学省が著作の名義を有する教科用図書を使用しなければならない」（中学校は同法第49条）という条文をもち出すまでもなく、教科書がもつ意

味は大きい。これまで、適切な教材がないから心に響く道徳授業ができないと言い訳してきた教師は、自らの指導力が問われることとなる。さらに、保護者や地域住民の注目を一身に浴びることになる。学校が「義務教育諸学校の教科用図書の無償措置に関する法律」の適用を受けて無償配布されるようになった道徳科教科書を使用してどのように指導しているのか、どのような教育成果が顕れているのか、道徳教育の実効性はどう向上していじめ問題や暴力行為問題、不登校問題等の学校病理改善に貢献しているのか等々、逐一問われることになる。それでも道徳科授業が相変わらず硬直化、形骸化しているといった批判を受けるなら、その反証を試されるなら、わが国の道徳教育はその営みとしての意義を有しないということになってしまう。今般の道徳科への転換は、わが国の道徳教育をどう維持できるかという背水の陣でもあるのである。

**[肯定的個人内評価で進める道徳科授業評価]**

　道徳科授業の位置づけが変われば、その教育評価も変わる。今般の道徳科移行においては、慎重な検討がなされてきた。文部科学省に設置された「道徳教育に係る評価等の在り方に関する専門家会議」で議論が積み重ねられ、基本的には各教科のような発想による数値的あるいは到達度的な評価ではなく、子供一人一人の道徳性に係る成長の様子を把握し、記述することでさらなる自律的成長を促そうとする道徳教育の特質に依拠したものとなっている。

　小・中学校学習指導要領「第3章　特別の教科　道徳」の「第3　指導計画の作成と内容の取扱い」の4で、「児童（生徒）の学習状況や道徳性に係る成長の様子を継続的に把握し、指導に生かすよう努める必要がある。ただし、数値などによる評価は行わないものとする」と述べられている。

　つまり、道徳科では他者や他集団と比較したり、数値化によってのラベリング、目標に準拠してその到達度に照らしてランクづけしたりするような評価・評定をしてはいけないということである。それに代わって重視されるのは、個としての道徳学びの様子や道徳的成長プロセスに着目した個人内評価である。それはその時々の学びを評価した内容物を貯め込んでいくポートフォリオ評価をしていくことである。よって、教師の外部評価以上に大切にしていかなければならないのは、子供自身による「肯定的個人内自己評価」ということになる。

**［道徳科指導を巡る教師の専門性の問題］**

　特に教科担任制の中学校においては、諸外国のように道徳科指導を専門とする教員免許状は設定されていない。「教員免許状もなしに、どう指導するのか」と危惧する現場教師も少なくないと思われる。しかし、それは学校教育や教育職員免許法制度についての大きな誤解があるからと言わざるを得ない。

　そもそも、「道徳」の教員免許状をもって専門に指導できる教師など現実に現れるのかと考えてほしい。もし、「私は、立派な道徳科の教員免許状をもった専門家です」と公言する教師がいたら、「それ以外の教育活動では何を指導しようとしているのか？」と尋ねてみる必要があるだろう。つまり、学校教育の目的は子供の人格形成である。それは道徳性や社会性をも包摂した広い概念としての「人間性（humanity）」育成である。その人間性が発揮され、自らの人生をより充実したものとしていけるような力、言わばトータルな「道徳力」を育むということである。こんなことは教師に限らず、子供の成長に関わる大人全ての義務でもあるわけである。ゆえに、道徳科の教員免許状をと言わずとも、大学で教職課程を履修する際に教育学や教育心理学等々の教職として必要不可欠な教育関連科目を学んだはずである。それを修めて教員免許状を取得したからには、門外漢の素人と教師が自身を称することは許されない。むしろ、自らが所持する教員免許状の専門性を重ね合わせた道徳指導ができる教育の専門家と名乗ることが妥当であるに違いない。専門家なら専門家なりに自己研鑽し、その指導力を高めて道徳科授業を行い、これと連動させる形でさらに教師個々が担当としてもち合わせる固有の専門教科指導を通して子供の人格形成に当たるというのが教師としての矜持であり、本来的な考え方でもあろう。

## 第2節　諸外国における道徳教育推進状況の俯瞰

## 1　アジア地域における道徳教育

### （1）　韓国の道徳教育

　韓国における第2次世界大戦後の道徳教育は旧日本植民地時代の「修身」を廃止した後、「社会生活」という米国民主主義思想を基盤とした社会科教育の

一部として道徳教育が行われるようになった。しかし、社会的混乱によるモラル低下や青少年問題の顕在化によって直接的道徳教育が望まれるようになった。そして、第2次教育課程（1963年）で特設された「反共・道徳」の時間は、教科および特別活動と共に学校教育3領域として位置づけられた。その後、第3次教育課程（1973年）より「反共・道徳」は教科「道徳」に改められて今日に至っている。その歴史は、半世紀近くに及ぶ。

　第7次教育課程で、国家水準カリキュラムが「国民共通基本教育課程」と「選択中心教育課程」との二つの枠組みで構成されるようになって以降は、両課程に関連科目が位置づけられて初等学校、中学校、高等学校の道徳カリキュラムの連携が明確された。この方針は、2007年改訂教育課程（フレキシブルな改訂を可能にするため、何次という呼称は改変された）にも踏襲されている。近年の韓国の道徳教育は、教科アイデンティティ（教科独自性）の確立を目指す方向性にある。なお、宗教教育はその知識に関する教育は高等学校では可能であるが、その他の宗派教育は教育基本法で禁止されている。

　また、教科書は小学校が国定教科書、中学校以降は検定教科書である。指導にあたるのは小学校では学級担任で評価は記述評価のみ、中学校以降は専任教員で数値による評価も実施している。また、2013年からは教科とは別に、日本の特別活動に相当する「人性（人格）教育」も全ての教育活動において実施されている。

表3-3　韓国の道徳教育体系

| 校種学年 | 初等学校 | | | | | | 中学校 | | | 高等学校 | | |
|---|---|---|---|---|---|---|---|---|---|---|---|---|
| | 1 | 2 | 3 | 4 | 5 | 6 | 7 | 8 | 9 | 10 | 11 | 12 |
| 関連教科名称 | 正しい生活 教科群「社会／道徳」として年間128時間 | | 道　徳 3～6年は社会と合わせて各2年間で272時間、7～9年は「社会／道徳」として3年間で510時間 | | | | | | | 生活と倫理、倫理と思想、古典と倫理から10～15単位を選択必修 | | |
| 教育課程 | 必修教科 | | 6年までは1時間＝40分、7～9年は45分、年間34週で計画 | | | | | | | 1単位は50分で17回 | | |

## （2）　中国の道徳教育

中国の学校制度は省や自治区、直轄市等で若干異なるが、基本的には6・3

制の義務教育で、宗教教育は法律で禁止されている。2002年に国の教育部が定めた「課程計画」で道徳は教科として位置づけられ、小学校1・2年生が「品徳と生活」、3〜6年生が「品徳と社会」、7〜9年生が「思想品徳」、高校に相当する高級中学10〜12年生が「思想政治」となって「課程標準」で目標・内容や時数等が定められていたが、2016年より法治知識の推進が決定されて道徳教育関連科目は全て「道徳と法治」に変更された。

　指導にあたるのは小学校では学級担任、中学校以降は専任教員である。評価は数値によって行う他、行動や性格評価も道徳性や公民的資質の観点からも実施されている。道徳性や公民的資質の評価は、文章による記述評価と等級による段階評価である。また、教科書は国家教育部において審査され、その審査基準を経たものが採択される。

　中国の道徳教育は、「徳・知・体の全面発達」を掲げる中華人民共和国憲法と教育法によって規定されている。基本的には社会主義に根ざす政治思想教育と道徳教育とが互いに関連し合い、融合することで子供の精神・実践能力創造に重点を置いた素質教育（国家主導による個人能力、素質に応じた教育）として展開されている。

## （3）　シンガポールの道徳教育

　シンガポールは1965年の完全独立以来、僅かな期間に目覚ましい経済発展を遂げた成長著しい国家である。淡路島程度の無資源国土に華人系、マレー系、インド系と様々な民族が言語、宗教の違いを超えて国家を構成しているため、今日の繁栄を得るための道のりは決して平坦ではなかった。その新国家建設においては、各民族のアイデンティティ（identity：自己同一性）を尊重しながら、「シンガポール人らしさ」という人為的、観念的な国民性の創出、教導の必要性から教育の重要性に早くから着目して政策に掲げてきた。

　シンガポール教育省では、国家生き残りのための価値教育プログラムが重要な鍵であるとの認識から、完全独立前の1959年から「倫理科」を小・中学校の教科として導入した。1965年にマレーシアから独立後は、英語と民族母語の言語別シラバス（わが国の学習指導要領に相当）を開始し、全ての小・中学校で国旗掲揚、国歌と国民誓詞の斉唱を義務づけて国家意識の高揚を啓発した。さら

表3－4　シンガポールの「人格・市民性教育（CCE）」内容

| 中核価値<br>(Core Values) | ビッグアイディア<br>(Big Ideas) | 領　域<br>(Domains) |
|---|---|---|
| 尊重　責任 | アイデンティティ　関わり | 自己　家族 |
| レジリエンス　誠実<br>ケア　調和 | 選択 | 学校　コミュニティ<br>国家　世界 |

（西野真由美　2016年「人格・市民性教育の内容構成」を参照）[4]

に、1967年からは倫理科に代えて小・中学校は「公民・道徳（CME：Civic and Moral Education）」、高等学校は「公民（civic）」を必修科目として導入した。小学校では礼儀正しさ、正直、忍耐、親切といった徳目に愛国心、忠誠心、市民意識といった徳目が追加され、中学校では個人、家族、コミュニティ、国家、世界の領域内容が設定された。しかし、時代の趨勢を受けつつ2014年度より価値やコンピテンシーの学習や教科外活動（日本の特別活動に該当）を推進する「人格・市民性教育＝CCE（Character and Citizenship Education）」を初等・中等全学年で全面実施するに至っている。

## 2　ヨーロッパ地域における道徳教育
### （1）　イギリス（イングランド）の道徳教育

　イギリスの道徳教育は、日本で一般的に用いられているような「道徳教育」という用語の意味としてはほとんど用いられていない。その理由は、伝統的に宗教が人格形成に寄与してきたからである。換言すれば、道徳という教科はイギリスの学校には存在せず、その代替として「宗教科」がある。宗教科は1学年から11学年まで全て必修で、礼拝等も含んでいる。また、市民育成のための「市民性の時間（citizenship：人格・社会性・健康・経済教育）」とPSHE（Personal, Social, Health and Economic Education）がナショナル・カリキュラムによって法令に拠らない教科・領域として規定されている。

　1～6年生まではPSHEを初等学校（小学校）で学級担任が、前期中等学校（中学校）では専任教員か学年担任が必修教科として市民性教育を指導する。評価は、文章による記述評価がスクール・レポートという形で学期末になされ

ている。7学年から11学年までは、市民性の時間として設定されている。教科書はPSHEも含め、民間出版社から複数発行されている。評価は校内だけでなく、中等教育修了資格試験（GCSE）で受けることも認められている。なお、市民性の時間は6学年までは全教育活動を通じて実施されている。

### （2）　フランスの道徳教育

　2008年、フランスでは小学校と中学校（コレージュ）の学習指導要領（programme）が改訂されて小学校教育課程に道徳という名称の入った「道徳・市民」科が位置づけられた。また、2011年に「フランス小学校における道徳・市民教育の大臣通達」が発出され、以降、公民（市民）教育を通じての指導内容の充実が図られている。

　ただ、フランスでは伝統的に知識教授が学校の中心役割であるという考え方が強く、知育は学校で、徳育は家庭と教会とでという厳格な区分も健在である。その点で課程主義の考え方が根強く、本人に学力を担保するという立場から原級留置（落第）制度も維持されてきた。ただ、近年では子供の内面に与える影響を懸念する声も大きくなって、その保守的な教育理念も揺らぎつつある。

　道徳教育という視点からフランスの公教育を検討するなら、そこには共和国憲法に掲げられた非宗教性の原則が貫かれている。その点から宗教教育として道徳教育を実施することはないが、それに替わるものとして1986年から独立した社会科系の必修教科・科目として設立された「公民教育（市民性教育）」がその役割を担っている。小学校は「公民・道徳」、中等教育は「公民」、さらに教科とは別に学校教育全体で行う「市民性教育」が全学校で実施されている。時間数は、3〜5学年までが歴史・地理と合わせて年間78時間、6〜10学年が歴史・地理と合わせて週3〜3.5時間となっており、専任教員によって指導される。評価も他の社会科科目同様に数値により実施する。教科書は複数出版社から発行されている。

### （3）　ドイツの道徳教育

　ドイツの教育制度の特色は、複線型学校制度と各州の独立性にある。よって、州毎に道徳教育にあたるものが異なっている。多くの場合、日本の小学校にあたる基礎学校（4年制）を修了すると、子供たちはハウプトシューレと呼ばれ

る基幹学校（原則5年制、6年目もある）、実科学校（6年制）、ギムナジウム（9年制）と個々人の適正に応じて進路選択する。もちろん進路変更は認められているが、伝統的な学校教育制度と職業教育制度が対になっている教育制度は頑なである。

　ドイツにおける道徳教育は、かつては地域の教会や学校の宗教の授業が担ってきた。現在では、キリスト教と民主主義を基本理念とする基本法（連邦憲法に相当する）で、全ての公立学校における「宗教教育」は正規の教科として位置づけられている。ほとんどの州で原則的に「宗教」の時間は必修となっている。具体的な指導については、キリスト教的伝統に導き入れることや、キリスト教の教義に則った題材を通じて人生の意味や価値規範を教化することを目標としている。ただ、宗教の時間は各々の信仰宗教によって子供がコース選択できるよう配慮がなされている。しかし、近年の外国移民の増加や若年層の宗教離れを背景に、宗教の時間に替えて世界観教授や価値教授を扱う「倫理」も選択肢として設定されている。基礎学校、基幹学校、実科学校、ギムナジウムいずれにおいても、「宗教」もしくは「倫理」が週2～3時間設定されている。

　なお、各州と同格に権限が与えられているベルリン市においては、子供の6割が宗教の時間、世界観教授や価値教授に全く参加しないという異常事態が2000年代に入って特に顕著となり、2006年度より宗教の時間に替えて「倫理科」を必修教科として導入した。ただ、これに対しては宗教教育が学校から排除されるのではという懸念、子供の選択履修機会の排除等の立場から批判が寄せられ、選択という形で「宗教科」履修も可能となっている。


## 3　米国における道徳教育

　明治の時代より、わが国の学校教育に大きな影響を及ぼしてきたのがアメリカ教育学の潮流である。ただ、道徳教育に関して俯瞰するなら、米国においてはわが国のような国家が定めた教科としての「道徳」は存在しない。また、学習指導要領といった国家スタンダードカリキュラムも存在しないので、教科もしくは教科外での道徳教育実施に関わる裁量等は各州に一任されている。さらに、合衆国憲法では公教育で宗教教育を行うことが禁止されているため、道徳

教育の代替機能を果たす宗教教育も実施されていない。

　各州における道徳教育はどのような位置づけでなされる場合が多いかというと、米国民としての「責任」と「権利」について教える「公民教育（civic education）」がその実質的機能を担っている。しかし、州によって位置づけられている道徳的要素（尊敬、責任、信頼、公正、思いやり等）、例えば躾や基本的生活習慣の確立といった部分にまで至る認知的側面、情緒的側面、行動的側面からの人格形成のための人格教育（character education）は、各州が策定する目標や内容に従って実施されている実情がある。多くの州は、中学校から道徳的な教科（「哲学」、「倫理」、「価値と規範」、「生活形成・倫理・宗教」等の名称）で週1ないし2時間程度を実施するケースが多い。その様な場合は専任教師が各州の検定基準を満たした教科書で指導し、数値（等級）による評価もなされる場合が多い。

　公民教育や人格形成教育を主眼とした米国の道徳教育アプローチにおいては、歴史的に見ると人格教育アプローチ（character education）、価値の明確化アプローチ（values　clarification）、認知発達論的アプローチ（cognitive developmental approach）と三大潮流が形成されてきた。これらは、わが国の道徳教育方法論へ大きな影響を及ぼしてきた諸理論でもある。

## 第3節　道徳科を支える道徳性発達諸理論

### 1　道徳性発達の基本的な考え方

　人間の本来的な在り方やより善い生き方を目指して具体的な道徳的行為を可能にするのが、人格的特性としての道徳性である。この道徳性は人間らしいよさであると同時に、道徳的諸価値が個々人の内面において統合された人格の基盤をなすものである。この道徳性は、個々人が「人・こと・もの」との様々な関わりを通して後天的に自らの内面に形成していくものであり、個人の生き方のみならず、社会生活やあらゆる文化的活動を根底で支える力として発揮される性質のものである。この道徳性発達が促されるためには、様々な要素が関わり合って具現化するが、特に以下の3点に留意する必要があろう。

> **子供の道徳性発達を促すポイント**
> ①　子供の心身にかかわる諸能力の発達に寄り添って道徳性発達を促す。
> （手立て：子供への共感的理解）
> ②　子供の豊かな社会体験を拡大・充実させることで道徳性発達を促す。
> （手立て：子供の社会体験場面の設定）
> ③　道徳的価値への自覚を深めることを通して道徳性発達を促す。
> （手立て：子供の道徳的価値自覚化促進）

　このような働きかけを通して子供の道徳性発達を促すことになるが、そこには一定の道筋が見られる。道徳性発達は、個の人格的成長という点で基本的に他律的段階から自律的段階へという過程を辿ることとなる。

　認知的側面から見れば、物事の結果だけで判断する見方から動機をも重視する見方へと変化する。また、自分の主観的な見方から視野を広げて客観性を重視した見方、一面的な見方から多面的な見方へと変化を見せるようになる。

　言わば、このような道徳性発達の特徴は、子供が内なる目で自分自身を見つめる能力（自己モニタリング力：self monitoring ability）、相手の立場で物事を考えたり思いやったりする能力（役割取得能力：role taking ability）、さらには個々の自然性に裏打ちされた情意的側面としての感性や情操の発達、行動的側面に関わる社会的経験の拡大や実践能力の発達、社会的役割や期待への自覚といったこと等とも密接に関係している。

　道徳性発達については、おおよそ以下のような法則性が指摘されているが、誰しもが同一の発達過程を経るわけでもなければ、その到達すべきゴールも予め定まっているわけではない。

> **子供の道徳性発達に見られる一般的な法則性**
> ①　道徳性発達は他律的段階から自律的段階へと一定の方向性を辿る。
> （他律から自律へ）
> ②　道徳性発達は個別的であり、辿る段階は個々人によって異なる。

（発達プロセスは個別的）

③　発達した道徳性は、その後の道徳的環境の変化（個人的な事情による停滞要因
　　で傍目には低次段階の道徳的言動と映るようなこと）があっても、そのもの自体
　　は低下することはない。　　　　　　　　　　　　　　（低下しない道徳性）

④　停滞阻止要因が解決できれば、道徳性は生涯にわたって発達し続ける。

（道徳性発達は一生涯）

　道徳性は、人間らしさの総体として個々人の内面にあって道徳的価値との関
わりにおいて道徳的心情や判断力、実践意欲と態度等の高まりを促し、それら
が個の生き方として統合されていくことで発達していくものである。

　これらの道徳性に係る発達的特質を踏まえ、子供の発達に即した道徳性の育
成を視野に置くと、各学年段階でのそれぞれに応じた指導上の留意すべき事項
が見えてこよう。

[小学校低学年]

　この時期は幼児期特有の自己中心性（自己中心思考：egocentrism）がまだ残
ってはいるが、相手を受容したり、理解したりすることができるようになって
くる。また、生活経験の拡大によって基本的生活習慣の獲得、善悪の判断、物
事の意味理解等の能力が育ってくる。諸能力の発達とともに人間関係の広がり
や主体性も少しずつ育ってくるこの時期、温かく見守りながら、より善く生き
ようとする意思力を引き出し、育んでいくことが大切である。

[小学校中学年]

　この時期は、いわゆるギャング・エイジ（gang age：徒党時代）と呼ばれる
年代である。身体的成長に伴って運動能力のみならず認知能力、共感能力等も
大きく発達する。それらに併せて社会的集団活動への興味・関心が広がったり、
身近な問題解決を自力で図ったりする能力や先見性、計画性も身についてくる。
よって、子供一人一人の個性や自主性を尊重しつつ、集団での協同活動の方法
や良好な人間関係の在り方、社会規範の遵守等について具体的な日常的体験を
重ねながら道徳的価値に気づき、実践できるよう配慮していくことが大切であ
る。

[小学校高学年]

　心身の発達に伴って児童期（学童期：childhood）から青年期前期（思春期：early adolescence）へと変貌するこの時期の子供は、具体的認知能力、抽象的論理的思考力、自己洞察力、共感的他者理解力が大きく育ってくる。よって、道徳性に係る思いやり行動や自律的実践行動ができるようになり、より善く生きるための諸能力が形成されてくる。ただ、理想主義的な傾向が強かったり、自分の考え方に固執したりするような面もあるので、他者との積極的な交流活動を通して自己修正できるような配慮も必要である。特に、性差や個人差が顕著に表れてくる時期でもあるので、集団や社会との多様かつ豊かな関わり体験を通して協働的な態度や自覚を育成していくことも重要である。

[中学生]

　青年期前期のこの時期は、「嵐の時代（storm and stress）」とも称される程に情緒面での不安定さが特徴である。しかし、道徳性の発達という面では大きな可能性を秘めた時期でもある。人間関係や社会経験の広がりが一気に拡大するこの時期、自分自身の生き方への関心が高まるとともに理想自己と現実自己とのズレの狭間で揺れ動くことも少なくない。しかし、その過程で自己探求、自己肯定、自己信頼といった面での自己認識が促進される。また、知的能力の高まりとともに個人と社会の関係、集団の一員としての役割やその自覚、人間の力を超える大いなる存在への気づきといった内面的な成長が顕著になってくるので、道徳的価値への自覚もいっそう深まるのが中学生のこの時期である。より深いところで自己との関わりをもって道徳的課題と向き合えるような指導が望まれよう。

　ここまで道徳性発達という視点から義務教育段階の児童生徒の一般的な傾向的特徴を概観してきた。この点に関しては様々な立場からの諸理論が知られているが、その発達要因や方向性が不可逆的である点、一般的に他律から自律的な段階へと移行することで個々人の道徳的なものの見方・感じ方・考え方がより高次な段階へ辿るという共通点が見出される。

　今日では認知発達論的な視点からの捉え方が支配的であるが、特定理論に偏しない立場から、ここでは以下に道徳性発達理論として知られる精神分析学的

な発達理論、社会的学習理論的な発達理論、認知発達論的な発達理論について概観してみたい。

## 2 道徳性発達に関する諸理論
### （1） 精神分析学的な発達理論

　この精神分析理論を代表するのは、オーストリアの精神医学者ジークムント・フロイト（S. Freud　1923年他）である。フロイトは道徳性を情緒的側面から捉えようとし、その特質を自我理想としての良心の働きであると説明した。そして、良心は対象リビドー（他者に向けられた愛情）や自我リビドー（自己への愛情）から派生すると考えた。

　フロイトの道徳性獲得理論は、神経症の要因究明の過程としての心的領域を無意識、前意識、意識という精神活動に分類して捉えたところに特徴がある。

　フロイトは、エス（イド、原我とも）、自我、超自我という3層の精神構造から人間の諸欲求と願望という視点で道徳性を分析する。そして、人は道徳的であればあるほど良心に敏感であり、エスが強く抑圧されると良心は活発になるとした。いわば、抑圧される衝動抑制が多ければ多いほど、その衝動に対する防衛としての超自我が強くなるという考え方である。換言すれば、人は不幸が起きると魂の救済を求め、原罪を意識して良心の要請を高めるのと同じ理屈である。エスという快楽原理（無道徳）から、自我や超自我の形成という現実原理（道徳的であること）に基づく人格形成過程において、子供は親への同一視（identification）とエディプス・コンプレックス（男児は同性の父親を憎み、母親へ無意識的にもつ性的思慕感情：oedipus complex）の克服（親の背後にある超自我を同一視することでの望ましいリビドーの昇華）が重要な課題となってくる。このように、フロイトが無意識（原我）→自我→超自我という良心（道徳性）形成の道筋を意味づけた功績は大きい。

### （2） 社会的学習理論的な発達理論

　カナダ出身の心理学者で多年アメリカ心理学会長も務めたアルバート・バンデューラ（A. Bandura　1979, 1985年他）は、学習が学び手の経験の積み重ねのみで成立するだけでなく、他者の行動観察によっても成り立つことを実験的に

**図3−1　フロイトの道徳性発達過程**

```
エス（das Es ／原我）　無道徳状態（善悪の判断が不能）
　　　●快楽原理に従って欲求を満足させようとする動きの段階
　　⇕
自我（ego）　自己の欲求に対する理性と分別による統御段階
　　　●エスの欲求に対する神経症的不安、外界に対しては現実的不安、超自我に対し
　　　　ては良心に対する断罪不安の段階
　　⇕
超自我（super-ego）　自己の行為や思考に対する道徳的罪障感と自我理想を目指す段階
　　　●自我の完全な姿として超自我は自我に自我理想を示し、その要求の達成を目指
　　　　す段階
```

証明してモデリング（modeling）による学習という社会的学習理論を提唱した。モデリングとは、模倣のことである。バンデューラは子供を検証群と統制群に分け、一方には攻撃的な遊びのモデルを提示し、もう一方には普通の遊びのモデルを提示した。実験で検証群の子供は、その後の遊びが統制群の子供の遊びより攻撃的なものになることを明らかにした。そして、それは報酬や罰といった強化によるものではなく、学習者自身のモデリングによる自発的な模倣であることを証明したのである。このように、何らかの見本（モデル）による動作や行動を見て、同じように振る舞うことを学ぶのがモデリングである。

　子供は、成長過程におけるモデリングによって多くのことを学習するとされている。道徳性もその例外ではない。子供の成長発達過程では、様々なモデリングによって社会的行動の変容が見られるが、道徳的行動変容も同様である。道徳性の発達は道徳的行動変容の過程であり、主観的判断から客観的判断へと質的に異なる非可逆的な発達段階の道筋を辿るという捉え方ではなく、社会的経験としてのモデリングによって道徳的行動が学習されるとするのが社会的学習理論の基本的な考え方である。

　バンデューラは、5歳から11歳までの男女児165名を対象に道徳判断に関わる二つの例話に基づいて3実験群（判断に対するモデルと被験者への言語的強化群、判断に対するモデルへの代理強化群、判断に対する被験者のみへの言語的強化

群）を設定し、その変容を検討した。その道徳判断を迫る例話の一つ目は、善意から生じた行為が結果的に大きなよくない結果しかもたらさなかったモデルのストーリーである。そして、二つ目の例話は悪意から生じた行為が結果的にはあまり悪い結果をもたらさなかったモデルのストーリーである。

　およそ2週間のスパンを経て事後調査したところ、判断に対するモデルによる示範と被験者への言語的強化を与えられた群と、判断に対するモデルによる示範への代理強化を与えられた群は道徳判断に関する観察学習の変容効果が確認できた。しかし、モデルによる示範が与えられないまま最初の被験者による判断と逆の道徳判断をした場合に言語的強化を与えられた群では、期待する道徳変容が効果として認められなかったのである。

　バンデューラの社会的学習理論に基づく一連の主張は、モデリングと条件づけ強化によって子供の道徳性を変容させることができるのであって、子供の主観的判断から客観的判断へという発達的変数もモデリングを媒介とするものであるという考え方である。よって、他律から自律への不可逆的な発達の道筋を辿るとする認知発達論的主張とは異なる立場を取っている。

## （3）　認知発達論的な発達理論

### ①　ピアジェの発達理論

　ジュネーブのルソー研究所等で認知発達の研究に没頭したスイスの心理学者ジャン・ピアジェ（J. Piaget　1932年）の認知的な道徳性発達理論は、物事の結果に基づいて判断する道徳から物事の動機や善悪に基づいて判断する道徳への発達変化として要約されることが一般的である。

　ピアジェの発達理論は、人間の認識をシェマ（schema：認知構成枠組み）、同化（assimilation）、調節（accommodation）、均衡化（equilibration）という内的世界と外的世界の相互的作用を中核として構成されている。外的世界の刺激はその枠組みに取り入れる同化によって認識されるが、それを超えてしまう場合はシェマそのものを変化させて調節する。この同化と調節を繰り返しながら安定した外界認識を生み出し、さらに次の段階の外界認識へと均衡化によって発達させるという考え方である。このピアジェの発達理論は、カント（I. Kant）の

「他律」と「自律」という用語を用いながら、内的世界と外的世界との同化・調節作用による均衡化という過程における道徳性の発達を段階という概念で理論づけた。

　ピアジェは、当時の子供たちの一般的な遊びであったマーブル・ゲーム（おはじきのようなものを用いた遊び）への参加の仕方を取り上げて、子供の規則に対する知識、その規則の運用、規則に対する認識変化に着目して道徳性発達の道筋を解明した。その根底にあるのは、道徳性発達が個人の内面のみで引き起こされるのではなく、他者や社会との接点を保つことで可能となる事実への注視である。

　ピアジェは4歳〜14歳までの子供を対象に、ゲームでの規則認識、「過失」、「盗み」、「虚言」という例話に基づく道徳判断を大人の拘束による道徳から相互性と協同による道徳への移行側面、正義の観念の獲得といった側面から研究し、『児童道徳判断の発達』（1932年）としてその成果をまとめた。

　『児童道徳判断の発達』第1章「ゲームの規則」では、子供がゲームの規則を実行するには純粋に自動的で個人的な第1段階、できあがっている規則の例を模倣するが自分流に利用するだけの自己中心的な第2段階、互いが仲間に勝とうとして相互に抑制したり規則を統一したりすることに関心を示し始める初期協同の第3段階、ゲームにおけるあらゆる手続きが精緻に規定されるだけでなく真に規則を尊重しようとする第4段階があることを述べている。そして、そこには初期段階における「拘束の道徳（他律の道徳）」と高次段階の「協同の道徳（自律の道徳）」があり、拘束の道徳が発展して協同の道徳に進化することを明らかにしたのである。

　ピアジェは前掲書において、子供のゲーム分析に基づく規則に対する意識分析とともに、例話（コップを割った話：食堂の椅子に載せてあったコップを部屋に入ろうとして扉を開けたことで15個割ってしまった子と、お母さんが留守の時にジャムを盗もうとしてコップを1個割った子のどちらをきつく叱るか等）による過失に対する道徳判断の発達についても分析した。また、懲罰、共同責任、内在的正義、平等的正義、平等と権威、相互的な正義という問題（例話：お使いをさぼった男の子、病気で宿題がやれなかったと嘘をついた男の子、父親に言われたの

## 表3－5　ピアジェの道徳性発達段階

| 規則の実行・適用段階 | 規則の意識段階 | 道徳性発達 |
| --- | --- | --- |
| a．純粋に運動的、<br>　　個人的な段階<br>↓ | a．運動的・個人的段階<br><br>↓ | 拘束の道徳<br>他律的段階<br>↓ |
| b．自己中心的段階<br>↓ | b．他律の段階<br>↓ | |
| c．初期協同の段階<br>↓ | c．自律の段階 | 協同の道徳<br>自律的段階 |
| d．規則制定化の段階 | | |

＊被験者は4歳～14歳までの幼児・児童

にボール投げをして窓ガラスを割ってしまった男の子、弟の玩具を壊してしまった男の子、廊下でボール投げをして植木鉢を割った男の子、お父さんの本を不注意で汚してしまった子、窃盗団の仲間を裏切った男等）について、子供の発達的傾向を道徳判断から分析的に調査した結果についても臨床的に論述している。そして、認知発達的側面から道徳性においても他律から自律へ向かう法則性を解明したのである。

### ②　コールバーグの発達理論

　ピアジェの認知発達理論を発展させた米国の哲学・心理学者ローレンス・コールバーグ（L. Kohlberg　1969, 1971年他）の道徳性発達理論は、認知的過程に見られる認知構造の質的変化を一つの段階として捉えようとするものである。そして、この発達段階は「段階間の質的相違」、「個人の発達における一定の順序性と不可逆性」、「各段階における構造化された全体性」、「段階間の階層的統合」を満たすことが基本的枠組みとなっている。

　コールバーグは、10～16歳までの被験者について3年毎に15年間縦断的に追跡調査した。調査方法は、どちらを選択したらよいのか分からなくなるような道徳的ジレンマを提示し、被験者がどのように反応するのかという点に着目する方法である。調査は異なる地域、異なる民族についても行われ、各々の選択判断とその理由づけに焦点化して整理することで以下のような普遍的な3水準

表3−6　コールバーグの道徳性発達段階

---

【レベルⅠ　前慣習的水準】★自己中心性と他律的

第1段階：罰と服従への志向

　　罰の回避と力への絶対的服従がそれだけで価値あるものとなり、罰せられるか褒められるかという行為の結果のみが善悪を決定する。

第2段階：道具的相対主義志向

　　正しい行為は自分自身の、または自己と他者相互の欲求や利益を満たすものとして捉えられる。具体的な物・行為の交換に際して公正であることが問題とされはするが、それは単に物理的な相互有用性という点から考えられてのことである。

【レベルⅡ　慣習的水準】★他律から自律的へ

第3段階：対人的同調「よい子」志向

　　よい行為とは他者を喜ばせたり助けたりするものであって、他者によいと認められる行為である。多数意見や一般的な普通の行為について紋切り型のイメージで従うことが多い。行為はその動機によって判断されるが、「善意」が重要となる。

第4段階：法と秩序志向

　　正しい行為とは社会的権威や定められた規則を尊重し、それに従うことである。そして大切なのは、既にある社会秩序を秩序そのもののために維持することである。

【レベルⅢ　脱慣習的水準】★自律的、原理的

第5段階：社会契約的な法律志向

　　規則は固定的なものでも、権威によって押しつけられるものではなく、自分たちのためにあるのだから変更可能なものとして理解される。また、正しいことは、社会には様々な価値観や見解が存在することを認めた上で、社会契約的合意に従って行為するということである。

第6段階：普遍的倫理的原則志向

　　正しい行為とは、「良心」に則った行いである。良心は論理的包括性、普遍性ある立場の互換性といった視点から構成される「倫理的原理」に従って何が正しいかが判断される。この段階では、この原理に則って法を超えて行為することができる。

---

6段階の道徳性発達段階を導き出したのである。

　なお、この道徳性発達段階説については、コールバーグ自身の弟子でもある女性心理学者キャロル・ギリガン（C. Gilligan　1982年）から異議申し立てが行われている。その根拠は、中核に据えられている正義推論（公正の原理）によ

る倫理観は男性中心の発想であり、女性は責任とケアの倫理に従って行動するという批判である。

　また、道徳性発達における第7段階の問題、つまり、宗教がもつ倫理的性格（宗教的思考と経験）を道徳教育の拠り所とする「義務と公正」を超えた「義務以上の善（アガペー）」という第6段階以上の存在についての検討も程なくコールバーグが物故したため、それらは未解決のままとなっている。

---

### コールバーグが用いた例話の一例：「ハインツのジレンマ」の概要

　ヨーロッパで、一人の女性がとても重い病気のために死にかけていた。その病気は特殊な癌だった。しかし、彼女が助かるかもしれないと医者が考えるある薬があった。それは同じ町の薬屋が最近発見したラジウムの一種だった。その薬の製造費は高かったが、薬屋はその薬を製造するための費用の10倍もの値段をつけていた。彼はラジウムに200ドル払い、わずか1回分の薬に2000ドルの値段をつけたのである。病気の女性の夫であるハインツは、あらゆる知人にお金を借りた。しかし、薬の値段の半分の1000ドルしかお金を集めることができなかった。彼は薬屋に妻が死にかけていることを話し、薬をもっと安くしてくれるか、でなければ後払いにしてくれるよう頼んだ。だが、薬屋は「だめだ。私がその薬を発見したのだし、それで金儲けをするつもりだから」と言った。ハインツは思いつめ、妻のために薬を盗みに薬局に押し入った。

---

### ③　ブルの発達理論

　イギリスの南西地方の7歳から17歳までの子供を対象に、倫理学、教育学、心理学、社会学等の学際領域における複眼的視点から調査した宗教教育学者ノーマン・ブル（N. J.Bull　1969年）の道徳性発達理論は、人為的な習慣、規律・規範（nomos）がどのように形成されるかという点に特徴づけられている。

　ブルは、ピアジェの認知発達理論に基づく道徳性発達段階論を基礎としながらも、道徳判断の根源にあるものを認知的側面のみで捉えるのではなく、その欲求的なもの（orectic）に深く関わっているとしている。そしてブルは、子供

表 3 － 7　ブルの道徳性発達段階

【第1段階　無道徳段階】：アノミーな段階状態で、内面化された道徳感情は認められな
　　　↓　　　　　　　い。
【第2段階　外的道徳段階】：外部から与えられる規制等に従う。他からの賞賛で自らの
　　　↓　　　　　　　　　行為を判断する。
【第3段階　内－外的道徳、社会律段階】：所属する集団の社会的賞賛、非難が道徳的行
　　　　　　　　　　　　　　　　　　　為の基準となる。
　　　↓　　　◆青年期前期に多く散見される特有の段階でもある。
【第4段階　内的道徳、自律段階】：外的権威から自律的に独立し、個人の内面化された
　　　　　　　　　　　　　　　　理性と判断で行為する。

＊ブルは、7～17歳までの被験者を対象に、生命価値、ごまかし、盗み、嘘の状況判断について調査した。

　が自律的な道徳的行為を行うのは、道徳生活の中心部分にある道徳的態度の要求と現実要求の葛藤において、受容され、内面化された理想を道徳的状況へ適用することだと主張するのである。言わば、ブルの道徳性発達理論は、道徳的行為が予め特定された道徳的原理に則ってあらゆる道徳的状況に援用することではなく、その時々の具体的な道徳的状況に自らの内に内面化された道徳原理を適用させ、応用させていくものであると考えたのである。

　特にブルの段階過程において特徴づけられるのは、「アノミー段階」→「他律段階」→「社会律段階」→「自律段階」としたことである。つまり、他律段階からそのまま自律段階へ移行するのでなく、道徳的行為の抑制が社会的賞賛と社会的非難との相互性によって決定づけられる社会律段階をその中間に設定したことである。これらの相互性は、宗教的な自己犠牲や愛他精神に基づく宗教的黄金律に則った道徳的行為を可能にする態度の形成まではできないとし、社会律段階は他律段階での反道徳的行為への処罰への恐怖、罪障感情を引きずった段階と見なしたのである。

#### ④　チュリエルの発達理論

　前章でも触れた米国の発達心理学者であるエリオット・チュリエル（E. Turiel 1980年）は、子供の規範意識の発達を認知側面と行動側面との両面から捉え

「領域特殊理論」を提唱した。

　チュリエルによれば、その時々になされる社会的規範判断、社会的規範行動は人間の社会的認知の質的に異なった独立領域、つまり、規範意識を構成する道徳領域（moral）、慣習領域（convention）、個人領域（personal）という3領域での知見が調整された結果であるとする考え方である。この論に依拠するなら、人間の行為は知り得た事実がどの領域に属するかによって、どのように行為するかが決定されるということになる。従って、子供が社会生活において道徳的に適切な行為を選択し、それに基づいて行動するためには子供自身が各領域から適切に判断できるような周囲の大人からの援助、さらに言うなら道徳教育が大切になってくるであろうという考え方が成立する。このようなチュリエルの道徳性発達理論は、「社会的領域理論」とも称されている。

　この領域特殊理論に従うなら、人間の道徳的判断や行為は道徳、慣習、個人という各々独立領域によって調整された結果である以上、子供が望ましい道徳的判断や道徳的行為を可能にする道徳性を身につけるためには各領域での知識獲得の文脈やプロセスが異なることを前提にしてそれらが各々の場面で適切に発揮されるような働きかけが重要になってくるということである。

## 第4節　道徳性形成のための道徳科授業アプローチの検討

### 1　道徳科授業を担う道徳教育方法学的アプローチの考え方

　学校における道徳教育の要となる道徳科での指導は、明確な目的と計画的な指導、それを可能にする教材とによって実施される具体的な教育的営みである。よって、各学校における道徳教育全体計画、道徳科年間指導計画が道徳科授業によって体現されるのである。言わば、各学校での子供たちへの道徳性形成は道徳科授業の成否が明暗を左右するのである。どんなに美味しそうに見えても絵として描かれた餅では食べることができないのと同様に、道徳科年間指導計画がいくら立派であっても授業で具体的な指導によって体現されなければ、それは単なる画餅に過ぎないのである。よって、学校の道徳教育は道徳科授業を要としながら、どう効果的かつ実践的に有機的関連性をもたせた「面」として

の指導をしていけるのかが充実の成否を分かつことになるのである。

　わが国の道徳教育方法論は、①戦前の修身科時代から連綿と引き継がれ、発展してきた道徳教化の方法（インカルケーション：inculcation）、②主に米国心理学・教育学の知見に基づく臨床心理学的な道徳指導手法、③認知発達論に基づく道徳指導手法をわが国の道徳授業形態にアレンジして導入した方法、この三大思潮をベースにしながら実践的に形成されてきた経緯がある。

　もちろん、米国においても前者の考え方による教育思潮は本質主義的教育（essentialism）として主流をなし、キャラクター・エデュケーション（品性教育：character education）等の道徳教育方法論は代表的なものとしてよく知られたところである。また、もう一方の教育思潮を形成している進歩主義（progressivism）は、フロイトの精神分析理論に端を発するグループカウンセリング手法を具体的な道徳授業方法論へと援用した価値の明確化（values clarification）、ピアジェやコールバーグの道徳性発達理論に端を発した認知発達論的アプローチ（cognitive developmental approach）等があり、わが国でもよく実践されてきた指導方法理論である。

　ここで留意したいのは、諸外国で開発された指導方法を安易にそのまま取り入れてわが国の道徳授業はこれまで行われてきたのではないということである。わが国の文化形成には、異文化の本質はさておいてそれに付随する新しい知識や技術のみを巧みに取り入れて自国の文化に吸収してしまうという習合思想の考え方が古来よりある。縄文期の渡来人によって伝えられた大陸文化の取り入れや、仏教の導入と併せて大陸の進んだ文化・技術も吸収してしまった聖徳太子の時代、明治期の文明開化の時代等、習合思想の歴史がある。そこでのポイントは本質部分から丸ごとではなく、必要部分だけを自国流にアレンジし、短期間に全て取り入れて効果的に活用するという合理的精神である。

　この習合思想という合理性は、諸外国の道徳教育方法理論導入においても遺憾なく発揮されている。なぜなら、道徳教育と一口に言っても各々の国が求める道徳教育は、宗教性や社会性、その時代背景が異なるということである。政治的な思想教育を優先したり、市民性教育を重視したり、宗教教育を前提にしたり等々、国によってそれは一様ではない。このような国情の違いから、各国

が目指す道徳教育の目的が異なるのは必然的であり、同時にその教育制度が異なればその方法論も同一には語れないということである。

　以下に、わが国で道徳の時間特設以降の授業方法論として影響力を及ぼしてきた米国道徳教育の三大潮流について触れておきたい。

## 2　道徳教育方法理論についての三大潮流
### （1）　道徳教育の方法論的アプローチの実際

　米国における道徳教育方法論は伝統的価値教化アプローチ、価値の明確化アプローチ、モラルジレンマ・アプローチと凡そ整理されるが、それらはわが国の道徳教育方法理論に大きな影響を及ぼした。今日の道徳科授業方法論は本来的に多様であることが前提であることを踏まえ、道徳科指導の在り方を問い直す契機になることを意図して解説しておきたい。

---

【伝統的価値教化アプローチ】

◆伝統的価値教化方法論とは、道徳的価値や道徳的規範等について教材を用いながら教化して伝達・内面化することで道徳価値自覚をも促そうとする広く行われている指導スタイルである。

【価値の明確化アプローチ】

◆米国で提唱された価値教育の一方法論である。その基本的な考え方は、個々が内面にもっている道徳的価値観に働きかけて主体的な価値選択という場の積み重ねを通して価値そのものを明確化させようとする指導スタイルである。

【モラルジレンマ・アプローチ】

◆モラルジレンマ（道徳的葛藤）を教材に、価値選択を迫ることで道徳的判断力に働きかけて道徳性の段階上昇を意図的に促すために行われる指導スタイルである。このアプローチでは個の道徳性の段階上昇を促すという目的性から、個々の価値判断の理由づけが重視される

---

### （2）　伝統的価値教化アプローチ

道徳的価値の教化あるいは価値伝達という目的をシンプルに行うのが、この

インカルケーション（価値を伝達して内面化させるという考え方）の手法による道徳授業方法論である。わが国でも戦前の修身科や今日の道徳科授業における一般的な指導法として普及している。

　要は、道徳教材や道徳体験そのもので道徳的価値に触れさせ、気づかせ、その必要性を自覚させ、進んで生活に活かそうとする認知的側面、情意的側面、行動的側面の強化を促す方法論である。しかし、このような授業が行き過ぎると、教師の道徳信条や態度を押しつけ、信じ込ませる価値の教え込み（indoctrination）に陥る危険性も併せもっている方法論であることを十分に留意しておく必要があろう。

　ただ、戦前の修身科といった場合、教師が一方的に子供たちへ教え込む説教的な堅苦しい授業イメージのみが脳裏をかすめるが、決してそればかりではない。軍靴の足音がすぐ傍まで迫る昭和初期に奈良女子高等師範学校訓導の岩瀬六郎は『生活修身原論』（1932年）の中で、「徳目修身或は教科書修身とは徳目或は教科書を中心として道徳を説き、間接にその実践を指導せんとするものであるけれども、生活修身とは生活を中心として直接に道徳の実践を指導し、道徳的知情意を錬磨し、以て道徳的人格の完成を企図しようとするものである」[5]と述べている。そして、その生活修身実践は生活体験による指導と準体験（教科書および補充教材による追体験）による指導で展開されている。その時代性を考慮するなら、方法論的な斬新さは明白である。しかし、価値教化あるいは価値伝達という目的性から分類するなら、それは他の修身科指導同様に価値教化の範疇に含まれるものであろう。この生活修身の事例を援用するなら、今日の学校で行っている戦前の修身科とは全く目標や教育内容の性格を異にする道徳科授業にあっても、それらの多くは修身科同様に伝統的価値教化アプローチの方法論によって実践されているとすることができよう。

　伝統的価値教化による道徳科授業の特徴は、子供の心情面に働きかけながら道徳的価値の自覚を促すことができ、教師の思いも伝わりやすいことである。いわゆる従前からの道徳授業の基本型で、わが国では最も重視される心情面に訴えかけることで価値の伝達を促すという、極めて取り組みやすい指導方法でもある。その指導展開過程は、導入、展開、終末という3段階のステップを辿

表3−8　伝統的価値教化アプローチによる道徳科授業の一般的な基本型

| 指導展開過程 | | 主　な　学　習　活　動 |
|---|---|---|
| 導　　入 | | ねらいとする価値について方向づけをする段階であり、子供たちの日常経験を引き出したり、取り上げる価値へのかかわりをもたせたりして課題意識をもたせる。 |
| 展<br><br>開 | 前　段 | 道徳教材（道徳的体験）にかかわらせ、教材に含まれた道徳的問題を追求する過程を通じて道徳的価値に気づかせる。 |
| | 後　段 | 道徳教材を介しての価値追求から離れ、そこで気づいた道徳的価値に照らして自分の生き方を振り返らせ、主体的に価値自覚をさせる。 |
| 終　　末 | | 本時でねらいとする道徳的価値について整理し、まとめる。そして、これからの日常生活における実践意欲を喚起する。 |

る。なお、展開の取り扱いは小学校段階では前段（教材で考える）と後段（教材を離れて自分の生活で考える）の2段階で指導されることが多い。

## （3）　臨床的な価値明確化アプローチ

　伝統的価値教化アプローチに対し、子供の主体的な価値決定能力の育成を目指した人間中心主義教育（humanistic education）の立場をとっているのが、価値の明確化（values clarification）によるアプローチである。価値教育の混乱が見られた1970年代の米国において、ラス（L.E.Rathes）、ハーミン（M.Harmin）、サイモン（S.B.Simon）等によって提唱された指導方法で、価値観が多様化した社会においては個人の主体的な価値選択を重視しなければならないという基本的な考え方である。もちろん、感情的な側面に着目したそこでの価値選択は必ずしも道徳的価値ばかりではない。むしろ目指すのは、自分が自分らしくなっていくこと、自分への気づき（awareness）による自己実現である。

　その方法論的な枠組みは、わが国においては構成的グループエンカウンター（SGE：Structurud Group Encounter）と呼ばれるもので、子供相互が心と心のふれあいを通して自己肯定感を感じたり、人間関係構築力を培っていったりできるような場を授業として意図的に設定することにある。

　SGEの基本的な流れは、学習者の緊張をほぐし、心を解放するアイスブレイクとしてのウォーミングアップ（場の雰囲気づくり）→エクササイズ（例題等に基づく実習）→シェアリング（感想等に基づく分かち合い）という過程である。

表3－9　価値の明確化による道徳科授業の一般的な基本

| 指導展開過程 | 主　な　学　習　活　動 |
|---|---|
| 導　　入 | 子供の思考を刺戟する道徳教材（読み物教材、社会的事物・事象を表した図や写真、映像、統計、実物等）を提示し、主題への関心を向けさせる。 |
| 展　開　Ⅰ | 提示された道徳教材を基に、価値シートを用いながら個々にじっくりと自問させ、自分や自分の価値についての気づきを深めさせる。 |
| 展　開　Ⅱ | 小グループでの語り合い、聴き合いを通して、相互にその考え方を認め合い、理解し合うことで相互理解を深める。最終的な全体としての結論は求めない。 |
| 展　開　Ⅲ | 小グループで出た考え方、意見をクラス全体で共有（シェアリング）し、多様な価値観に触れることで個々の思考を刺戟し、視野を広げさせる。 |
| 展　開　Ⅳ | 再度、子供個々に価値シートへ取り組ませ、自分が選択した価値とそれを選んだ理由を改めてじっくりと自己内対話させる。 |
| 終　　末 | 本時の授業で気づいたこと、考えたこと、知ったこと、これから実践しようとすること等を振り返りシートに記入させたり、発表させたりする。 |

---

**《ワークシート作成例》**

＊教材　外国よりも遠い南の楽園　　　　　（　）年（　）組　氏名（　　　　　　　）

（事例テーマ：東京都小笠原空港開設問題＊新聞記事をもとに自作開発教材）

　東京都小笠原村へ行くには、唯一の交通手段である船に乗って24時間あまりかかります。村がある小笠原諸島は東京都からの直線距離で1000km、太平洋に浮かぶ自然豊かな南の楽園です。でも、父島や母島など幾つかの島で成り立つ小笠原村で暮らす人々（人口2600人余り）の歴史は辛いものでした。遠く本土から離れ、太平洋戦争後は外国の支配下に置かれて昭和44（1969）年８月にようやく日本へ返還されました。村の人々は漁業や農業等でも生計を立てていますが、その収入の多くは観光に依存しています。陸の孤島である小笠原村は、自然の宝庫で固有種や絶滅危惧種、天然記念物など多くの動植物が手つかずのまま残っています。そんな豊かな自然と共存していることから、2011（平成23）年にはユネスコ世界文化遺産として登録されました。

　そんな小笠原村では、20年以上も結論を出せない問題を抱えています。それは小笠原空港開設をめぐる立場の違いから起こる解決困難な対立問題です。皆

さんは、3人の住民の異なる意見のどれに賛成しますか。

【長年島に暮らす高齢のAさんの意見】

　小笠原には大きな病院がない。だから、急病人が出ると本土へ救援要請して
ヘリや水上飛行機で搬送してもらうが、間に合わなくて命を落とす人も少なく
ない。同じ日本国民なのに、なぜ小笠原には空港も作ってもらえないのか。自
然保護が大切なのは分かるが、そこに住む住民の命や生活はそれ以上に大切で
はないのか。

【島で観光業を営むBさんの意見】

　小笠原には、若者が島に残って働くための仕事場がない。村がずっと元気で
いられるように、多くの観光客を呼びたい。ホエール・ウオッチングやスキュ
ーバーダイビング、島内ウォーキングなどで観光客を案内する時は、自然環境
保全に最大限の努力をしているから心配はいらない。豊かな自然を多くの人に
楽しんでもらい、住民の生活が豊かになるためにも空港建設は絶対に必要だ。

【豊かな自然に魅せられて移り住んだ若者Cさんの意見】

　小笠原の自然の素晴らしさに惹かれ、この村に移り住んできた。今は観光ツ
アーガイドの仕事をしているが、世界文化遺産となった自分たちの島の自然を
守るのは大切な役目だと思っている。小笠原は交通が不便だからこそ、環境保
全ができている。そこに空港が建設されたら島の生態系が崩れ、貴重な動植物
が絶滅することになる。何よりも、小さな島に大勢の人がやってくることそれ
が問題だ。

【質問1】3人の主張を聞いて、どんなことを思いましたか？

　　　　　　　　　　　　　　　　　　　　　　　　　と思った。

【質問2】3人の人物の誰の立場でどんなことを考えましたか？

（　　　）さんの立場で、

　　　　　　　　　　　　　　　　　　　　　　　　　と考えた。

【質問3】他の（　　）さんと（　　）さんは、どんな気持ちだと思いますか？

（　　　）さんの立場なら、

|  |  | と思う。 |

（　　）さんの立場なら、

|  |  | と思う。 |

★自分の考えをもとに、グループの人と語り合ってみましょう。
★自分の考えをもとに、グループの人と語り合ってみましょう。

| メンバー | 考えや意見 | 自分のコメント |
|---|---|---|
| ① |  |  |
| ② |  |  |
| ③ |  |  |

★学級全体で交流し、感じたことを書いてみましょう。
★授業の中で気づいたこと、感じたこと、考えたことをまとめましょう

|  |
|---|
|  |

　よって、このSGEによる価値の明確化方式での道徳授業では、一般的な道徳教材を使うこともあれば、使わないでエクササイズのみで行う場合もある。ただ基本型に共通しているのは、「価値シート」と呼ばれるワークシートを用いることである。それを使いながら、子供一人一人がじっくりと自分と向き合って自己内対話し、さらに小グループでの語り合い・聴き合い、分かち合い（share）へと広げて、最後にまた自己内対話へと立ち返るパターンである。そこでの子供は自らものの見方・感じ方・考え方を自由に表明でき、押しつけによらない学びの主体性や自主性が保障されるのである。

　もちろん、この手法による問題点も少なくない。個人の価値選択に根ざして

形成された価値観というのは、あくまでも個人的なものでしかない。よって、その中核となる道徳的価値観については倫理的原理という共有する部分がなければ社会秩序が維持できないという倫理的価値相対主義（倫理的真理の絶対的妥当性を認めない立場）に陥る危険性が大きいという問題点を抱えている。ただ、インカルケーションの道徳授業スタイルでは十分に保証できない「書いて自己内対話すること」「他者とじっくり語り合い、聴き合うこと」、「互いの感じ方を十分に分かち合うこと」といった個としての学びの充足を可能にする点では、極めて効果的な指導方法である。

### （4）　認知発達論に基づくモラルジレンマ・アプローチ

　この方法論的アプローチは、コールバーグ理論と呼ばれることも多い。コールバーグは、その発達させるべき子供の道徳性を①「公正さの普遍的原理（すべての道徳的価値の根本としての公平さ）」、②「役割取得原理（他者の視点で判断する能力）」、③「人間尊重原理（すべての人は同様に扱われなければならないという原則）」という前提に基づいて捉えた。そして、子供が具体的場面でどちらが正しいかという価値選択の伴う道徳的葛藤（価値対価値のモラルジレンマ）に身を置くことで、個の認知構造における同化と調節の結果としてのシェマの増大をもたらす道徳判断の質的変化、つまり道徳性の段階的上昇を討論（ソクラテスの問答法的な）によって導き出そうとしたのである。それは、他律的な道徳性発達段階（「〜である」）から自律的な道徳性発達段階（「〜すべきである」）への規範性に関する質的に高次な認知構造の獲得を意味するものであり、そのための手立てとして、子供を不均衡な状態、つまりモラルジレンマの中に置き、自らの道徳判断を基にしたディスカッション過程を通し、最終的に人間としてのより善い在り方・生き方の視点から主体的な問題解決を図れるような場（道徳授業）の構築を目指したのである。わが国では1980年代頃から方法論的改善研究が進められ、多くの学校で様々な実践が重ねられてきた。

　このモラルジレンマ・ディスカッションが抱える問題点は、本来的な意味での価値葛藤（価値と価値との狭間での主体的価値選択）と心理葛藤（望ましい価値選択だが困難が伴う場合、それを回避しようとする選択といった心理的価値選択・反価値的選択）とが混同されやすい点、特に小学校段階では価値葛藤のテーブ

ルに就かせる適切性や必然性の是非がポイントとなろう。また、個別的な道徳性を有する全ての子供が授業の中で一律に同様の段階上昇を目指さなければならないのではという心理学的な誤謬（思い込みによる誤り）に教師が陥りやすい面も懸念される点である。そして、最後に指摘しなければならないのは、わが国の学習指導要領に示された道徳の内容項目は多岐にわたり、この方法論的アプローチでは全てが網羅できない点である。他方法論との併用を道徳科カリキュラムで実現すれば、手応えのある授業づくりが可能であろう。

**モラルジレンマ教材例**　（報道素材をもとに自作教材化）

「本当の私」（対象：小学校高学年・中学生）

　会社員のAさんは、子供の頃から男性なのに心はずっと女性であることを感じてきた。大人になって独り暮らしを始めてからは、普段の日は男性会社員として働いているが、週末は本来の自分と性自認する女性として生活している。ただ、困るのは外出時のトイレである。見た目で男性と決めつける周囲の理解が得られないので、我慢して過ごすことも少なくない。性別に関係なく使えるジェンダーフリートイレが公共の場に増えることを願いつつも、日常生活の中では困ることもしばしばである。

　ある日、女装でデパートへ買い物に出かけたAさんは急にトイレへ行きたくなり、慌てて女性トイレに駆け込んだ。用を済ませて出ようとすると、居合わせた婦人が「あなた、もしかして男でしょう？こんなところで何しているの！」と大声を上げ、緊急通報ボタンを押して警備員室に助けを求め、さらに警備員室からの通報で駆け付けた警察官によって身柄を拘束されてしまった。警察署へ連れて行かれたAさんは、軽犯罪法違反容疑で取り調べを受けることとなってしまった。警察ではもちろん、そこに連れて行かれるまでの間も、必死でAさんは自分が外観こそ男性ではあるが心は女性のトランスジェンダーであると説明した。しかし、助けを求めた婦人も、警備員も、警察官も、誰一人信用してくれなかった。女性を自認するAさんは、外観だけで不公平な判断をする周囲の人たちの無理解で女性としての人権と権利を著しく侵害されたことが悔しくて、取調中は訴えられたことの認否については一切何も語らないという黙秘を続けるしかなかった。

【考えよう】

◆何も語らないで黙秘を続けたAさんの行動は正しかったのだろうか。

　このモラルジレンマ・ディスカッションアプローチによる授業手法では、個別課題追求のための調べ学習等を導入すると小学校45分、中学校50分の道徳科授業に全て納めることが難しい場合も少なくない。そのような時は複数時間授業となるが、第1次から第2次へのつなぎの段階で、子供が学習内容を鮮明に記憶をとどめておけるようツァイガルニク効果（zeigarnik effect：ズレが生じたままの未完了課題に関する記憶は完了課題の記憶よりも残りやすく、想起されやすい）の応用が有効である。また、授業終末は子供一人一人の主体的な思考・判断を重視し、共通の道徳的解決という道徳的価値に照らした望ましさの共有といった結論を求めないオープン・エンドとなる。

表3−10　モラルジレンマによる一般的な道徳授業基本型（＊2時間扱い例）

| | 指導展開過程 | 主 な 学 習 活 動 |
|---|---|---|
| 第1次 | モラルジレンマの提示（モラルジレンマの共通理解） | 子供に価値判断を促すモラルジレンマ（教材等）を提示し、主人公の道徳的状況理解と役割取得をしながら論点を明確に把握させる。 |
| | 第1次判断とその理由づけ | ジレンマの中で主人公はどうだったのかを判断させ、その判断理由をワークシートに書き込ませる。 |
| | 価値判断とその理由づけを整理（判定シートに基づいて個々の発達段階を同定） | 個々の子供の価値判断とその判断理由について整理・分類する。そして、調べ学習等でその判断結果や理由づけに相互のズレが生じているかを確認させ、次の学習過程へとつなげる。 |
| 第2次 | ジレンマの確認と第1次判断での結果を確認 | 再度主人公の葛藤状況を確認し、第1次判断での結果およびその理由づけについての個々のズレを明確にしておく。 |
| | モラルジレンマ・ディスカッション実施（論点→自己判断） | 異なる立場からの意見交流を行わせ、その判断や理由づけについての対立点（論点）をより焦点化させる。そして、それらの討論結果を踏まえながら自分の主体的な考え方を明確化させる。 |
| | 第2次判断とその理由づけを記入 | モラルジレンマの中で主人公はどうすべきかを再度判断させ、自分が納得できるその判断の理由づけをワークシートに書き込ませる。（授業はオープン・エンドで終了） |

## （5）　道徳教育方法諸理論の多様性と学習者の主体性

　ここまで示した道徳教育の三大潮流は、ある特定方向から見た知見に過ぎない。時代によって、地域によって、宗教的背景によって、またはその時々の社会体制や社会状況によって、そこで求められる道徳教育や道徳指導の形は一様ではないからである。もちろん、長い人類の歴史の中で普遍的に価値あると捉えられているもの、例えば生命尊重、自由と責任、公正さといった徳目的に語られる道徳的価値がある一方で、真理探究、社会参画、愛校心や郷土愛、よりよく生きる喜び等といった個の価値観に帰するものも同時かつ並列的に道徳教育では取り上げられる。特に宗教的な教義・戒律として取り上げられる価値内容、政治体制の範疇で個々人へ半ば強要される価値内容も国家体制によっては混在しているからである。よって、一律に道徳教育はかくあるべきといった固定的観念、国家や個人の頑迷な信念の押しつけは学習者の主体性を前提に成立するという内面化諸理論に基づく道徳教育としては望ましいものとはならない。

## 3　道徳教育を担う教師の役割と実践的指導観
## （1）　道徳教育で求められる潜在的カリキュラムとしての教師力

　学校は組織的営み、つまり一人一人の教師の力、教師集団の力に負う部分がとても大きい。まさに、「教育は人なり」である。ゆえに、学校の道徳教育を充実させようと意図するなら、夢とロマンを秘めた教育愛を自ら体現しようとする校長等の学校組織リーダーの指導・統率力が何よりも求められるのである。

　言うなれば、教育活動を充実させることでしか内部からの変革は成し遂げられないのであり、学校という器に魂を入れるのは、他ならぬ教師一人一人の思いであろう。それが潜在的カリキュラム（hidden curriculum：意図するしないに拘らず、子供が善くも悪くも感じ取る全ての学びの事柄）となって学校や学級の道徳教育風土を醸成し、その中での目的の共有化、同僚性に裏打ちされた相互信頼感、各々の組織的役割として与えられた責任感が調和的かつ効果的に開花した時こそ、子供一人一人の道徳学びは大いに発揮されるのである。

　子供が「自らの道徳学びを創る」という理想的な視点から問えば、その第一歩は指導計画という顕在的カリキュラムのみでなく、目に見えない効果的な潜

在的カリキュラム発揮を実現する教師集団の力が大きいことは疑う余地のないところである。以下にそのような事例を紹介したい。

【事例：学舎への一礼と無言清掃による生徒の道徳的学び】

　福井県吉田郡永平寺町は、曹洞宗大本山となっている永平寺があることで宗教都市としての威厳が漂う地域である。この永平寺町にある永平寺町立永平寺中学校は生徒数約134名（令和3年度）と少子化高齢化の余波を受けた小規模校である。しかし、そこでの教育活動はメディア等を通じて広く全国に知れわたっている。

　永平寺中学校の校訓は、「自立、振気、敬愛」である。この中学校の教育的特色は、永年引き継がれてきた校門での「礼」と無言清掃活動である。子供たちは登校すると、まず校門の前で一礼する。もちろん、下校時も同様である。どんなに急いでいる時も自分たちの学舎に振り返って一礼する。また、音楽の合図で開始される校内清掃は、心を磨く修行として最初から最後まで全員が無言で黙々とこれに取り組む。終了の音楽が流れたらその場に正座して沈思黙考し、自分が少し余分に頑張れたこと、気づいたこと、今後への課題等を内省する。このような取り組みは、生徒が自分たちで発想・実践したのではない。地域社会に根づいた学校文化として受け入れ、守り、後輩へ引き継いでいく価値のリレーの只中に身を置く過程で受動的な自分から能動的な自分へと変容させていく好例でもある。

　この事例は何を物語っているのか。それは、「道徳学び」という本質に関わる教師の役割や立ち位置の在り方についての問題提起である。道徳学びは、ただ教師と学習者がいれば成立するといった単純なものではないし、学校という立派な施設・設備がなければ成立しないという大仰なものでもない。子供が学ぶためには、なぜ学ぶのかという動機づけと同時に、その到達すべき目標（ゴール）は何かという必然性を暗黙知（潜在的カリキュラム）として、あるいは明確な学校知（顕在的カリキュラム）として提示していくことが大切である。そのためには、学校教育課程として明文化された顕在的カリキュラムだけ立派に整備しても、それを日々の教育活動で円滑に運用する教師にその思いや指導スキルに係る信念がなかったら、ただの宝のもち腐れとなってしまうのである。

**図3−2　人格形成イメージとしての価値達磨（ダルマ）構想モデル図**（田沼　2011年）[6]

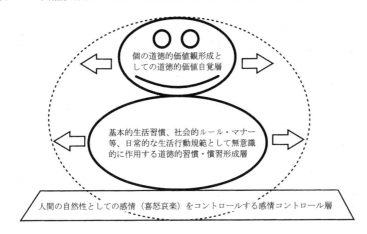

道徳教育の充実において、このような子供たちへの潜在的カリキュラムとして機能する教師力が必須要件として特に大切なのである。

　道徳科授業で目指すのは、主体的な判断に基づいて道徳的実践を行い、自立した人間として他者と共により善く生きるための基盤となる道徳性を養うことである。このような道徳科の究極的な課題克服の鍵は、そこに到達できる実効性ある授業を創る教師力、それ以外に最良の策は見出せないのである。

　実効性ある道徳科授業をと、一口で言うのは容易いことである。しかし、何をもって実効性があると言えるのであろうか。ここで問題としたい実効性ある道徳科授業とは、子供一人一人の内面に道徳的実践への身構えとしての道徳性をしっかりと高めることができる授業である。つまり道徳的実践力とは、認知的側面（道徳的理解や思考・判断）、情意的側面（道徳的感性や共感性）、行動的側面（実践意思力や実践スキル）が個々人の内面において調和的に形成・統合された時に培われるものである。よって、いずれかの部分に偏っても人間らしい善さとしての道徳性は望ましく形成されないことに留意すべきである。

　図3−2「価値達磨構想モデル図」はそんな調和的な道徳性、言わば豊かな人間性を基盤とした道徳力をバランスよく形成するために、その構成要素である認知的側面、情意的側面、行動的側面を子供の人格全体としてホリスティッ

ク（holistic：包括的）に育んでいくためのイメージモデル図である。

　人格形成のいちばん基盤となるのは、ダルマが立つ土台としての「感情コントロール層」である。この層は、個の価値観形成の土台となる人間の自然性に関わって道徳的行為を可能する根源的な部分である。子供が自らの内面に道徳的価値観を構築していく過程で、人間としての喜怒哀楽といった感情部分をセルフ・コントロールする力（自己調整力）を蓄える層である。

　次が、ダルマの胴体となる「道徳的習慣・慣習形成層」である。道徳的習慣とは人間社会において必要とされる基本的生活習慣・ルール・マナー・エチケットであり、道徳的慣習とは限定された集団や社会内においての望ましさや行動規範である。子供が道徳的価値自覚に基づいて自らの価値観形成を促進していくためには、この「道徳的慣習形成層」が他層と同時進行的に育み膨らんでいないと頭部が頭でっかちの不安定で歪な道徳性となってしまうのである。

　最後が、ダルマ頭部としての「道徳的価値自覚層」である。道徳的価値を肯定的に受け入れ、積極的にそれを具体的な生活場面へ拡げようとするための道徳的実践力を強化し、内面的資質としての道徳性形成をするのがこの道徳的価値自覚層である。これは2段の下層が安定していることで機能する層である。

　ここに示した「価値達磨構想」図の主意は、子供一人一人の内面において個としての道徳的価値観形成を調和的に促す意義を感得させるところにある。望ましさの体現としての道徳的実践を可能にする個々人の内面的資質である道徳性＝道徳的実践力を育成するためには、ただ感性的な部分のみを膨らませても、ただ道徳的習慣や慣習面を教化しても、もちろん知的理解・思考・判断といった認知的部分のみに限定して教授しても、それだけでは偏ったものにしかならない。このことをしっかりと押さえて、日々の道徳科授業実践を考えていく必要があることを訴えたいのである。その際の重要な視点となるのが、道徳科カリキュラム・マネジメントの発想である。子供は「ひと、こと、もの」との関わりを通じて主体的に自らの道徳的価値観に基づく人格形成を促進していくものであることを肝に銘じ、教科教育、教科外教育、さらには教育課程外教育も視野に入れながら、学校の教育活動をバランスよく展開することを何よりも期待するのである。

図3－3　教師像の類型とその文化

官僚化

公僕としての教師タイプ

教育行政文化＝支配的被支配的教師文化

技術的熟達者としての教師タイプ

大学や教育センター、高校等で一部見られる専門職化された教師文化

脱専門職化

労働組合的な発想に立つ労働者としての教師文化

労働者としての教師タイプ

専門職化

自主的研修や主体的な研修・研鑽を積み重ねて主体的に高まろうと努力する教師文化

反省的実践家としての教師タイプ

民主化

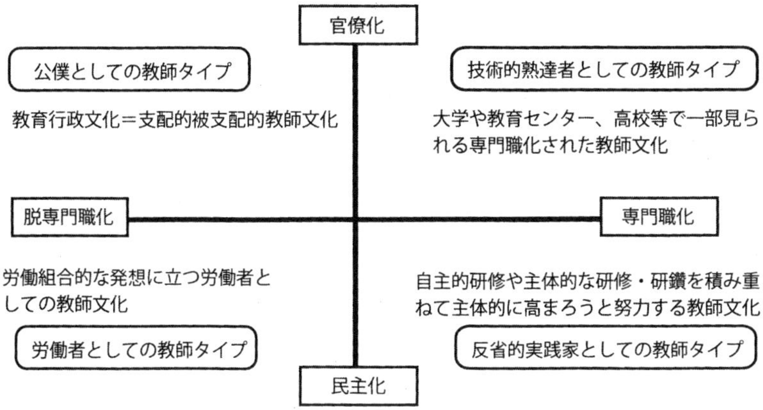

（佐藤学　1996年の図を参照加筆した）

## （2）　道徳科授業を支える教師の役割と専門性への期待

　米国の教育学者フィリップ・W．ジャクソン（P. W. Jackson　1968年）は、教室という集約的な場所における教師子供との服従・支配関係を「群れ」、「賞賛」、「権力」というキーワードで描いてみせた。子供たちが学校の教室内で置かれた教育環境や教育条件、教師と子供との関係性等々を潜在的カリキュラム要因から分析するなら、そこにはポジティブでプラスに作用するよう努める教師力は非常に大きな影響力をもつ。

　このような視点から学校教育における教師力を捉え直すと、そこには道徳教育や道徳科授業へ知らず知らずに影響を及ぼしている教師個人の資質・能力、教師集団固有の文化的特質という部分が大きく作用している点を見逃すわけにはいかない。図3－3は、教育方法学の視点から教師文化を研究対象としている佐藤学（1996年）の「教師像の類型とその文化」[7]である。

　教師文化は、学校や教室の問題対処・課題解決を通して形成され、学校教育という規範的枠組みの中で醸成・保持されてきた特有の文化である。

　ここで示した「公僕としての教師タイプ」、「労働者としての教師タイプ」、「技術的熟達者としての教師タイプ」、「反省的実践家としての教師タイプ」という4規範類型は、縦軸としての「官僚化」VS「民主化」、横軸としての「専

門職化」VS「脱専門職化」という2軸が交差する座標平面上に典型例として描き出したものである。

　まず、第2象限の「公僕としての教師タイプ」であるが、公衆の僕タイプとして教師を位置づけるものである。言わば、国民に対する奉仕性と献身性という行政官僚的な、公務員タイプの教師像である。やるべきことはきちんとやるが、自分の裁量範囲を超えた部分については介入しないという教師スタイルが学校教育の場でどのように作用するのであろうか。保護者や地域だけでなく、施策を通した行政サイドからの理不尽とも思える過度な期待や負担を強いられる今日の学校現場で、「公僕としての教師タイプ」が良くも悪くも及ぼす影響力は少なくない。

　次に、第3象限の「労働者としての教師タイプ」であるが、これは1960年代の教員組合運動と共に台頭してきた教師像である。「聖職としての教師像」を否定し、「労働者としての教師像」を掲げた理念は、むしろ「公僕としての教師タイプ」と拮抗するものとなっている。教職を他の勤労者と並列的に位置づけ、連携することを重視した結果、専門職としてではなく、プロレタリアート的な「サラリーマン教師」として社会的地位を相対的に低下させる要因となっている。ただ、昭和30年代には90％近くを誇っていた教員組織加入率も、社会状況の変化や教師の意識変化から今日では20％台で低迷しているだけでなく、教員組織そのものに拘束されることを敬遠するアノミーな若手教師世代層の拡大でこのタイプの影響力は影を潜めつつある。

　さらに第1象限の「技術的熟達者としての教師タイプ」は、教師教育の科学化（教員養成システムの改革や教職大学院等における学び直し）と現職研修の制度化（初任者研修、年次経験者研修等のキャリア形成研修）等を背景に顕在化しつつある教師像である。旧文部省や都道府県教員委員会等による研究校指定、各行政単位で設置された地方教育センターでの教育研究が推進された結果として、有能な教師イコール技術的熟達者タイプという教師文化が定着してきた。この教師タイプの出現は、公僕としての教師が専門職化していくことで学校の中の支配・被支配的関係を創出するという事実をイメージしたものである。

　そして最後が、縦軸と横軸の交点する右下領域となる第4象限「反省的実践

家としての教師タイプ」の存在である。この「反省的実践家（reflective practitioner）」[8]という概念を規定したのは、米国の哲学者ドナルド・A. ショーン（D. A. Schön　1983年）である。反省的実践家タイプの教師とは、日常の教育活動において常に行為の中の反省としての反省的洞察を行っており、そのような教職としての姿勢が教育効果そのものを支えている有用な人材と考えられる。これまで、授業研究といった研究・研修機会を通じて互いがその技量を高め合うことが日常化してきたわが国においては、本来的に多くの教師がまさにショーンの言う「行為の中の反省」を自ら進んで行う反省的実践家となっているはずであるが、果たして実態はどうなるのであろうか。

　改めて言及するまでもなく、学校教育の成否は教師力次第である。保護者や地域社会から信頼され、広く社会から尊敬される教師としての資質・能力が高い教師の確保は今日の学校現場の喫緊の課題となっている。中央教育審議会答申「教職生活の全体を通じた教員の資質能力の総合的な向上方策について」（平成24（2012）年8月）を持ち出すまでもなく、「優れた教師の条件」は以下のような資質・能力を有する教師である。そしてキーワードは、「学び続ける教師」である。

　このような教師の資質・能力向上に向けた養成から現職研修まで一貫した改革への必要性については、平成27（2015）年12月21日に公にされた中央教育審議会答申「これからの学校教育を担う教員の資質能力の向上について〜学び合い、高め合う教員育成コミュニティの構築に向けて」でもよりいっそうの充実・改善努力が求められた。

---

**答申が示した教員に求められる資質・能力**

① 教職に対する責任感、探求力、教職生活全体を通じて自主的に学び続ける力（使命感や責任感、教育的愛情）

② 専門職としての高度な知識・技能（教科や教職についての高度な専門性、新たな学びを展開できる実践的指導力、教科指導・生徒指導・学級経営等を的確に実践できる力）

③ 総合的な人間力（豊かな人間性や社会性、コミュニケーション力、同僚とチーム

で対応できる力、地域や社会の多様な組織等と連携・協働できる力）

　学校教育の場での共同研究や現職研修というと、つい講演会や授業研究会さえやっていれば大丈夫と思われがちである。果たしてどうなのであろうか、各学校の道徳教育推進や充実を担う教師力、教師集団としての組織力等について研鑽を深めていくマネジメント研修は不要なのであろうか。「チーム学校」ならぬ「チーム道徳」が叫ばれる今、道徳教育を担う教師力についての磨き合い研修も学校教育を充実させる不可欠な方策となっている。

　戦中・戦後を国語教師として教育に心血を注ぎ、偉大な功績を残した大村はま（1906～2005年）は、自書の中で「伸びようという気持ちを持たない人は、子どもとは無縁の人です」9)と一刀両断にしている。研究や研修は職業人として至らないところを鍛え合い、さらに高見を目指す営みだからである。これは、公僕として次世代人材育成に貢献する教師自身の矜持の問題でもある。

## （3）　チーム道徳を牽引する道徳教育推進教師

　平成20（2008）年改訂の小・中学校学習指導要領より、新たな道徳教育充実方策として「道徳教育推進教師」が各学校に位置づけられるようになった。その道徳教育推進教師の役割は、各学校の道徳教育課題に基づいて校長が示した指導方針を受け、全教師が協力して道徳教育を展開できるようにすることである。主な役割は以下の通りである。

---

　道徳教育推進教師に求められる役割
①　道徳教育の指導計画の作成に関すること。
②　全教育活動における道徳教育の推進、充実に関すること。
③　道徳の時間の充実と指導体制に関すること。
④　道徳用教材の整備・充実・活用に関すること。
⑤　道徳教育の情報提供や情報交換に関すること。
⑥　道徳科の授業公開など家庭や地域社会との連携に関すること。
⑦　道徳教育の研修の充実に関すること。
⑧　道徳教育における評価に関することなど。

---

　ここで特に留意しなければならないのは、学校教育目標との関わりにおいて推進する道徳教育の基本的な方針とその実施計画を道徳教育推進教師が明確化していくことである。そして、それを画餅で終わらせないために全教師が道徳教育の重要性について認識を深めていくことである。つまり、なぜ学校教育の場で道徳教育や道徳科授業を推進するのか、自校においての重点的指導課題は何なのかについて共通理解し、協力し合って道徳教育諸計画を作成・展開し、不断の充実・改善を図っていくことができるようにすることなのである。

　このように、各学校において充実が期待される道徳教育であるが、その中核となる道徳教育推進教師に与えられた校内的な役割を考察していくと、そこでの期待は絶対無二のように思われる反面、冷静に熟考すると実に不確かで曖昧なもののように思えてくる。それは、道徳教育を希求する教師個々のプライベートな人間存在としての根本的な問題にも関わってくるからである。

　人間存在については多くの先人が究明してきたが、その中でもわが国を代表する倫理学・哲学者であった和辻哲郎（1889–1960年）は、代表的な著書『倫理学』において「人間とは『世の中』であるとともにその世の中における人間である」10)とその妙を見事に体現している。人間は共同的である限り世の中における社会的存在であるが、人間は人である限り個別人であって社会とは異なる。この相反する対立的矛盾の統一的存在が人間なのである。ゆえに近代日本文学の草分けであった文豪の夏目漱石（1867–1916年）は、「智に働けば角が立つ。情に棹させば流される」という名言で知られる作品『草枕』の1節で、「人の世を作ったものは神でもなければ鬼でもない。やはり向う三軒両隣りにちらちらするただの人である。ただの人が作った人の世が住みにくいからとて、越す国はあるまい。あれば人でなしの国に行くばかりだ。人でなしの国は人の世よりもなお住みにくかろう」11)と登場人物に語らせているのである。

　人間とは、和辻が指摘するように人と人との間に生きる不定形な存在である。よって、道徳とか倫理というのはそんな人間共同社会における物事の筋道、秩序を意味するものであると説明できよう。

　このような視点から道徳教育方法アプローチを検討していくと、子供たちの道徳性形成においてその基底をなす道徳的価値観や道徳的行為生起のメカニズ

ムについての理解は単純にはいかないということである。なぜなら、それを担う教師の人間としての在り方そのものが問われるからでもある。よって、管見的に道徳教育や道徳科授業を位置づけるのではなく、柔軟かつ多様な視点からの道徳教育アプローチを構想していくことが何よりも重要なのである。

■第3章の引用文献

1) 文部省『学制百年史（資料編）』1972年　帝国地方行政学会　p.57
2) 文部省『学制百年史』1972年　帝国地方行政学会　p.688
3) 文部省『学制百年史（資料編）』1972年　帝国地方行政学会　p.61
4) 貝塚茂樹・関根明伸編『道徳教育を学ぶための重要事項100』2016年　教育出版　p.51
5) 岩瀬六郎『生活修身原論』1937年　明治図書　p.2
6) 田沼茂紀『人間力を育む道徳教育の理論と方法』2011年　北樹出版　p.56
7) 佐藤学『教育方法学』1996年　岩波書店　p.142
8) D.ショーン『専門家の知恵』佐藤学・秋田喜代美訳　2001年　ゆみる出版　p.120
9) 大村はま『灯し続けることば』2004年　小学館　p.34
10) 和辻哲郎『倫理学』(1)　2007年　岩波文庫　p.28
11) 夏目漱石『草枕』1929年　岩波文庫　p.7

■第3章の参考文献

1) 文部省『学制百年史（資料編）』1972年　帝国地方行政学会
2) 土屋忠雄他編『概説近代教育史』1967年　川島書店
3) 鈴木博雄編『原典・解説　日本教育史』1985年　図書文化
4) 平田宗史『教科書でつづる近代日本教育制度史』1991年　北大路書房
5) 海後宗臣他『教科書でみる近現代日本の教育』1999年　東京書籍
6) 寄田啓夫他編『日本の教育の歴史と思想』2002年　ミネルヴァ書房
7) 田沼茂紀『道徳科で育む21世紀型道徳力』2016年　北樹出版
8) 文部科学省『諸外国の初等中等教育』2016年　明石書店
9) 日本道徳教育学会編新道徳教育全集第2巻『諸外国の道徳教育の動向と展望』2021年　学文社
10) 堺屋太一『日本を創った12人』（前編）1996年　PHP新書
11) 田沼茂紀編『道徳科重要用語事典』2021年　明治図書
12) 国立教育政策研究所「『道徳・特別活動カリキュラムの改善に関する研究』〜諸外国の動向(2)〜」2004年　同研究所研究成果報告書
13) 二宮皓編『世界の学校』2006年　学事出版
14) 日本道徳性心理学研究会『道徳性心理学』1992年　北大路書房
15) 有光興記・藤澤文編『モラルの心理学』2015年　北大路書房

16）　J.ピアジェ『臨床児童心理学Ⅱ　児童の世界観』大伴茂訳　1954年　同文書院

17）　L.コールバーグ『道徳性の発達と道徳教育』岩佐信道訳　1987年　広池学園出版部

18）　L.コールバーグ『道徳性の形成』永野重史監訳　1987年　新曜社

19）　L.コールバーグ他『道徳性の発達段階』片瀬一男他訳　1992年　新曜社

20）　山岸明子『道徳性の発達に関する実証的・理論的研究』1995年　風間書房

21）　N.J.ブル『子供の発達段階と道徳教育』森岡卓也訳　1977年　明治図書

22）　押谷由夫『道徳性形成・徳育論』2011年　NHK出版

23）　林泰成『新訂　道徳教育論』2009年　日本放送出版協会

24）　諸富祥彦『「問題解決学習」と心理学的「体験学習」による新しい道徳授業』2015年　図書文化

25）　小笠原道雄他編『道徳教育の可能性』2012年　福村出版

26）　柳沼良太『実効性のある道徳教育』2015年　教育出版

27）　道徳教育学フロンティア研究会編『道徳教育はいかにあるべきか』2021年　ミネルヴァ書房

28）　石井英真『今求められる学力と学びとは』2015年　日本標準

29）　G.J.J.ビースタ『よい教育とはなにか』藤井啓之・玉木博章訳　2016年　白澤社

30）　M.S.リップマン『探求の共同体　考えるための教室』河野哲也他訳　2014年　玉川大学出版部

## 第**4**章

# 道徳科教育学構想の視点とその実践方略

### 第1節　道徳科教育学の視点からの授業づくり

#### 1　新たな生活様式に向けた子供の道徳学習の創造

　人間とは文字通り「人と人との間に生きる存在」である。そして、道徳は個々人が人間社会の構成員として踏み行うべき内的な規範原理である。それは法律や宗教といった外的拘束力による善悪の思考・判断、行為ではなく、自発的な内的原理に基づいて発露するものである。ならば、人の在り方や生き方といった個々人の人格形成に直接関わる道徳的価値観形成など学校教育で一律に実施可能なのかと疑念が生ずるのは当然のことである。

　各教科のように指導すべき学習内容（scope）とその学習指導に係る順序性（sequence）が学習指導要領で体系的に規定できる文化的価値伝達・創造としての内容的目標設定が可能な他教科教育とは異なり、道徳科は教科教育とは位置づけられてはいるものの、子供一人一人の在り方や生き方といった個別な人格形成というスタートフリー、ゴールフリーな方向的目標設定にならざるを得ない。そんな生き方学習が果たして一斉授業、学校教育で可能なのかと疑念を抱くのは当然であり、それがわが国道徳教育充実の足かせとなってきたことは事実であろう。ならば、学校の教育課程におけるフレーム（learning guidance framework：学習指導枠組み）の中で、道徳科授業という一斉指導の教科教育の中で指導困難なことなのかと問われるならば、それは明確に「否」と断言できよう。そこには学校の教育課程の中で内容的目標設定が一般的である各教科教育に対して、その学習目的志向性からどうしても方向的目標設定とならざるを得ない「特別の教科」としての道徳科の特質があるからである。よって、道徳

科で社会的存在としての個人の生き方を問う時、そこには現代社会が包摂する
様々な人権についての諸課題を他教育活動以上に配慮するという道徳科教育内
容構成学的な視点を踏まえた指導が求められるのは当然のことである。

　例えば、マジョリティ（majority：社会的多数派）の中で埋没しがちな少数民
族、性的少数者、社会的少数者であるマイノリティ（minority）についての適
正な理解や権利保障、人権への合理的配慮等はこれからの社会創造においては
不可欠な視点であり、それら「多様性（diversity）」への無意識的なバイアス
（bias：偏り）を排除しつつどう取り扱っていけばよいのかといった事前の学習
内容研究は、道徳科授業そのものの指導方法論やそこで用いる教材分析、教材
開発理論とも密接に関係することでもある。特に多様性に係る問題は人種、性
別、障がい等といった周囲が比較的理解しやすい表層的多様性と価値観、宗教、
経験、嗜好、教育歴等のような外部から容易に理解できない深層的多様性とが
あるので、その教育的取り扱いは特に慎重にすべきであろう。

　多様化・複雑化する現代社会にあっては、従前のような単眼的、画一的な学
習指導要領内容項目理解での指導はもはや通用しない。それゆえに、これから
の道徳教育や道徳科指導にあっては道徳科教育内容構成学的な知見が不可欠な
ものとなっているのである。

　従って、そこで目指す道徳科での子供の道徳学びの内容と方法に係るフレー
ム構成においては、他教科とはある面で趣の異なる道徳科独自の道徳科教育学
の視点から精緻な指導内容構成と指導方法論構築をしないと道徳科学習におけ
る子供の「主体的・対話的な深い学び」は実現しようもないし、「考え、議論
する」といった自律的かつ主体的な「自分事の生き方学び」も生起しないので
ある。

　以上のことから道徳科教育学の視点に立脚して日々の道徳科授業の在り方を
イメージすると、そこには本来的に生きる学習者でもある子供たちの教育ニー
ズに寄り添う必然性に気づいてこよう。未来に生きる子供たちの教育ニーズは
どこにあるのかというアセスメント（assessment：客観的な動向把握）も必要に
なってくる。

　今後の道徳教育推進上の不可避的な課題となるのは何かと思い巡らすと、最

**表4-1　SDGs　世界を変えるための17の具体的目標**

| 目標1<br>貧困をなくそう | 目標2<br>飢餓をゼロに | 目標3<br>すべての人に健康と福祉を | 目標4<br>質の高い教育をみんなに | 目標5<br>ジェンダー平等を実現しよう | 目標6<br>安全な水とトイレを世界中に |
|---|---|---|---|---|---|
| 目標7<br>エネルギーをみんなにそしてクリーンに | 目標8<br>働きがいも経済成長も | 目標9<br>産業と技術革新の基盤をつくろう | 目標10<br>人や国の不平等をなくそう | 目標11<br>住み続けられるまちづくりを | 目標12<br>つくる責任つかう責任 |
| 目標13<br>気候変動に具体的な対策を | 目標14<br>海の豊かさを守ろう | 目標15<br>陸の豊かさも守ろう | 目標16<br>平和と公正をすべての人に | 目標17<br>パートナーシップで目標を達成しよう | |

初に浮かぶのは平成27（2015）年9月の国連サミットで加盟国の全会一致で採択された「持続可能な開発のための2030アジェンダ」に記載された国際目標「持続可能な開発目標（SDGs：Sustainable Development Goals）」である。SDGsは2001年に策定されたミレニアム開発目標（MDGs）の後継となる指標で、17のゴール・169のターゲットから構成されている。2030年までに実現を目指し、地球上の「誰一人取り残さない（leave no one behind）」ことを謳っている。この国際指標は、まさに現代を生きる子供たちにとって待ったなしのユニバーサル（universal：普遍的）な教育ニーズである。

　二つ目の教育ニーズとして考えられるのは、OECD（経済協力開発機構）が平成27（2015）年から30カ国以上の政策立案者・研究者・教育関係者・教育関係諸団体を集めたマルチステークホルダー（広範な利害関係者）で推進してきたEducation 2030プロジェクトの「OECDラーニング・コンパス（学びの羅針盤）2030」である。このラーニング・コンパスでは、学びという行為主体（student agency）として子供を位置づけている。このような行為主体という発想こそ、これからの子供たちの生き方に深く関わる教育ニーズに違いない。この「学びの羅針盤」では一人一人の既有知識、学びの経験と学びに向かう方向が様々な背景によって規定はされるものの、各々のウェルビーイング（well-

図4 − 1　学びの羅針盤2030 (OECDのHP日本語版より作成)

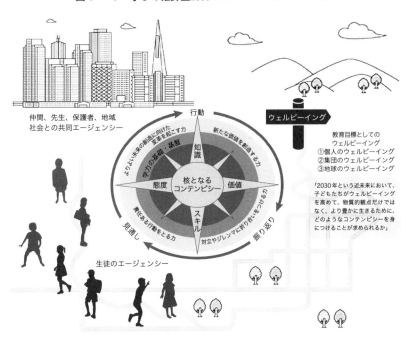

being：本質的な価値ある状態／幸福感）を実現できるような自分自身の学びのスキルを身につけていくことを目指している。そこで目指す個のウェルビーイングへと向かう学びは、やがて社会のウェルビーイングへと発展し、結果的に人類が望む未来の様々なビジョンを実現していく力として作用するという構想に基づくものである。つまり、「学びの羅針盤」は教育の未来像を描いて進化し続ける学習の枠組みとして機能し、人類が望む未来'Future We Want'に向けて個人と集団・社会共通のウェルビーイング実現に向けたこれからの教育方向性を示す指針でもあるのである。図4 − 1で示したOECDの説明図では「学びの中核的な基盤」を中心に据え、その上に、知識、スキル、態度、価値観をはじめとする資質・能力（competency）をコンパスの芯と針として置き、「学びの中核的な基盤」の周りに「より良い未来の想像に向けた変革を起こすコンピテンシー（transformative competencies）」として「新たな価値を創造する力」、

「責任ある行動をとる力」、「対立やジレンマに折り合いをつける力」の三つを配す構成として説明している。その実現は、未来社会を生きる子供たちにとって不可欠な教育ニーズであり、道徳科授業で展開する子供一人一人の生き方学習においてもその重なりは限りなく大きい。

　これからの未来社会を生き抜く子供たちの教育ニーズとして付け加えておきたい三つ目は、わが国におけるSociety5.0社会を生き抜くための資質・能力形成という視点である。

　Society5.0社会とは、サイバー空間（仮想空間）とフィジカル空間（現実空間）が融合し合った高度な経済発展と持続可能な社会の両立が可能となる人間中心社会である。これまで人類が歩んできた狩猟社会（Society 1.0）⇒農耕社会（Society 2.0）⇒工業社会（Society 3.0）⇒情報社会（Society 4.0）に続く新たな人間中心社会の実現は、これまで脈々と受け継がれてきた学校教育の枠組みやその方法論的発想そのものを大きく転換する原動力となってくる。そんな社会で想定されるのは、一人一人の子供に軸足を置いて展開される個に寄り添う教育の姿である。つまり、明日の未来の学校では令和3（2021）年1月に公にされた中央教育審議会答申「『令和の日本型学校教育』の構築を目指して～全ての子供たちの可能性を引き出す、個別最適な学びと、協働的な学びの実現～」で述べられているような多様な子供たちを誰一人取り残すことなく、公正に個別最適化された創造性に育む教育の実現である。これまで教師が気になりながらもきちんと眼差しを向けきれていなかったり、十分に手を差し伸べきれていなかったりしていた「困り感」を感じている子供たちにとって、ICT活用等でのインクルーシブ教育実現は好機となることに違いない。

　令和3（2021）年度より、喫緊の課題と期待されながらも実現できるのかと半信半疑であったGIGA（Global and Innovation Gateway for All）スクール構想が全世界を席巻した新型コロナウイルス（COVID-19）感染拡大余波という追い風を得て、新たな学校教育スタンダードとして定着しつつある。このGIGAスクール構想の実現は、子供たちの未来へつながるインクルーシブで個別最適化された道徳学びの実現にも大きな変化を及ぼしてくる。これからの時代に生きる子供にとってGIGAスクール構想で意図するICT活用を基盤とした情報活用

能力は必須であり、サイバー空間とフィジカル空間との融合という新たな
Society 5.0社会で求められる道徳的資質・能力形成に寄与するモラルラーニン
グ・スキルをどう育んでいったらよいのかという新たな課題が教育ニーズとし
て挙がってこよう。そんな新たな時代の生活様式と教育ニーズを踏まえた道徳
学習創造は喫緊の課題となっていることも共有していく必要があるだろう。

　道徳科教育学を構想するにあたって、もう1点忘れてはならないことがある。
それはこれまでの「未来志向的な道徳教育」から「未来からの回帰的な道徳教
育」へと発想転換すること、道徳科プラットフォーム再構築と双方向的融合を
モデリングによってより有効的実現へと目指すことである。わが国の教育界で
は現在を起点に未来目標を描くフォアキャスティング（fore casting）思考が支
配的であった。しかし、「OECDラーニング・コンパス（学びの羅針盤）2030」
においても、SDGsにおいても、目標とする未来を起点にそこに至るまでの具
体的な道筋を描くバックキャスティング（back casting）思考へと発想転換がな
されている。いずれか一方の発想のみでは齟齬を来す事態も想定されるが、双
方向から軌道修正を加えつつ目指すわが国の未来志向的な道徳教育学・道徳科
教育学を構想するなら、新たな時代の実効性ある「令和日本型道徳教育」が必
ずや実現されるに違いない。そのような制度設計を可能としていくためにも、
道徳科教育学の理論的構築は早急の課題となっているのである。特にこれまで
強く傾斜してきた道徳科教育方法学のみの研究や実践だけでなく、これからは
道徳科教育内容構成学の充実が早急に期待されるのである。

　図4-2のように、道徳科教育学の定立においては以下のような3視点の融
合が不可欠である。明日の未来の道徳科成功の可否は、ここにあると考える。
Ⅰ：道徳科実践構想での学びの主体である学習者の位置づけの重要性。
Ⅱ：学習指導要領の内容と現代社会が包摂する多様な諸課題の調和的融合実現。
Ⅲ：多様な価値理解と自覚のための画一化されない方法論構築の検討。
　道徳科教育学の定立は決して夢物語ではなく、未来志向的必然である。

図4－2　道徳科教育学構想イメージモデル図 （田沼　2021年より作成）

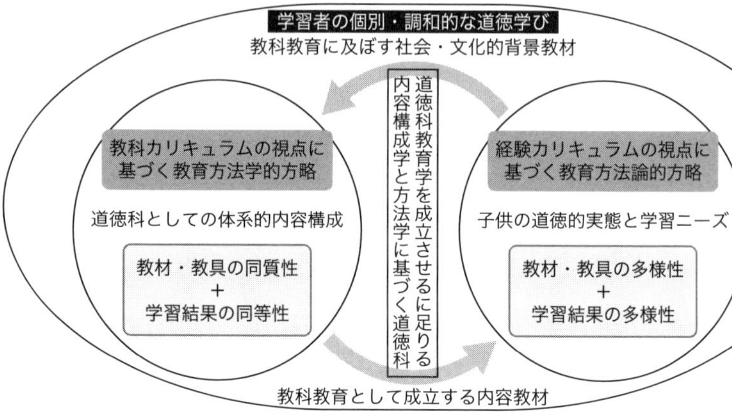

## 2　道徳性発達の視点からの道徳的成長サポート

### （1）「道徳の時間」から「道徳科」への転換が意味するもの

　平成27（2015）年3月の学校教育法施行規則改正で誕生した「特別の教科 道徳」＝道徳科であるが、実践主体である学校現場において「特別の」という冠が課せられている部分についての議論が十分ではない状況がある。なぜ「特別の」と冠する教科教育でなければならないのかという理解こそ、これからの道徳科充実実施への契機となろう。言うまでもなく道徳科は他教科教育が成立する前提として押さえるべき「内容的目標設定」ではなく、1単位時間の設定では到底到達することのできない人間としての在り方や生き方を追求する「方向的目標設定」の教育活動を目的に「特別の教科学習」として設定されているからである。この押さえがあってこその道徳科である。

　よって、他教科と指導目標設定という点で一線を画した「特別の教科　道徳」ではあるが、その指導にあっては教科教育である以上は教科書があり、学習評価があり、通知表や指導要録による学習記録や学習指導成果に係る説明責任（accountability）が伴うのである。つまり、60余年にわたって続いてきた教科外教育「道徳の時間」では考えも及ばなかった教科教育としての道徳科へ転換したことを改めて認識していく必要があろう。

## （2）　道徳科で求められる確かな学習指導の実効性

　そもそも道徳科誕生の発端は、平成23（2011）年10月に滋賀県大津市で発生した中学校2年男子生徒の「いじめ」自殺事件、その後全国で相次いだいじめを苦にした自殺事件である。もちろん、道徳教育に即効性を期待したり、いじめ防止の切り札にしたりするといった極論がまかり通ったわけではない。

　事実、「特別の教科　道徳」として道徳科が誕生した翌年の平成28（2016）年11月、時の松野一博文部科学大臣は、「現実のいじめ問題に対応できる資質・能力を育むためには、『あなたならどうするか』を正面から問い、自分自身の事として、多面的・多角的に考え、議論していく『考え、議論する道徳』へと転換することが求められています」[1]と述べている。

　この背景には、これまでの道徳授業の中にはただ読み物の登場人物の気持ちを読み取ることで終わっていたり、頭で分かっていることを改めて言わせたり、書かせたりするだけで終わってしまっているものが少なくなかったからである。子供が自分事として考え、他者と議論し合って道徳的問題をどうすべきか真剣に考えられるような、実効性の伴う今後の道徳科授業を世論は求めているのである。換言すれば、裃を着た道徳から普段着の道徳への転換である。そのためには、道徳科授業の指導効果という実効性（evidence）をどう蓋然性の伴うものとしていくのかが大きな課題となろう。つまり、従前からの漠然とした「心の育みに評価は関係ない」「道徳性は個々の内面的心理作用だから軽々にその効果を問うのは教育的配慮を欠く」といった心情論的な道徳性評価観、「子供は黙っていたが各々に深く考えていた」「発言する子供の目が輝いていた」等の印象的授業評価観を改め、具体的な実効性説明として機能する評価法研究を今後はより重視していくべきであろう。

## （3）　道徳科授業方法論に発想転換が求められる理由

　道徳科が全面実施されて、既に数年の時間を経た。しかし、未だに「これまでしっかりと子供たちの心に響く道徳授業をしてきたつもりだが、その方法を変えないといけないのか」「道徳授業充実のために真剣に取り組んできたのに、何だか裏切られたような気がして腑に落ちない」「これまで通りの授業のやり方ではダメなのか」等といった現場教師の切実な声が聞こえてくる。このよう

な学校教育現場の当事者である教師が抱える不満に対し、どう教育行政担当者や道徳教育研究者は説明していけばよいのであろうか。

　学校教育における道徳教育の重要性をきちんと認識し、子供たちの道徳性を育むために全教育活動を通じて様々な場面や機会を捉えて適切な道徳指導をしたり、週1回の「道徳の時間」の特質を踏まえながら意図的・計画的・発展的に授業展開できるよう腐心したりしてきた教師ほど、教科教育型の道徳科授業実施についてはこれまでの自分の努力を無にされたという思いが強い現実がある。だからと言って、これまで通りの道徳授業を容認することで済まされるのか。結論は、単純である。これは他教科においても同様であるが、学習指導要領が改訂されると目標や内容、指導方法、評価等に少なからぬ変更が生じてくる。その度に、改めてその指導計画に係る教材や指導方法等を見直すのは当然のことである。道徳科においても平成27（2015）年の学習指導要領一部改正で道徳科が誕生した際、それに呼応して道徳科の目標や内容が見通され、指導教材としての道徳科教科書も使用されるようになった。ならば、教科書に所収された指導教材を用いながら新たな学習指導要領に準拠した指導計画を作成し、指導目標を効果的に達成できるような指導方法へと転換し、学習評価するのは当然の理屈となるのであるが、それが額面通りに進まない現実の難しさもある。

　子供の道徳的成長促進サポートとは単に道徳科における個々の道徳学びに寄り添うということだけではなく、一人の子供の人格形成に寄与する発達科学的な視点、エビデンス・ベースの社会科学的な視点に立脚した授業構想を可能にする教師自身の確かな論理的整合性の伴う指導観再構築でもあるに違いない。

## 3　道徳科で培う道徳的資質・能力とは何か
### （1）　道徳的実践力形成から道徳的資質・能力形成へ

　先にも述べたように、学習指導要領一部改正で「道徳の時間」が「特別の教科　道徳」へ移行転換した際、第3章第1の「目標」も従前の「各教科、外国語活動（小のみ）、総合的な学習の時間及び特別活動における道徳教育と密接な関連を図りながら、計画的、発展的な指導によってこれを補充、深化、統合し、道徳的価値の自覚及び自己の生き方についての考えを深め（中：道徳的価

表4−2　道徳科で育成する道徳的資質・能力とモラルラーニング・スキル

| 道徳科の構成要素 | 培う道徳的資質・能力 | 必要なモラルラーニング・スキル |
|---|---|---|
| 道徳的知識・技能 | 道徳的諸価値についての理解力やその実践技能 | 自らの生き方に関わりある自分事としての道徳的課題に気づく力 |
| 道徳的思考力・判断力・表現力等 | 自己を見つめ、物事を広い視野から多面的・多角的に捉えて実践する力 | 自らの生き方と不可分一体な関わりをもつ自分事としての道徳的価値について考え、それを深める力 |
| 道徳学びに向かう力、人間性等 | 人間として自己の生き方について考えを深める力 | 自らの生き方に関わる自分事として道徳的価値を納得し受容する力 |

値及びそれに基づいた人間としての生き方についての自覚を深め）、道徳的実践力を育成するものとする」と子供の道徳性形成方法論を端的に述べていた目標から、学習指導要領道徳科の目標では「よりよく生きるための基盤となる道徳性を養うため、道徳的諸価値についての理解を基に、自己を見つめ、物事を（中：広い視野から）多面的・多角的に考え、自己の生き方（中：人間としての生き方）についての考えを深める学習を通して、道徳的な判断力、心情、実践意欲と態度を育てる」と学び方やその学習を通して子供たちが身につけるべき道徳的資質・能力形成へと軸足を大転換したことは周知の通りである。

　学習指導要領の目標が変われば、例え道徳性形成という本質は同じでも、当然そこで意図すべきこと、その実現に向けた目標や目指すべき内容構成と指導方法が転換されるのは容易に理解できることである。

　道徳科では、育成すべき道徳的資質・能力形成を視座しながらの毎時間学習指導が必要となってくるのは、表4−2からも一目瞭然であろう。このことから、道徳科の目標はただ単に学習指導要領に示された内容項目を順次なぞらせるだけのものでは済まされないことが理解されるであろう。そして、その指導の実効性についての精査・検証こそが道徳科における「指導と評価の一体化」を実現するための何よりも重要な教師側の課題となるのである。ただ、培う道徳的資質・能力は一朝一夕には培えない。毎時の道徳科授業の中でそれらを培っていくための道徳学びを子供が可能としていく上での「道徳の学び方スキル」という具体的な学び力としてのモラルラーニング・スキルを意図的・計画的に育んでいく必要があるのである。

## （2）　道徳的資質・能力を育むための視点と留意すべき事柄

　小・中学校学習指導要領「総則」では、子供たちに知育・徳育・体育のバランスが取れた「生きる力」の育みを目指して持続可能な社会の創り手として求められる学力の3要素「知識及び技能が習得されるようにすること」「思考力、判断力、表現力等を育成すること」「学びに向かう力、人間性等を涵養すること」を掲げている。そして、学習指導要領に準拠して道徳科も含めた各教科等が育成すべき資質・能力形成の指針としている。よって、道徳科も含めた各教科等で学習展開する際の指導観点であると同時に、それらは「知識・技能」「思考・判断・表現」「主体的に学習に取り組む態度」という学習評価の観点としての役割をも果たすものとなっている。もちろん、道徳科で目指す学びは個別的であり、その方法もスタートフリー、ゴールフリーな事情から内容的目標設定の各教科学習と異なって目標到達度評価とはならない。そのために他教科と区別するため学び評価についても観点ではなく、「視点」と表現している。

　道徳科における毎時の授業では、目標として示された「道徳的諸価値についての理解」「自己を見つめ、物事を広い視野から多面的・多角的に考え」「自己あるいは人間としての生き方についての考えを深める」という道徳的資質・能力形成に向けた授業づくりを目指さなければならないのである。すると、先に述べたように、そこでの子供たちの道徳学習を可能にするための幾つかの学び方スキル（モラルラーニング・スキル）が必要となってくるのである。それこそが、「自らの生き方に関わりある自分事としての道徳的課題に気づく力」「自らの生き方と不可分一体な関わりをもつ自分事としての道徳的価値について考え、それを深める力」「自らの生き方に関わる自分事として道徳的価値を納得し受容する力」なのである。もちろん、子供たちの学習履歴や道徳科学習状況によってはその他の学びスキルを視野に置く事態も当然生じてこよう。

　つまり、昭和33（1958）年から続いてきた「道徳の時間」指導で支配的だった「心情重視型の道徳授業」のみでは、現代の教育が意図する資質・能力形成が叶わないのである。よって、必然的に「論理的思考型の考える道徳科授業」へと転換しなくてはならないのである。そこでの道徳科学習で目指すのは、道徳的問題解決のために自らのものの見方・感じ方・考え方の根拠となる事実を

教材や友達の意見から見つけ出し、自分のものの見方・感じ方・考え方を理由づけるための根拠を整理し、思考・判断し、それに基づく自らの道徳的な価値観を主張できる道徳学習力を身につけることが大切になってくるのである。言わば、「道徳的問題の事実理解」⇒「根拠に基づく理由づけのための思考・判断・表現等」⇒「自己理解に基づく納得ある自らの価値観表明」という3段階の論理的思考の道筋を辿る道徳学習活動の必然性である。このような三角ロジックに拠って立つ論理的思考、本質を探求する批判的思考の道徳学習が今後の道徳科においては重要な学びの鍵となってこよう。

　もちろん、道徳科において子供たちの道徳的情操に働きかけ、琴線に触れつつ耕し、豊かにしていくことは最重要であり、論理的思考型道徳科授業でも前提であることは議論の余地のないところである。ただ、ここで指摘しているのは情意的側面のみに目が向けられ、認知的側面や行動的側面を軽視した道徳科授業では道徳的資質・能力を基底にした調和的な道徳性形成が叶わないことである。要は、「感動」という括りのみでの授業づくりから、トータルな人間性理解に基づく道徳科授業づくりへの転換が不可欠であることの指摘である。

### （3）　モラルラーニング・スキルをフル活用しての道徳的価値観形成

　道徳科は他教科のような毎時間の学習成果の積み重ねを前提とした内容的目標設定でなく、子供の日常的道徳生活の一断片を切り取って道徳科の主題とし、それを共通の道徳的追体験として協同思考するために道徳教材で「補充」し、協同思考するために必要な共通追求学習課題に従って語り合い（考え・議論する）を「深化」させ、最終的に共通学習課題追求という協同学習を通して得た子供一人一人の道徳的価値観を個の内面で意味づけて「統合」するという人間としての在り方や生き方を問い、学び続けていくことの必然性を促す方向的目標設定となる。その「補充・深化・統合」という子供一人一人の内面で展開される道徳学習プロセスを経ることで、最初に切り取った一断片としての子供の道徳性は確実に拡大され、道徳科での学びの成果を再度日常的道徳生活へ戻した際には広く多岐にわたって活用できる可能性としての汎用性の伴う道徳性（道徳的実践を可能にする内面的資質としての道徳的実践力）として機能できるようになることを期するのである。

　そんな道徳科での多面的・多角的な視点からの個別な道徳的課題解決学習プロセスにおいて不可欠な集団的思考活動であるが、そこでの学びの様相は呼称こそ時代の推移と共に少しずつ変化してきてはいるが、近年の中央教育審議会答申等で用いられる「協働的な学び（collaborative learning）」といった呼称よりも「協同的な学び＝協同学習（cooperative learning）」の方が適切であると道徳科教育学の立場から著者は考えている。教育活動における集団的な学びの形態には、共同学習、協同学習、協働学習と区別して用いたり、同類のものとして取り扱ったりする例も見られるが、本質的にその意図するところは研究者の立脚する立場によって微妙に異なっている現状があることを踏まえておきたい。

　共同学習は文字通りの共同（joint）であり、目的達成のために一人で不可能なら複数でという考え方である。

　協働学習といった場合は各々の問いを共通追求課題として共有し合い、力を結集して共通ゴールとなる学びの目的達成を意図する学び方である。

　そして、協同学習は個別な達成課題をもちつつ、それを解決するために不可欠な複眼的かつ多様な視点からの思考を可能にするために学習目的を共有し、追求し、共有し合い、その結果を受けて個別な達成課題解決に立ち返るという学び方を意図している。

　学校教育における各教科の内容的目標設定型の学習では、その確実な学習内容の定着という点で協働学習は効果的である。しかし、道徳科における子供一人一人の個別な在り方や生き方に係る課題追求学習では自らの思考をより客観的、より俯瞰的、より探求的な視点から検討していくことが必要である。つまり、個の問いから始まり、個の納得に帰着するというスタートフリー、ゴールフリーな学び方となるのである。その点で、道徳学習プロセスにおける集団的思考活動は子供一人一人の道徳的諸価値理解を促進し、それに基づく価値観形成へ作用することに寄与する協同学習が相応しいのである。そのような観点から、道徳科では他教科での内容的目標設定型授業での課題追求活動としての話合い活動より、互いがそれぞれのものの見方、感じ方、考え方を胸襟開いて自らを語り合う「語り合い活動」が本来的な意味で望ましく、他教科同様に教科教育の一分野として位置づけされはするものの、そこでの学び方の道筋が「特

図4-3　共通追求学習課題から共通解そして納得解へ（田沼　2018年より作成）

《心情重視型から論理的思考型道徳科授業へ転換する子供の学習プロセス》

認知的思考を支える情意的側面と行動的側面の一体的強化がキーワード

別の」学習プロセスとして構想していく必要があるのである。

　個別な道徳的問いをもつことからスタートし、その問いを解決することに資する協同学習を展開する前段階の手立てとしては、共通学習課題（学びのめあて）を設定する必要がある。そして、その課題追求のために語り合い活動を展開して導いた互いに妥当と思える道徳的価値についての見解を共通解として共有し、さらにその共通解に照らして最初に抱いた個別な道徳的問いを再吟味・検討して最終的に自らの納得としての納得解を紡ぎ出す。言わば、道徳学習は子供にとってゴールフリーな生き方学びの成果獲得プロセスなのである。

　このような道徳科学習プロセスは、教師個々の内にあるわだかまり、「道徳は心の教育だから、他教科同様の指導でよいはずがない」「道徳は子供自身の事柄だからその主体性に基づく学び方であるべきだ」といった懸念を払拭してくれるのではないだろうか。

　冷静に考えれば簡単に理解できることであるが、子供にとって1時間の授業はあくまでも1時間の授業なのである。そこに国語科とか社会科、あるいは道徳科という区分けラベルが貼ってあるだけのことである。ならば、子供の主体的な学習を促進するには社会科学的な見地から、どう子供の道徳学習プロセスを組み立てるのかという発想をもつのは当然のことではなかろうか。つまり、子供の琴線に触れることを前提としつつも、心情どっぷり型の心情重視型道徳授業から認知的側面を重視した論理的批判的思考型道徳科授業へと転換することで「子供が考え、議論する主体的な道徳学び」を実現できるはずなのである。換言すれば、道徳科における「主体的、対話的で深い学び」はそんな問い直しから始まるのである。そして、その先にあるのは、道徳的資質・能力形成に基

づく子供の個別な道徳的価値観創造活動である。

## 第2節　道徳科が「特別の教科」であることの意味

### 1　特別な教科「道徳科」をどのように捉えるのか

#### （1）　頭で分かっていることをなぞる道徳科授業に学びはない

　道徳科を語る時、まずは素朴な疑問を考えてみたい。小学生であれ、中学生であれ、子供たちは道徳学習をする前から、「自分のことは自分でする」「人には嘘をつかないで誠実に接する」「誰かに会ったら挨拶をしたり、何かをしてもらったらお礼を言ったりする」「困っている人には優しく親切にする」「友情は大切だから大事にしないといけない」「たった一つの生命はかけがえのないものだから、どんな時も第一に考えないといけない」等々、道徳的諸価値が体系的に構成されている小・中学校学習指導要領「第2　内容」の道徳的価値項目内容など、学ぶ前から大凡知っているのである。ならば、道徳科授業では子供たちにそれを超えるどのような道徳学びを期待すればよいのであろうか。

　子供たちが学ぶ前から既に分かりきっている事柄をなぜ道徳科授業の中で毎年繰り返し指導しなければならないのかと考えると、白々しい思いで教師は教壇に立つこととなってしまう。教師は子供たちよりも長い人生の時間を有し、身をもって学んできた様々な道徳的価値観を自らの内面に有しているのである。そんな教師は時として、「座学で、それも週1回の僅か45分や50分の授業で何を学ばせるのか」とか、「教科書を読めば全て答えが書いてあるではないか」といったような憤懣やるかたない思いをするのである。そんな道徳授業が道徳科という教科となって、教科書もあって、そして通知表で保護者に知らせたり子供たちを褒め励ますような評価をしたりする必要性に迫られ、年度末には指導要録への評価記入も必要となってくる。これでは、例え魂は入っていなくても、授業だけは毎時間きちんと実施して個々の学びデータをポートフォリオ評価として蓄積しないと後で困るといった強迫観念が頭をもたげ、取り敢えず力の籠もらない授業をすることになってしまう。そもそも「教科」とは一体何なのであろうか。

　道徳科も含め、教科とは学校における教育指導の観点から知識やスキルが体系的に系統化されて構成された学習指導のための内容的な括りである。その中の一つが「道徳科」である。教科は決して固定的なものではなく、その時々の時代背景や文化の推移によっても様々に再構成される可変性や流動性も含んだ性質のものである。例えば、小学校で言うなら、「生活科」「外国語科」「総合的な学習」「外国語活動」等は時代的要請で必然的に他教科から分離独立して誕生したり、新たな教科概念に従って生まれたりしたものである。

　ならば「道徳科は？」ということになるが、戦前の学校では学科課程の筆頭教科「修身科」とされ、戦後すぐは教育課程から姿を消し、その後は教科ではない領域の教科外教育活動としての「道徳の時間」となり、さらに改めて「特別の教科　道徳」＝道徳科へ移行転換したのである。そのように俯瞰すれば、今日なぜ道徳科が誕生し、その教科としての教育活動に何が期待され、その成果として子供たちにどのような学びを提供していけばよいのかと教師はその社会的使命感をもって真剣に考え、指導すべきなのである。道徳科の目標は学習指導要領第3章に述べられた通りであり、全てはそこから始まる。

### （2）「特別な」ではなく「特別の」であることの意味

　道徳の時間から道徳科へ転換することとなった際に学校関係者から挙がった疑問は、なぜ「特別な教科　道徳」ではなく「特別の教科　道徳」なのかということである。つまり、教科アイデンティティという本質的問題である。

　確かに「特別の」と「特別な」ではその意味合いが異なってくる。特別という語意には、他のものと明確に区別するという意味が含まれている。つまり、学校の教育課程として位置づけられた他教科とは一線を画すということである。具体的に述べれば、他教科の指導ではその時間の目標として指導内容を的確に押さえる内容的目標設定となるが、道徳科では人間としてのより善い在り方や生き方を問い学ぶ時間であるから、どうしてもその時間で完結するというわけにはいかない。そのような教科実施上の事情からその時間の目標は方向的目標設定となっている。言わば、子供の学びの視点から捉えると、その指導にあっては「特別の配慮」が求められる教科、各教科とは目標設定や指導の方法において一線を画した「特別の教科」であると説明できるのである。

## （3）　教科書導入と学習評価実施で留意したい「特別の」学びの意味

　道徳科で採択教科書が使用され、そこでの子供一人一人の成果が通知表や指導要録へ学習評価記載されることとなる。それが継続的に日常化すると、敢えて「特別の教科」としたことの意味が曖昧にならないかという懸念も払拭できない。採択教科書の継続使用によって、学習評価を進める観点の固定化や指導の硬直化が生じないよう努める必要があるだろう。

> **「特別の教科　道徳」の特質を大切にしていくためのポイント**
> ◆採択教科書で予め配列された教材の順に従った年間指導計画が定着しないよう、学校や子供、地域の実態に即した弾力性ある年間指導計画立案・展開を心がける。
> ◆採択教科書所収教材を「当たり前」とした画一的な道徳科授業カンファレンスとしないようにし、他教材の多様性も互いに容認し合えるよう心がける。
> ◆採択教科書教材ありきの前提で、各教材内容に即した視点で子供たちの道徳学び評価を画一的に実施するようなことがないよう心がける。

　道徳科になったことで導入された教科書と学習評価、「特別の」という必然的前提こそは伴うものの、今後は同一の採択教科書が各地域に根を下ろして定着化するであろう。その際に留意したいのは、特定の教科書教材を軸に道徳科授業が内向きで語られるようなことがないようにすることである。併せて、道徳科の特質を踏まえた授業展開も大切にするのは言わずもがなである。

　竹内善一（2017年）は、「いきなり教師の範読で授業が進む。読解力や記憶力の優れた子供ならともかく、普通の能力の子供では内容を十分に理解することは難しいだろう。いくら発問や指導法の工夫を色々研究しても、学んだことが子供の記憶にすら残らなければ学習したことにはならない。道徳が教科化されても従来の授業展開では、成果は期待できない」[2]と日本道徳教育学会報で語っている。

　道徳研修会等では、「その道徳授業、教師の思いがどれだけ子供たちの心に届いているのか？」「子供の心を育むために、どう手を尽くすのか？」と互いに自戒し合いたいものである。そして、同時に教科書外教材や副教材（エピソードや新聞記事等）との組み合わせによる多様な学習展開の工夫検討もあって然るべきである。「始めに教科書教材ありき」ではなく、子供の道徳的思考を

引き出し、深め、自覚化できるような柔軟で多様な教材観を期待したい。

## 2　教科教育型道徳科授業を具現化するための基本方略

### （1）　エビデンスをベースにした道徳科授業づくりを目指す

　これからの道徳科授業で子供たちにどう道徳性を育むのかとその具現化に向けた方略を考える時、大切になってくるのが「エビデンス（evidence）」という考え方である。

　最近よく耳にするようになったエビデンスという用語は、根拠の伴う結果といった意味合いで流通、医療、福祉といったあらゆる分野でIoT（Internet of Things：モノを介したネット情報化）の側面から用いられるようになってきた。その発想を援用するなら、「道徳の時間」から「道徳科」へ移行転換したことで、子供たちの道徳的成長はどのような根拠をもって結果説明できるのかという問いに対する明快な指針と方略、その成果を明確に示すことである。だからこそ、授業改善のために手を尽くしていく過程では、それを踏まえた説得力のある明確な根拠や証拠が伴う授業づくり方略、見通しが必要なのである。

　本書で企図するエビデンス・ベース型道徳科授業は、子供一人一人がその学習の中で明確な道徳的課題探求意識をもって協同学習に臨み、道徳的価値を自分たちの発達の段階に即してきちんと理解し合って意味づけて共有し合い、それを再度自分事として「再検討して納得できる最適解を見いだしたり、実践化への見通しやそれを実践する自分のイメージがもてたりする」という段階にまで辿り着くことを到達点としている。

　このようなエビデンス・ベース型道徳科授業としていくためには、「明確な設定目標とそれを実現するための学習内容と学習活動の一体化」が不可欠である。つまり、教科教育型道徳科授業という考え方である。要約するなら、以下のようにまとめられよう。

---

**エビデンス・ベースに基づく教科教育型道徳科授業の学習プロセス**

◆その授業で自分が学ぶ明確な学習課題意識をもっていること。

◆そこでの学びを通して自らが善く生きるために前提となる道徳的価値について協同学

習を通してきちんと理解し、共通解（多くの人が価値あることと合意形成できる望ましさ）として共有し合えること。
◆共通解の共有という立場から道徳的価値を自分事として検討し、自ら納得できる納得解（個としての最適解）として再度意味づけたり、今後の実践化へのイメージを思い描いたりできる。

　これからの道徳科授業改善の視点は教師が年間教育指導の大半を担っている教科型へ、さらに言うなら自分が最も得意とする教科教育指導型に引き寄せることである。そうすることで、具体化された学習課題の設定⇒協同学習による共通解の共有⇒個の自分事としての納得解の紡ぎ、といった「設定目標具現化のための学習内容と学習活動の一体化」は普段の教科指導型の応用で意外と簡単に実現できるのである。指導がぶれず、子供が明確な学習課題のもとで学ぶなら、それは「主体的・対話的で深い学び」が黙っていても実現するであろうし、そこでの個々の学びの姿や学んだ事柄の善さは肯定的学習評価となって否応なく教師の目に飛び込んでこよう。この教科教育型道徳科授業という簡単な理屈が少なからぬ学校で実現せず、子供が活躍できない教師主導型授業が未だ横行する現実がある。つまり、「子供に道徳を教えなければ」という道徳学習の特質についての教師側の誤った理解、思い込みに起因しているのである。それさえ的確に認識されるならば、年間学習指導のほとんどを費やしている教科型授業のプロに迷いなど生ずるわけはないのである。

### （2）　教科教育型にすることで刷新される道徳科授業の理想

　平成30（2018）年度から小学校を皮切りに全面移行した道徳科であるが、各学校では劇的な変化が起こったのであろうか。道徳科授業は、どれだけ活性化されたのであろうか。授業の中で教師が予め設定した指導意図で雁字搦めになった発問やワークシートから逸れないままに子供が発言したり、書いたり、発表したりしているなら、それはいくら挙手回数や発言回数が多くても、やはり子供の主体的な学びになっていないことは明白である。子供が自らの道徳学びを実現しようとするなら、その時間で教師がねらいに迫るためにいちばん問いたい中心発問と子供たちが主体的な協同学習を展開するために自ら設定した

**図4-4　子供の主体的な学びの姿**（田沼　2019年より作成）

道徳科で一人一人の子供が主体的に学んでいる姿とは？

| | |
|---|---|
| 教材中の人物の生き方に自我関与している | 教材中の道徳的問題を自分事として受け止めている |
| 普段の自分の道徳生活(善くも悪くも)に重ね合わせて問題を考えている | 自分のこれからの道徳生活の姿をイメージしながら、望ましい問題解決の在り方を考えている |

道徳学びでは、「もし自分がこの人物の立場だったらどうするだろうか・・・」と自分事として考えられることが大切である。だからこそ、論理的思考として「自ら客観的に対象化して多面的・多角的に思考・判断・表現(頭で分かっても実際は・・・)する」ことが大切。

「共通追求学習課題（学習のめあて）」とが本質部分で一致していなければならないことは言うまでもない。教科教育型道徳科授業の第一歩は、この当たり前の部分から始まってくるに違いない。つまり、自己課題追求プロセスが伴わないような道徳科授業というのは、他教科教育でもそうであるように想定しにくいからである。

　もちろんそうとは言っても、子供たちが自らの問題意識として追求・解決を目指すために設定する共通追求学習課題の表現は教師が問いかける中心発問と表現が一致するわけでもないし、場合によっては裏返しでの問いかけ方となる場合もあろう。ただ、大事なのは、教師の目指す方向性と子供たちが主体的に課題追求する学びの方向性が一致することである。

　子供たちが「考え、議論する道徳」をイメージし、「主体的・対話的で深い学び」を授業展開の中で体現する姿を想定するなら、図4-4のようになると考える。

### （3）　道徳学習創出要件としての教材および語り合い

　わが国の道徳教育や道徳科授業を語る時、その充実・発展を皆が念じつつも、その具体論に言及すると様々な文脈で語られることが少なくなかった。その背景には道徳教育推進上の立場の相違がある。道徳教育研究を担ってきた研究者のバックグラウンドが教育学、哲学、倫理学、心理学、社会学等々、実に様々で各々の立場から主張がなされてきたためである。しかし、本来は学校教育を主軸に理論構築・理論展開されるべき事柄である。さらに踏み込めば、学校教

育学や教科教育学のロジックで語られるべき事柄なのである。そんな視点から道徳科における子供の道徳学習要素を検討していくと、その重要な要素として先に図4−3で示したように「道徳教材」および「語り合い」が重要な要件となってくる。以下、その部分に言及しておきたい。

《学習要件としての道徳教材》

　わが国では修身科の時代、「道徳の時間」の時代より、授業を成立させる必須要件として道徳教材が用いられてきた。子供たちが自らの内面を吐露する手立て（隠れ蓑）として教材中の人物を批判したり、弁護したり、容認もしくは賞賛したりしていくことを可能にするのが道徳教材なのである。子供は自分との間接性を保てる教材中の道徳的問題を第三者の立場から自由に語り合うことで互いのものの見方・感じ方・考え方を交流し合い、影響し合って多面的・多角的な視点から自らの道徳的価値観を再吟味・検討できるのである。例えば、同じ教材であっても、「共感的活用（登場人物に心を寄せて考える）」、「批判的活用（登場人物の言動を批判的に追求する）」、「範例的活用（登場人物の言動にある生き方モデルを見いだす）」、「感動的活用（登場人物の言動を望ましさの体現として捉える）」、さらには論理的・批判的思考型道徳科授業の視点から「分析的活用（登場人物の言動を分析的に理解する）」、「問題解決的活用（登場人物の取るべき道徳的価値選択を考える）」といった様々な教材活用方法も考えられる。道徳科教科書の教材は固定的で扱いにくいといった批判はよく耳にすることである。しかし、その教材の活用方法を工夫することで子供一人一人に自分事の道徳的問題として考えるきっかけともなる道徳的追体験を実現可能にするのである。

　学習指導要領解説編では、以下のような3点を目安として掲げている。

---

a. 児童（生徒）の発達の段階に即し、ねらいを達成するのにふさわしいものであること。

b. 人間尊重の精神にかなうものであって、悩みや葛藤等の心の揺れ、人間関係の理解等の課題も含め、生徒が深く考えることができ、人間としてよりよく生きる喜びや勇気を与えられるものであること。

c. 多様な見方や考え方のできる事柄を取り扱う場合には、特定の見方や考え方

　に偏った取扱いがなされていないものであること。

　優れた道徳教材には、必ず多様な道徳的価値が含まれている。その中から特定の価値に焦点化して道徳科授業を構想する際、子供は主題のねらい以外にも様々な道徳的問いとして関連する諸価値に気づいている点に留意することが大切である。それらを授業展開で無碍にしないで丁寧に取り扱うことで子供は自らの内面で道徳的価値の様々な側面を視野に置きながら緊密に関連づけて有意味なまとまりある道徳的諸価値理解を展開していくのである。だからこそ、道徳教材の提示にあっては、子供一人一人の多様な道徳的気づき（問い）を引き出すことが大切なのである。

《学習要件としての道徳的語り合い》

　道徳科授業では教師が子供たちへ他律的に価値を押しつけたり、教化によって教え込んだりしてはいけないとはよく話題にされることである。道徳科での道徳的諸価値の自覚的理解は、あくまでも子供自身による納得の伴う自律的学びでなくてはならないのである。ならば、そのための「考え、議論する道徳」での対話とはどうあることが望ましいのであろうか。

　子供が対話するといった場合、他者との対話（dialog）と自分自身の独白による自己内対話（monologue）という2通りが考えられよう。所謂、ロシアの心理学者レフ・ヴィゴツキー（L.S.Vygotsky　1896-1934年）の唱えた外言と内言である。外言というのは、一般的な他者とのコミュニケーションで使われる言葉である。一方、内言は人が何かを思考する際、外には発しないが頭の中で想像を巡らす際に用いる言葉である。ヴィゴツキーは、音声伝達の道具としての外言から個の内面化された思考ツールとしての言語である内言へと発達することを指摘した。そのような論を視野に置くと、道徳的思考深化を踏まえるなら他者対話から自己内対話へという道筋が重要であることが理解されよう。もちろん、道徳的諸価値理解について自分だけでは辿り着かない気づきを他者対話で得ることも少なくない。しかし、それ以上に他者対話を通して得た道徳的知見を自分自身の中で再度反芻しながら自己内対話することで深い気づきに至ることは往々にして体験的に理解されることである。道徳的価値の主体的理解

と言った場合、それは相互に往還しつつも他者対話から自己内対話へといった道筋を辿ることが必要である。ならば、道徳科での「議論」はどうあればよいのであろうか。

　結論的には、価値理解⇒他者理解⇒人間理解というプロセスにおいて大切なのは「語り合い」であるということになる。道徳科では「話し合い」が大切だからと、ただむやみに意見を言わせているだけでは道徳的価値への気づきも、深い理解に至ることもできない。なぜなら、ただ互いが舌で言葉を重ねても、それはあくまでも自分とは一線を画した他人事の議論となってしまうからである。道徳科で目指すのは子供一人一人が自らの在り方や生き方に直結する語らいをすることである。つまり、のっぴきならない自分事として道徳的価値と向き合い、吾のことを話す＝「語り合い」をしなければ自分事としての道徳的価値理解や自覚には至らないのである。当然、その「語り合い」は他者との語り合いもあれば、自分自身との語り合いである自己内対話もある。そのような他者対話と自己内対話とを往還する語り合いこそが道徳科授業では不可欠なのである。考え議論する道徳科で目指すのは、言うまでもなく互いが胸襟開いて自分事としての吾を語る「語り合い」である。その語らいの要件が道徳教材に包摂された道徳的問題に対する個としての「問い」なのである。

　ここまで述べてきたこれからの道徳科授業づくりの要諦は、道徳学び創出のためには子供の主体的な学習を保証する子供自身の学習課題意識（問い）が明確でなければならないという当たり前の事実である。このような視点から道徳科授業づくりの必須要件を取りまとめると2点が浮かび上がってくる。

---

**道徳科授業づくりの要諦となる必須要件**

◆道徳科授業では人間としての在り方や生き方を問い求めるという方向的目標設定となるが、子供の切実な自分事の課題意識（問い）追求で導かれる教科教育型学習プロセスが前提として成立していることが重要である。

◆道徳科では指導展開や発問等が固定化された指導過程論では「考え、議論する」授業が実現しにくいので、「主体的・対話的で深い学び」を可能とする子供相互の「語り合い」を主体にした教科型課題追求学習プロセス論に従って授業づくりをしていくことが重要である。

## 第3節　道徳科教育内容構成学が果たす役割と教育的意義

### 1　道徳科で取り上げる学習内容を学問的視点から考える
#### （1）　「内容項目」即ち道徳科の指導目標と捉える誤謬（ごびゅう）

　道徳科授業目標として設定する内容はと問うと、多くの場合は学習指導要領として示された内容項目をイメージしがちである。もちろん、それは決して間違いではないが、それだけで十分なのかと問うならば、それは否である。予め定められた内容項目の文言をなぞったり、教え込んだりするような授業では子供一人一人が自らの切実な自覚に基づく価値理解とはならないからである。学習指導要領解説編にも示されているように、「教師と児童（生徒）が人間としてのよりよい生き方を求め、共に考え、共に語り合い、その実行に努めるための共通の課題」なのである。もちろん、その内容項目で示されていることの意味やその実現の意義について日々対峙する子供たちの道徳的実態や広い視野からの吟味・検討、さらには学問的な知見としての探求等々は指導教師としては怠ってはならない事前研究課題でもある。それがなかったら、何をどのように取り上げれば本時主題のねらいに導けるのかという教師自身の道徳科授業構想を練り上げていくことなど不可能である。また、子供一人一人の主題のねらいに係る道徳的実態を探ることも子供一人一人のスタートフリー、ゴールフリーな道徳科授業づくりには不可欠なことである。

　道徳科授業においては、その主題で意図する道徳的価値についての理解を教師がどれだけ深めているかによって、子供たちへの働きかけは違ってくる。そのような事前研究による価値理解過程では倫理学や哲学、心理学といった学問分野の知見は必要不可欠である。また、複合的に道徳的諸価値が緊密に関連し合っている現代的な課題を取り扱う際には、より複眼的な視点からの事前研究が必要である。

#### （2）　内容構成学研究としての現代的な課題理解の促進

　平成26（2014）年11月20日に文部科学大臣より中央教育審議会に対して「初等中等教育における教育課程の基準等の在り方について」と題する諮問がなさ

れた。その主眼は、未来社会に生きる子供たちに必要な資質・能力育成を前提とした新しい学力観による学習指導要領の基本的な考え方を検討してほしいという要請に他ならなかった。

平成27（2015）年2月、文部科学省「産業競争力会議　雇用・人材・教育WG」の配布資料中にあったニューヨーク州立大学教授C.デビットソン（Cathy N.Davidson　2011年）の「2011年度にアメリカの 小学校に入学した子供達の65％は、大学卒業時に今は存在していない職業に就くだろう」という30年後社会を予測するフレーズが、各方面関係者の強い関心を引いたことは印象深い出来事であった。

道徳科授業は学校における全教育活動の要の時間として各教科等の学びが密接に関連し合い、相互補完的に機能し合って大きな学習効果を生み出すものである。その点において、生命倫理、情報モラル、環境、福祉・健康、キャリア形成、国際理解等々といった教科横断的・複合領域に跨がる今日的課題も積極的に受け止めていかなければならない。その指導において肝要なのは、現代的課題の内容そのものをどう理解し、他教育活動との関わりを視野に置いてその根幹にある道徳的諸価値とどう有機的に価値づけていけるかが重要なのである。よって、従前の発想から学習指導要領で示された内容項目を一つ一つ単発的に取り上げて授業をするといった発想では、これからの社会を生きる子供の道徳学びのニーズとずれてしまうのである。新しい時代を生きる子供たちに求められる人間性の部分、所謂「根っこの育み」と緊密にリンクした現代的課題に関する内容の取り扱い等に関する道徳科教育内容構成学研究はまさに緒に就いたばかりであろうし、今後ますます道徳科教育学の発展に向けての重要な位置を占めていくことになるに違いない。

## 2　道徳科の内容構成とパッケージ型ユニット
### （1）　ユニットのアレンジで道徳科の内容構成をカリマネ

道徳科教育内容構成学と一言で表現しても、それを実際の道徳科授業経営として体現していけばよいのかと考えると、それは容易いことではない。しかし、道徳科カリキュラム編成という点から複合的な視点での価値内容検討を進めた

り、年間道徳科カリキュラム編成において現代的な課題を視座した検討を進め
たりするとそこには単なるその場凌ぎではないカリキュラム・マネジメントに
基づく課題解決が可能となってくる。それを強力支援する一方法論こそ、著者
が予てより提唱している「道徳科パッケージ型ユニット」理論である。

　道徳科パッケージ型ユニットの内容とは、テーマ性によって関連づけられた
複数価値を複数時間で小単元として構成し、子供自身の「問い」を一貫させる
ことで個々の道徳学びのストーリーを意図的に紡ぐ道徳科教育学的な視点によ
る授業構成理論である。

　従前の「道徳の時間」では、1主題1単位時間での指導が圧倒的に多く見ら
れるパターンが主流であった。その理由は、「年間35時間しかないから複数時
間の指導計画を組めない」「内容項目のすべてを扱うには35時間で手一杯だ」
「複数時間で指導すると次時に前時のことを忘れてしまう」といったプロ教師
らしからぬ事由がほとんどであった。果たしてそうなのか、その根本部分を道
徳科教育内容構成学の視点から再検討していくと、新たな展開が可能となって
くる。以下にそのような前提に基づく道徳科パッケージ型ユニットを提案した
い。

### （2）　基盤は複合的価値で成り立つ子供の道徳的日常生活

　子供の道徳的日常生活は、様々な道徳的価値が複雑に絡み合い、いずれを選
択したらよいのかといった価値判断の連続で成り立っている。その現実を踏ま
えない道徳科指導は、「画竜点睛を欠く」とか「畳の上の水練」といった肝心
なことを欠いたものになってしまう。そんな子供たちの道徳的日常生活とは無
関係に、ただ学習指導要領の「内容」として示されている内容項目について季
節感や学校行事等との関連等といった程度を配慮しただけの年間道徳科カリキ
ュラム編成をするだけで、果たして子供たちに「生きて働く道徳的実践力」を
本当に培っていくことができるのであろうか。

　特に、今日的な要請として「現代的な課題」への対応が道徳科では強く求め
られる。例えば、情報モラル、生命や人権、環境、貧困、平和、開発等々のグ
ローバルな現代的課題がある。他にも同様に食育、健康教育、消費者教育、防
災教育、福祉教育、法教育、社会参画教育、伝統文化教育、国際理解教育、キ

ャリア教育等々、生活と地続きの身近な現代的課題解決教育もある。いずれも軽視できない内容であるが、それらは学習指導要領を確認しながら関連しそうな内容項目を紋切り型に取り扱っていけば対応したことになるのであろうか。「機に因りて法を説く」という諺もあるが、誰のための、何のための道徳科授業なのかと考えれば、主題に呼応した内容項目の取り扱い方も当然変わってくる。つまり、子供が必要とする道徳科授業の内容項目構成についての慎重な考察と内容構成学的検討をしていくことが重要な視点なのである。

## （3） 内容項目を関連づけて効果的なユニットを実現

　子供たちの道徳的日常生活は言うまでもなく、複数の道徳的価値が複合的に関連しながら成り立っている。つまり、以上、子供たちの道徳的日常生活という視点から捉えるなら、道徳科では内容項目を独立的に取り上げるのではなく、関連価値内容項目と紐づけしながら検討していくことが重要となってくるのである。言わば、道徳科での指導内容項目を管見的に捉えるのではなく、多面的・多角的な視点から巨視的・複眼的に精査・検討できるような道徳学びの場を設定することが必要なのである。

　これらのことを考慮するなら、年間35時間を１主題１単位時間で計画して指導するよりも、内容項目全体を俯瞰しつつ１年間35時間を大単元として計画することの方が無理のない理想の姿である。そして、その目指すべき目標達成のためにより具体的な到達目標を学期毎に設定した中単元を配置し、さらにその中単元目標達成をより具体化するために各月毎に幾つかの道徳課題をクラスターとして配したユニット（unit：小単元）を軸に構成していくことが効果的である。言わば、年間指導計画を入れ子構造で構想するのである。すると、図４－５のような子供の道徳的日常生活に即したカリキュラム・プランとなるのである。これを著者は「パッケージ型ユニット」と称して提唱している。

　このパッケージ型ユニットとは、テーマ性によって関連づけられた複数価値を複数時間で小単元として構成し、子供の「問い」で一貫した道徳学びのストーリーを意図的に紡ぐ道徳科教育学的な視点での授業方法理論である。もちろん、テーマ性によって関連づけられた複数価値といった表現をすると学習指導要領の内容項目を逸脱して取り扱うのかと誤解されるのであるが、そうではな

**図4-5　パッケージ型ユニットによるカリキュラム構成**（田沼　2019年より作成）

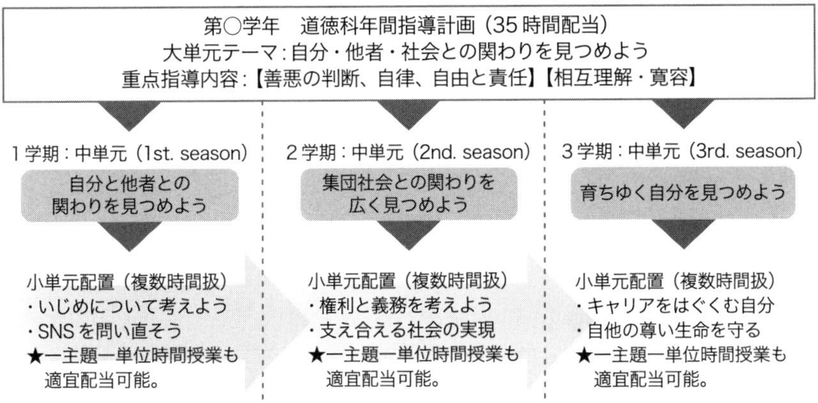

く、道徳性という不可分一体な特性を考慮しつつ道徳的課題に対してコア（核）となる内容項目をイメージしながら、それと深く関わる内容項目を関連させて各々の価値が連環的に機能できるようにしようとする考え方である。

　子供たちの道徳的日常生活には、様々な道徳的課題が横たわっている。例えば、「いのち」「いじめ」「情報モラル」等々の現代的な課題と称される道徳的問題を取り上げる場合、「生命の尊さ」「友情、信頼」といった紋切り型の断片的指導ではどうしても不十分となる。ならば、「いじめ」という現代的な課題を道徳科で取り上げようとする場合に1主題1単位時間で内容項目を「公正、公平」「友情、信頼」「生命の尊さ」と単独で取り上げるより、「いじめについて考えよう」という一貫した問題意識に基づくテーマのもと、各々の内容項目を関連づけて指導する方が、子供たちの道徳的課題探求が深まることは想像に難くない。つまり、子供たちの道徳的問題に対する「問い」からスタートする課題探求的視点から道徳科パッケージ型ユニットを構成すると、子供自身の「問い」を基底にした道徳学習ストーリーが生まれてくるのである。

## 3　パッケージ型ユニットによる学習ストーリーの構成
### （1）　子供の学習ストーリーに即したパッケージ型ユニットの構成

　ここまで、「考え、議論する道徳」を実現する方法論として子供の「問い」
に基づく小単元課題追求型のパッケージ型ユニット学習について述べてきた。
その前提は、子供の道徳的日常生活に足場を置いて授業構想するのであれば、
1主題1単位時間として単独で実施する形態よりも、現代的な課題や学校とし
ての重点的指導内容等を考慮した一定の道徳的テーマ性をもたせた複数価値、
複数時間指導を意図したパッケージ型ユニットの方がより子供一人一人の道徳
的問いを大切に展開できるからに他ならない。ならば、それをどうやって実現
していくか。また、週1時間のユニット型道徳科授業の実施間隔が空くことを
どう考えるのかについて以下に述べていきたい。

　図4-6に示したパッケージ型ユニット構成の基本的な考え方は、「Ⅰ：重
層型ユニットタイプ」、「Ⅱ：連結型ユニットタイプ」、「Ⅲ：複合型ユニットタ
イプ」の3パターンである。もちろん、これ以外にも各タイプのユニットをア
レンジしてパッケージを構成することも可能である。ただ、パッケージを構成
する枝葉の部分を取り除いていくと、おおよそはこの3ユニットタイプに集約
されると考えられる。事実、全国各地で実践された指導プログラムを見る限り、
この3パターン以外のユニットは確認できなかった。

　年間総授業時数が35時間しかない道徳科では、各時間の間隔が空いてしまう
ことへの懸念がある。前時との間隔が空いてしまうと、その学習内容に関わる
「問い」からせっかくモデレーションして導き出した共通課題意識が途切れて
しまうのではないかという疑念である。しかし、それはツァイガルニク効果
（zeigarnik effect）という心理学的知見でクリアされる。教師にとって、それは
日常体験的にすぐ思い当たる事柄でもある。

　このような知見を明らかにしたのは、旧ソビエト連邦の心理学者であったブ
リューマ・ツァイガルニク（B.W.Zeigarnik　1901-1988年）である。その知見
とは、人は目標が達成されない行為に関する未完了課題についての記憶は、完
了課題についての記憶に比べてはるかに継続され、想起されやすいということ
である。事実、授業間隔が空いて一貫したユニット学習にならなかったという

**図4－6　パッケージ型ユニット構成図**（田沼　2020年より作成）

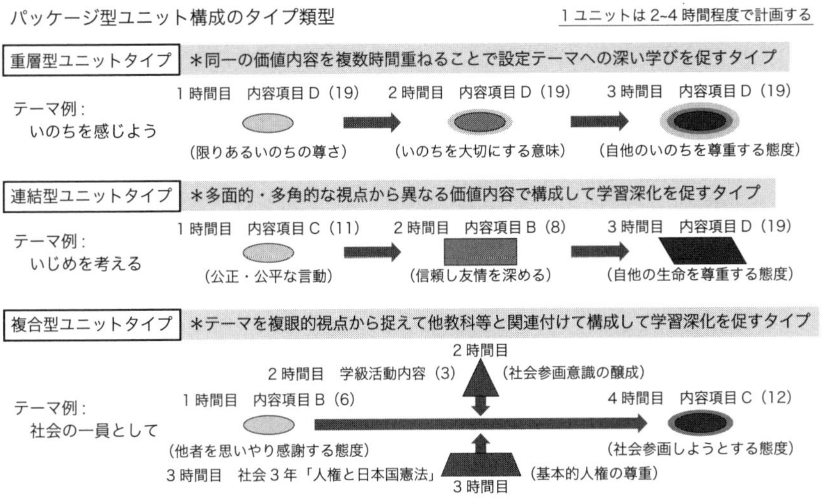

パッケージ型ユニット構成のタイプ類型　　　　　　　　　　1ユニットは2-4時間程度で計画する

重層型ユニットタイプ　＊同一の価値内容を複数時間重ねることで設定テーマへの深い学びを促すタイプ

テーマ例：
いのちを感じよう

1時間目　内容項目D (19)　　2時間目　内容項目D (19)　　3時間目　内容項目D (19)

（限りあるいのちの尊さ）　　（いのちを大切にする意味）　　（自他のいのちを尊重する態度）

連結型ユニットタイプ　＊多面的・多角的な視点から異なる価値内容で構成して学習深化を促すタイプ

テーマ例：
いじめを考える

1時間目　内容項目C (11)　　2時間目　内容項目B (8)　　3時間目　内容項目D (19)

（公正・公平な言動）　　（信頼し友情を深める）　　（自他の生命を尊重する態度）

複合型ユニットタイプ　＊テーマを複眼的視点から捉えて他教科等と関連付けて構成して学習深化を促すタイプ

2時間目

2時間目　学級活動内容 (3)　　（社会参画意識の醸成）

テーマ例：
社会の一員として

1時間目　内容項目B (6)　　　　　　　　　　　　　4時間目　内容項目C (12)

（他者を思いやり感謝する態度）　　　　　　　　　　（社会参画しようとする態度）

3時間目　社会3年「人権と日本国憲法」　　3時間目　（基本的人権の尊重）

失敗事例報告を受けたことがないことからも、パッケージ型ユニットによる道徳科授業づくりの明暗を分けるのは、学習に臨む子供一人一人のユニット設定テーマに関わる「個としての問い」が明確化されているか否かの問題につきよう。やはりそこには、「？」「なぜそうするのか」「本当はどうなのだろう」等々といった子供一人一人の個別な「自分事の問い」が不可欠なのである。

## （2）「重層型ユニットタイプ」のパッケージ

　この「重層型ユニットタイプ」の特徴は、テーマとして取り上げる特定の道徳的価値を複数時間かけて積み重ねて多様な視点から吟味・検討することで、テーマに対する深い学びを促すところにある。

　例えば、「生命の尊さ」と一口に言っても、その価値理解のためには多面的・多角的な視点が必要である。生命のもつ有限性、自他生命の固有性や可能性、創造・継承されていく生命の連続性等々の事柄を、1単位時間で個別に学習するよりもテーマ性をもたせながら複数時間で重層的に学習していった方がより広い視野から、より深い視点で学ぶことが可能となってくる。

## （3）「連結型ユニットタイプ」のパッケージ

「連結型ユニットタイプ」は設定テーマについて単一価値ではなく、複数価値の視点から多面的・多角的に検討し、テーマそのものに対する深い理解を促すことを意図したパッケージである。

例えば、「いじめ」といった現代的な課題を単一価値のみで取り上げて課題追求しても、子供一人一人の内面深くに響かせ感得させることは至難の業となる。それは、「いじめ」という現代的な課題には多様な価値が介在しているからである。よって、1時間目に「公正公平さ、社会正義」を取り上げたら、2時間目は「友情と信頼」という異なる視点から考え、3時間目ではテーマに横たわっている全ての道徳的問題の前提となる「生命の尊さ」という視点から再度「いじめ」を広く俯瞰して意味づけるといった1テーマ複数価値追求型ユニットにすることで学習深化を目指すことが可能となる。

道徳科授業で取り上げなければならない現代的な課題は、多様な価値内容を包摂していることがほとんどである。つまり、1単位時間で課題解決を目指そうとしても限られた授業時間の中では、どうしても一面的な理解に終始してしまうのである。だからこそ、複数の価値内容を連結することでテーマが包摂する道徳課題を調和的に精査・検討していくことが可能となる。つまり、多面的・多角的な視点から道徳的諸価値の理解を可能にするということである。

## （4）「複合型ユニットタイプ」のパッケージ

子供の道徳的日常生活は、様々な価値が複合的に交錯し合う状況下で展開されるのが一般的である。よって、多様な価値内容を含んだテーマを課題追求するような場合、「重層型ユニットタイプ」や「連結型ユニットタイプ」のように道徳科授業内で完結するようなユニットの組み方のみではなく、特定テーマに関係する複数の教科・領域を相互に関連づけて学習するクロスカリキュラムを構成し、複眼的な視点からパッケージを展開することの方がより充実した学びを可能にする。この教科横断的な道徳科パッケージスタイルこそ、「複合型ユニットタイプ」である。

ただ、この「複合型ユニット」を展開する場合には留意すべき事柄もある。それは、他教科等と関連づけて同時進行的に学習を展開する場合、各教科等で

は各々に固有目標があり、それらを達成しつつ、なおかつパッケージテーマに則った道徳学習課題追求も同時進行的に展開させるといった、極めて広い視野から複合的な学習を展開することで相乗効果を期待するパッケージになるという点である。そうでないと、他教科等からの授業時間数融通というご都合主義に陥ってしまうことが危惧されるのである。つまり、このユニットタイプで展開する場合は各教科等での目標達成に向けた学習目的方向性とテーマに関わる道徳的課題解決の方向性との双方をバランスよく教師が俯瞰してコントロールできる指導力が求められるのである。

## 4　道徳科年間指導計画へのパッケージ型ユニットの位置づけ

　道徳科でパッケージ型ユニットの有益性を引き出すには、その前提として子供たちに年間35時間の道徳科授業を通して何を伝え、どのような道徳的資質・能力を身につけることを目指すのかという明確な大単元目標の設定が必要なのである。それがあってこそ学期毎に設定する中単元、各月毎の小単元が有効に機能するのである。

　要は変容を期待する具体的な子供の姿を常にイメージし、その達成に向けて一貫性あるユニットを年間指導計画に位置づけることが重要なのである。

## 5　指導計画は大単元から中・小単元へ
## （1）　子供のパッケージ型ユニットの具体的な構想

### ①　重層型ユニットタイプの例：中学校第1学年での例

《パッケージ型ユニットによる授業計画》

◆ユニット名：「いのちを感じよう」（道徳科全3時間扱い）

◆ユニットのねらい：有限な生命の尊さを理解し、輝かそうとする意欲と態度を育てる。

◆ユニット計画：

　＊ 道徳科⇒道徳科：前時と同一内容⇒道徳科：前時と同一内容

| 教科等 | 主題名／教材名 | 視点・内容項目 | 本時のねらい |
|---|---|---|---|
| 道徳科 | 限りあるいのちの尊さ／ひまわり（光村図書） | D (19) 生命の尊さ | 震災で家族を奪われた佐々木さんの心情や生き方を通して、有限な生命の尊さについて理解を深める。 |
| 道徳科 | いのちを大切にする意味／捨てられた悲しみ（光村図書） | D (19) 生命の尊さ | 殺処分される犬猫の現実とその死に向き合う女性の姿を通して、かけがえのない生命の尊重を考える。 |
| 道徳科 | 自他のいのちを尊重する態度／エルマおばあさんからの「最後の贈りもの」（光村図書） | D (19) 生命の尊さ | 多発性骨髄腫を患って死と向き合うエルマおばあさんの姿を通し、かけがえのない生命の尊さについての理解を深めると共に人間の尊厳について考える。 |

　このような重層型ユニットタイプは、当該学年における年間道徳指導重点目標や学期道徳指導重点目標等の具現化を意図して位置づけられることが多く見受けられる。しかし、同一の内容項目をただ繰り返し指導すれば子供たちの価値理解や価値自覚が促進されるといった単純な発想だけでは、道徳学びとしての深い洞察が生まれないことに留意すべきである。

　学習指導要領に示された内容項目を小学校低学年から中学校まで系統的・発展的に俯瞰すると、ただ文言として示された内容項目の中に価値理解・価値自覚を深めるための多様な要素が見えてくる。それらを意識し、内容項目に含まれる価値構造の分析を進めながら多面的・多角的な学びを実現できるよう工夫された重層型ユニットを組んでいくべきである。

### ②　連結型ユニットタイプの例：中学校第 2 学年での例

《パッケージ型ユニットによる授業計画》

◆ユニット名：「いじめを考える」（道徳科全 3 時間扱い）

◆ユニットのねらい：一人一人の個性の違いを理解し、互いに認め合いながら協力し、責任をもって自分の役割を果たそうとする実践意欲と態度を育てる。

◆ユニット計画：道徳科⇒道徳科：前時関連内容⇒道徳科：前時関連内容

| 教科等 | 主題名／教材名 | 視点・内容項目 | 本時のねらい |
|---|---|---|---|
| 道徳科 | 公正・公平な言動／明日、みんなで着よう（光村図書） | C (11) 公平、公平、社会正義 | いじめ反対運動「ピンクシャツデー」の取り組みを通し、公正・公正な社会についての理解を深める。 |
| 道徳科 | 信頼し、友情を深める／松葉づえ（光村図書） | B (8) 友情、信頼 | 転校生を取り巻く級友の言動を通して互いに励まし合い、高め合える友情の在り方について考える。 |
| 道徳科 | 命が生まれるその時に／自他の生命を尊重する態度（光村） | D (19) 生命の尊さ | この世に生を受けてきたことの意味や尊さについて考え、かけがえのない生命を尊重する態度を育む。 |

　この連結型ユニットタイプの特徴は、テーマとなる道徳課題に対して複数価値の視点から複数時間を用いて、多面的・多角的に視野を拡げながらテーマ追求できるようにユニットを構成していくところにある。

　この事例では、自分と同じようにより善く生きようとしている他者と共存する集団社会において、個が尊重されなければならないという前提要件を共有しながら学習は展開される。各時間で個が尊重されるとはどういうことを意味するのか、個を尊重するためにはどのような道徳的態度が必要なのか、個が互いに尊重される集団や社会を実現するためには子供一人一人が何を自覚し、何を実践していかなければならないのかを多様な視点から捉え直し、自己の問題として自覚化していけることを意図している。

### ③　複合型ユニットタイプの例：中学校第3学年での例

《パッケージ型ユニットによる授業計画》
　◆ユニット名：「社会の一員として」
　　　　　　　（道徳科1時間＋社会科6時間＋道徳科1時間＋特別活動1時間）
　◆ユニットのねらい：中学校卒業を前に今までの自分を見つめ、社会の一員
　　　　　　　　　　　として将来に向けて希望と夢と志をもって歩んでいこ
　　　　　　　　　　　うとする意欲と態度を育む。
　◆ユニット計画：＊道徳科⇒学級活動⇒社会科⇒道徳科（9時間扱い）

| 教科等 | 主題名／教材名 | 視点・内容項目 | 本時のねらい |
|---|---|---|---|
| 道徳科① | 信頼し合える仲間／背番号10（光村図書） | B（6）思いやり、感謝 | 野球が出来なくなった主人公が、背番号10としてチームに貢献する姿から思いやりと感謝を考える。 |
| 学級活動① | 自分らしい生き方の実現／母校の先輩たちの生き方に学ぶ | 内容（3）／社会参画意識の醸成 | 自分らしい生き方を大切にしながら職業人として生きる先輩の姿を通して、社会参画の意味を考える。 |
| 社会科⑥ | 「基本的人権と個人の尊重」（東京書籍「新しい社会」） | 人権と日本国憲法＊C（1）と関連 | 人権とは誰しもが持っている権利尊重であると同時に、互いが守遵すべき義務であることを理解する。 |
| 道徳科① | 社会の一員として／一票を投じることの意味（光村図書） | C（12）・遵法精神、公共の精神 | 参政権を行使することの意味理解を通して社会参画や社会連携への自覚を深め、公共精神を涵養する。 |

　この複合型ユニットタイプの特徴は、学習の軸となる道徳課題テーマについて各教科等での学習と内容的に重なる部分のベクトルを揃えて実施することで一つの有意味な学びを構成していくところにある。このような複合型ユニットタイプを年間指導計画に位置づけるためには、学校毎に作成する各教科で行う道徳教育計画「別葉」が重要となるのである。

### （2）　子供主体の柔軟なパッケージ型ユニット運用の工夫

　パッケージ型ユニットの前提は、学ぶ子供の主体性を引き出すことにある。年間指導計画段階でこそ他教科等との関連を考慮したり、学校教育活動を勘案したりして大まかなユニット配置は意図的にするが、実際のユニット運用を効果的に展開することを意図するなら、ユニット展開前に子供たちへ取り上げるテーマを投げかけ、その道徳学びへの関心や意欲等をモデレーションして取り上げる主題の順序を学期毎とか月毎、実施ユニット毎に柔軟に実施変更する余地を残すことで、子供のより主体的な取り組みを促すことができる。柔軟なカリキュラム運用を可能にすることも、パッケージ型ユニットの大きな特徴である。

## 第4節　道徳科教育方法学が果たす役割と教育的意義

### 1　道徳授業から道徳科授業への転換

　わが国の戦後道徳教育のエポックメイキングな出来事は、何と言っても「特別の教科　道徳」＝道徳科となったことである。教科外教育「領域」であった「道徳の時間」から道徳科への転換、感動主義・心情主義的な道徳授業からの脱却を意味している。もちろん、道徳科が「心の教育」と称される点においてその中核に感動は不可欠ではある。だが、全てがそうではない。道徳科で培う道徳性は確かに人間性そのものであり、情意的側面の涵養は不可欠な要件ではある。しかし、道徳的資質・能力形成という視点から道徳科授業の在り方を問うなら、そこには道徳的知識やそれを活用するためのスキルが必要である。それらは、道徳的思考・判断・表現力といった認知的側面に支えられるものである。そもそも、道徳性は人格形成そのものと重なり合う以上、子供一人一人がどうメタ認知的（自らの認知に係る俯瞰的な認知）に自己省察的学びを実現していくのかという行動的側面としての意欲や態度がなければ成立しないのである。このような道徳的資質・能力を育んでいくためには、例えその学びのスタイルはスタートフリー、ゴールフリーという個別的なものであったとしても、子供たちの現在を起点に未来を描くフォアキャスティング（fore casting）のみの指導観に終始していてよいはずがない。学校教育目標や道徳教育目標の実現という望ましい人格形成への未来目標を起点にそこに至るまでの具体的な道筋を押しつけという発想ではなく、未来を描くことで現時点での指導の在り方を検討するバックキャスティング（back casting）の発想も当然ながら必要となってくる。言わば、「未来志向的な道徳科授業」の実現という道徳科指導方法論の視点から「未来からの回帰的な道徳科授業」へという発想転換を意図した道徳科指導方法理論設計も可能となってこよう。当然のことであるが相反する指導観による実践では双方向的・調和往還的な視点でのモデレーションによる摺り合わせが求められ、より実践的な道徳科カリキュラム・マネジメントによる道徳科教育方法理論が展開されよう。1単位時間での指導方法理論のみならず、先

に挙げたパッケージ型ユニットでの指導方法理論、さらには他教育活動と意図的に関連づけた総合単元型カリキュラムによる指導方法理論等々、様々な実践的複合指導開発型理論研究が考えられ、それはまだ緒に就いたばかりとも言えよう。

## 2　道徳科授業充実のための方法論的視点

### （1）「令和日本型道徳科教育」という視点

　急激に変化を遂げる現代社会にあって、道徳教育やその要の時間としての道徳科はそれをどう受け止め、望ましい方向へとその指導の在り方を転換していけばよいのであろうか。そんな明日の未来に向けた学校教育については令和3（2021）年1月の中央教育審議会答申「『令和の日本型学校教育』の構築を目指して〜全ての子供たちの可能性を引き出す、個別最適な学びと、協働的な学びの実現〜」では様々な視点が示されている。人格形成に重きを置く日本型学校教育で「主体的・対話的で深い学び」を実現するための手立てとしてGIGAスクール構想によるICT活用の促進、全ての子供たちの可能性を引き出す「個別最適な学びと協働的な学びの実現」等の提言である。道徳科にあっては個別最適な学びは原則であろうし、個別な道徳的課題追求過程では各々の道徳的問いを多面的・多角的な視点から拡げ、解決するための手続きとして語り合いによる集団思考活動としての協同学習の場が不可欠である。そして、そこで互いが共有し合える共通解を導き出し、それに照らして各々の道徳的問いを思考・吟味することで自らの納得解を見出すこととなる。その授業内容への到達を目指す内容的目標設定となる各教科では個々の問いが共有された学習課題を解決するための集団思考活動としての協働学習となるのであるが、個々の望ましい在り方や生き方を追求するという方向的目標設定となる道徳科授業においてはより広い視野から、より深い思考から個別な道徳的課題解決を目指すので目的解決過程として集団思考活動を挟み込む点から、やはり「協同学習」という捉え方が妥当であろう。しかし、その過程にあっては多様な子供たちを誰一人取り残すことなく、公正に個別最適化された道徳科授業を実現していく必要があるのである。その点でICT化はインクルーシブ（inclusive：包摂的）な教育促進の

視点からも好機となるに違いない。

## （2）　道徳科授業における「問い」の意味

　道徳科では、何をさておいても子供一人一人の「個別な問い」が大切である。なぜなら、この「問い」がなければと道徳的事実や根拠に基づく論理的な思考も、本来的には公共性の伴う社会的問題としては議論の俎上に上げなければならない社会道徳課題を個人の心の問題に還元してしまうような心理主義道徳一辺倒では哲学的な問いとしての批判的思考も開始されない。性別や人種、民族や国籍、出身や社会的地位、障害の有無等々の個別な属性によって排除されたり、差別的な扱いをされたりすることのない誰しもの多様性を受容するインクルーシブ社会構築においては不可欠な視点である。未来社会の担い手でもある子供が抱く「個別な問い」を受け止め、解決を支援していくことは、未来社会に開かれた道徳教育創造の第一歩でもある。

　例えば、35人学級で同じ道徳的問題を提示したとすると、そこには35通りの個別的な「問い」が存在することとなる。それを受容し、道徳学習のスタートラインにすることが大切である。

　もちろん、その「問い」の中に似通ったもの、視点が異なるもの、場合によっては真逆の疑問が生ずるかもしれない。それらを課題探求しようとしていくところに「道徳学習」が成立するのであるが、当然のように個別の課題追求では思考が堂々巡りして多面的・多角的な思考が実現されない。そこで、道徳科授業の導入ではそれら個別の「問い」を意図的に披瀝し合う場を設け、語らいを通して摺り合わせ、調和的に調節し合い、学習集団全体の価値理解への合意形成プロセスを経るための共通追求道徳課題設定を行うこととなる。

　このようなモデレーション手続きを踏むことで追求すべき道徳学習課題が明確となり、共有され、全員が同じ土俵に立ってその課題追求を目指すことを可能にするのである。特に、パッケージ型ユニットによる道徳学習では、個別な問いをモデレーションして設定した共通学習課題であっても、②の連結型ユニットタイプ例として示した「いじめについて考えよう」といったテーマでは、多くの場合においてコア（中核）となる価値内容があっても、それに関わる複数価値を含むことが一般的である。よって、1単位時間では断片的になって包

括しきれない「問い」としての道徳テーマを課題追求するためには、パッケー
ジ型ユニットでしっかりと受け止められる学習構成とすることで、子供の主体
的な道徳学びを可能にできるのである。ここに、パッケージ型ユニットで子供
の主体的な協同学習を実現する「問い」の意味が見出されるのである。よって、
個々の子供の道徳的なこだわりとしての「問い」は、日常的道徳生活の中から、
あるいは提示された道徳教材の中から個別な疑問やこだわりといった形で出さ
れるものであるが、それをモデレーションして共通追求学習課題へと整理・統
合させることで、「本質的な価値理解」にまで学び深めることが可能となるの
である。もちろん、最初の個別な問いは共通学習課題追求で導き出された共通
解をベースに再度吟味・検討する納得プロセスをつけ加えることで、本来的な
意味での個の価値観創造（納得解）に導く先導的役割を果たすのである。

## 3　「本質的道徳理解」へと深める「問い」の意味
### （1）　論理的・批判的思考による価値理解を促す「問い」

　「問い」は、道徳科において子供一人一人が道徳学びを主体的に深化させて
いく重要な役割を果たす。子供に「問い」をもたせるということは、課題探求
型道徳科授業を可能にし、それをパッケージ型ユニットとして構成することで
1単位時間の主題設定では細切れになってなかなか辿り着けない「本質的な価
値理解」にまで至らせることを意図するものである。その点で、「問い」は子
供自身に自分なりに納得できる明確な根拠の伴う論理的思考を促したり、ただ
鵜呑みにしないで自ら本当なのかと批判的思考をすることを促したりしてより
高い次元での個別な価値理解を可能にするのである。言わば、道徳科授業を通
して個の価値観をアップデートする起爆剤が「個としての問い」なのである。
　かつての道徳授業では、子供たちにとにかく「感動すること」が求められる
傾向があった。もちろん、それも重要なことには違いないが、「情に棹させば
流される」だけで終わってしまう危険性も孕んでいるのである。「有情活理」
という言葉がある。どんなに正しいことを主張しても理屈だけで人は説得でき
ないし、どんなに情けが深かったとしてもそれを支え裏づける理屈がなかった
ら結局は元の木阿弥になるという意味である。道徳科において道徳的問題を論

理的に、批判的に思考しながら深い価値追求をしていくことはとても大切であると同時にそこへ導く役目こそ、「感動ある問い」に違いない。

### （2）　道徳的問題解決を可能にする「問い」

「問い」は単なる疑問や質問、こだわりを意味するだけではない。「問い」を立てることについては学習方略上の意味として、以下の3点がある。

- a.　客観的メタ認知洞察力⇒客観的状況把握と具体的な課題解決促進力
- b.　対話促進深化力⇒他者対話と自己内対話の往還による学習深化力
- c.　他者への眼差し力⇒役割取得能力強化による共感的他者理解促進力

道徳科で子供一人一人が「問い」を立てることの意味について、もう少し言及したい。

道徳科に限らず、学校教育の場では「問い」が大切にされる反面、その「問い」をもつ主体者は誰なのかという点については、問わず語りの曖昧さがつきまとっている現実がある。例えば、「こうすれば、子供は大凡こう反応してくれるはずだ」「学びを引き出す環境をこんな風に用意したから、子供の内面にはきっとこんな疑問と追求したい問いが生まれるはずだ」といった飛躍的な論理がまかり通っている現実もある。なぜそのような管見的な思考に至るのか。その根底には、授業を活性化する「問い」を生むための仕かけは、全て教師が用意するものであり、「問い」もまた教師が一方的に設定すればよいといった旧態依然の発想が捨てきれないからに違いない。つまり、子供は教師が全て用意した学習環境の中で課題解決への疑問をもって意欲的に活動したり、自分の言葉に置き換えて設定した学習課題によって活発な語り合いができたりしてさえいれば、それこそが「主体的・対話的で深い学び」をしている子供の姿、道徳的な「問い」をもちながら「考え、議論する道徳」で学ぶ子供の姿であるといったステレオタイプな認識に縛られた固定観念的学習観が横たわっているからである。

これからの時代を生きる子供たちに求められるのは、主体的に学ぶことの意味を理解して「問い」をもつこと、道徳的価値の本質を理解する「問い」をもつこと、その道徳的価値の実現に向けた自分事の「問い」をもつことである。

道徳科における「問い」のある授業とは、子供一人一人に委ねられた本当の

表4−3　教師主導型から学習者中心の能動的道徳科授業への転換イメージ

| 教師主導型道徳授業のイメージ | 目指したい能動的道徳科授業イメージ |
|---|---|
| ◆子供が受け身になってしまう道徳授業。<br>◆教師の意図するねらいに沿って予め用意した発問の正解を探し求める道徳授業。<br>◆ひたすら教材中の人物の心の動きや場、事柄のみを読み取り続ける道徳授業。 | ◇子供が問いをもって学ぶ道徳科授業。<br>◇子供自身が切実感をもって共通解や納得解を自ら見出す道徳科授業。<br>◇子供が自分事として考え、議論する（胸襟開いて語り合う）道徳科授業。 |

意味での主体的な学びを可能にするものであり、道徳科授業には、まだまだ方法論的な研究開発の伸び代があることを総括として述べておきたい。

## 4　教科教育型授業としての課題探求型道徳科授業の考え方
### （1）　課題探求型道徳科授業の基本的な考え方とは

　従前の道徳授業を教科教育型の課題探求型道徳科授業へ転換しようと唱えると、ベテラン教師であればあるほど、その反応は大凡2通りに分かれる。

　一つの反応は、これまでの授業スタイルでは主体的な子供の道徳学びを創出しにくいので、まずはともあれチャレンジしてみようといった考え方である。もう一つの反応は、これまで慣れ親しんできた指導過程論や自分流の指導方法を否定されたような印象をもったり、流行に惑わされたりするように感じて否定的に捉える考え方である。

　新たな取り組みを始めようとする時、それに対して様々な抵抗感が生ずるのは致し方ないことである。ただ肝要なのは、教師がどのような道徳科授業を目指し、その方法論的改善に取り組もうとしているのかという1点のみである。

　こんな学習者中心の能動的道徳科授業を実現しようとすると、何よりも大切なのは「子供自身が道徳学びをする必然性をもっている」ということである。教科教育型の課題探求型道徳科授業という名称こそ馴染みが少ないかも知れないが、教師の仕事の大半を占める教科教育指導の進め方を道徳科にも導入するなら、「何を指導すればよいのか分からない」「どうやったら子供に道徳を学ばせられるのか」等々の尽きない悩みは少し解消されるに違いない。もし、各教科での指導と道徳科での指導とで違いがあるとしたら、それは指導内容の定着

図 4 － 7　課題探求型道徳科授業での学習構想プロセス（田沼　2019年より作成）

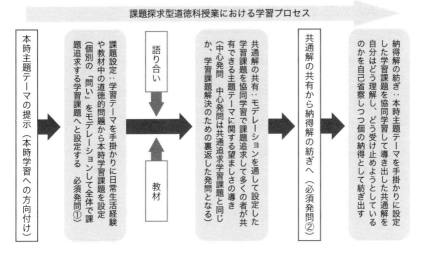

課題探求型道徳科授業における学習プロセス

本時主題テーマの提示（本時学習への方向付け）

課題設定：学習テーマや教材中の道徳的問題から本時学習課題を設定（個別の「問い」をモデレーションして全体で課題追求する学習課題へと設定する　必須発問①）

語り合い

教材

共通解の共有：モデレーションを通して設定した学習課題を協同学習で課題追求して多くの者が共有できる主題テーマに関する望ましさの導き（中心発問　中心発問は共通追求学習課題と同じか、学習課題解決のための裏返した発問となる）

共通解の共有から納得解の紡ぎへ（必須発問②）

納得解の紡ぎ：本時主題テーマを手掛かりに設定した学習課題を協同学習して導き出した共通解を自分はどう理解し、どう受け止めようとしているのかを自己省察しつつ個の納得として紡ぎ出す

というゴールに突き進むスタイルと、主題という間口をもって互いのより善い在り方や生き方を子供たちが語り合い、小学校 3 年生であれば 3 年生なりに、中学校 2 年生であれば 2 年生なりに「頭では既に分かっている道徳的な価値理解を等身大の自分事として受け止め、再度見つめて考え、語り、影響し合って望ましさを共有（共通解）し、さらにそれをきちんと自分の納得する最適解として受け止める（納得解）ところまで至らせるような学習指導の実現」という 1 点のみが道徳科固有の特質的差違である。

　要約すれば、能動的道徳学びを目指す課題探求型道徳科授業では子供が自ら善く生きるために必要とされる道徳的価値についてきちんと理解（共有し合える共通解）し、その理解に立って個の道徳的運用（納得解）を考えることである。授業構想で示せば、図 4 － 7、4 － 8 のような展開イメージとなる。

　図 4 － 7 と 4 － 8 では、能動的な道徳学びを目指す課題探求型道徳科授業の構想プロセスとその授業展開のために必要とされるスキルを示した。小学校45分、中学校50分の限られた道徳科授業の中で子供自身の在り方や生き方を「探究する」といった学びの深まりを体現するのは現実的でない。子供が自分事として道徳的価値と向き合いその望ましさを探し求める「探求学習」を本書では

図4－8　課題探求型道徳科授業の展開基本フレーム（田沼　2019年より作成）

◆「主体的・対話的で深い道徳学び」展開プロセスとスキル
　［学習テーマを理解する］　←①学びを方向づける
　　↓　★学習テーマを知り、関与するためのスキル
　［追求する学習課題を設定する］　←②深化への課題をもつ（必須発問①）
　　↓　★道徳学習共通課題へとつなげるためのスキル
　［教材での学びから共通解を導き出す］　←③価値の多面的な理解（中心発問）
　　↓　★多様に道徳学習課題追求して共通項を見出すためのスキル
　［共通解を基に個別な納得解を紡ぎ出す］　←④個の価値観創造（必須発問②）
　　↓　★自分事の道徳的問題として体現するためのスキル
　［納得解実践化への新たな課題をもつ］　←⑤実践イメージの喚起
　　　★自分にとっての望ましさを生活に敷衍し、継続していくスキル

イメージしている。

### （2）　考え深めることができる道徳科授業へ改善

　小・中学校学習指導要領では、子供が主体的、能動的、協働的（本書では道徳科の特質から協同と表現）に学び合うための方法論的視点として「主体的・対話的で深い学び」＝アクティブ・ラーニング（active learning）が重要視されている。特に道徳科では、「考え、議論する道徳」が求められている。よって、単なる授業活性化のための手立てではなく、子供一人一人が授業の中で多様な感じ方や考え方に接しながら、自らの道徳的なものの見方・感じ方・考え方を深化させ、個別な価値観創造が可能となるような学習プロセスを実現できるような授業構想法を道徳科教育方法学的視点からの検討課題として求められているのである。一見すると、子供はとても楽しそうに互いに関わり合いながら活動しているようだが、その内容に耳を傾けると道徳的課題に対して全く皮相的な思考にとどまっているといったことはよく散見されることである。つまり、「活動あって学びなし」の道徳科授業となっているようなことが往々に生じてしまうのである。それでは、道徳科授業を設定する意義を失いかねない。道徳科では、子供一人一人が道徳的課題を追求する意図を明確に共有し合って語り合えるなら、それは外面的な活発さのあるなしにかかわらず多様な道徳学習が展開されていると理解すべきなのである。つまり「頭が働き、心が動く」、こ

れこそが課題探求型道徳科授業のあるべき姿である。

　以下に、文部科学省の「道徳教育に係る評価等の在り方に関する専門家会議」（2015年12月）が例示的に示した道徳科指導方法パターンを参考として具体的な学習展開構想を類型化して示していきたい。

．．．．．．．．．．．．．．．．．．．．．．．．．．．．．．．．．．．．．．．．．．．．．．．．．．．．．．．．．．．．．．．．．．．．．．．．．．．．．．．．．．．

### a．読み物教材中の人物へ自我関与させて進める授業

　道徳教材に描かれた登場人物の心情を自分との関わり、つまり自分事として多面的・多角的に考えることを通して、ねらいとする道徳的価値の理解と自覚を深めさせる授業類型である。そこでは単なる登場人物の心情理解ではなく、自我関与が何よりも大切なのである。

| 過　程 | 学　習　活　動 |
|---|---|
| 導　入 | ①　本時で扱う道徳的価値についての方向づけをする。 |
| 展　開 | ②　教材を介して登場人物への自我関与をし、道徳的な判断や心情面で類推を通して、自分との関わりで考える。<br>③　個々に本時の教材を踏まえ、道徳的価値に関わる自分の在り方を交流し、共感し合う。 |
| 終　末 | ③　教師による説話等の投げかけでまとめる。 |

### b1．問題発見と問題解決で進める授業

　道徳教材を手掛かりに、道徳的価値に関わる問題解決的な学習を通して子供一人一人が生きる上で出会う様々な問題や道徳的課題を主体的に解決するために必要な能力を養えるようにする。

| 過　程 | 学　習　活　動 |
|---|---|
| 導　入 | ①　教材中や日常生活の中から、道徳的問題を発見する。 |
| 展　開 | ②　読み物教材や具体的事例を示した教材を基に道徳的問題を多面的・多角的に課題探究（求）する。<br>③　問題の探究（求）を踏まえ、それに対する自分なりの考えや解決方策を導き出す。 |
| 終　末 | ④　本時のまとめとして、探究（求）したことを今後の生活にどのように生かすことができるかを考える。 |

### b2. 複数の問題解決とシミュレーションで進める授業

　ねらいとする道徳的価値について問題解決事例を通して多面的・多角的に考え、シミュレーションを交えながら検討して具体的な生活への援用しようとする意欲を喚起できるようにする。

| 過　程 | 学　習　活　動 |
|---|---|
| 導　入 | ①　個人的な道徳的経験や具体的な事例を通して、道徳的価値について考える。 |
| 展　開 | ②　教材を通して道徳的問題状況を詳しく分析し合う。<br>③　問題場面を明確化し、様々な問題解決策を構想する。<br>④　解決策を具体的な生活場面を想定してシミュレーションし、再度自分の考えを見直す。 |
| 終　末 | ⑤　今後の生活へどう生かせるかを考え、道徳的実践への意欲を喚起し合う。 |

### b3. 複数の問題解決策を構想し体験的に進める授業

　教材中の道徳的問題場面をしっかりと分析し、その解決策を構想したり、自分ならどうするかと体験したりして道徳的価値に対する理解や意義についての考えを深められるようにする。

| 過　程 | 学　習　活　動 |
|---|---|
| 導　入 | ①　特定の道徳的価値を取り上げ、その意味や価値の意義を考える。 |
| 展　開 | ②　教材を通して、道徳的な問題状況を分析する。<br>④　分析した問題状況について、様々な解決方策を構想する。<br>⑤　解決方策について自分ならどうするのかと役割演技や実際的な疑似体験をしてみる。 |
| 終　末 | ⑥　導入で取り上げた道徳的価値に対する問いについての自分なりの結論を導き出す。 |

### C1. 役割演技で体験的な学習として進める授業

　教材に描かれた道徳的状況を再現して多面的・多角的に考え、それらを他の問題状況にも応用しながら演じて問題解決が図れるようにする。また演技後の感想や考え等の交流を通じて、自らの取り得る行動等についても考えさせる。

| 過　程 | 学　習　活　動 |
|---|---|
| 導　入 | ①　教材の概要や登場人物の関係等の確認を行う。（教材提示） |
| 展　開 | ②　提示された道徳的な問題状況を把握する。（状況把握）<br>③　道徳的問題場面を実際に再現し、登場人物の内面的な葛藤や取り得る行動を多面的・多角的に考える。（再現の役割演技）<br>④　提示された同様の新たな問題場面を考え、取り得る行動選択を多面的・多角的に考える。（応用的問題状況の提示）<br>⑤　新たに提示された問題場面について取り得る行動を役割演技して再現し、解決を図る。（問題解決の役割演技） |
| 終　末 | ⑥　演じての感想や考えをシェア（共有）し合い、書く活動等で自分の取り得る行動について振り返ってまとめをする。 |

## C2．道徳的行為を中心に体験的な学習として進める授業

　分かっていてもできない道徳的価値について教材を通して考え、行為に関する実体験を通しながら実生活での実践の見通しがもてるようにする。また、実体験を経ての感想等を交流したり、考えたりして実践化を図れるようにする。

| 過　程 | 学　習　活　動 |
|---|---|
| 導　入 | ①　提示された道徳的価値内容（分かっていても実践できないような）を想起して理由を考える。 |
| 展　開 | ②　提示された教材内容を基に登場人物の行動に思い至らせ、行動の意味やそこでの気持ちについて考える。<br>③　教材中の人物が容易に実践できない気持ちや行動につなげる難しさを考えることで、普段のじぶんの行動を振り返る。<br>④　ここまでの学習を踏まえ、道徳的問題場面を設定して行為する実際を体験し、実生活での実践への見通しをもつ。 |
| 終　末 | ⑥　体験した感想をシェア（共有）したり、今後の生活でどう生かしたりできるかを考えてまとめる。 |

　道徳科授業で「問題解決的な学習」を展開して行く上で重要なことは、1時間の授業の中で子供一人一人が自らの問題として道徳的課題を捉え、「頭を働かせ、心を動かす」ことができるということである。

　これが授業の中で体現できているなら、それこそ「考える道徳、議論する道徳」になっていると胸を張れるであろう。アクティブ・ラーニングが徐々に各

学校の各教室へ浸透することは、道徳科授業の多様な展開という面でとても歓迎されるべきことである。ただ、留意したいのは子供が活発に発言し合っているから本時のねらいを達成しているとか、子供が互いに自分の考えを楽しそうに語っているから本時授業は大成功といった学習形態の多様さを競うような皮相的なものであっては道徳科が目指す教育理念とは合致しないことである。

**（3）　道徳教材の多様活用でアクティブな道徳科授業創造**

　道徳科授業が従前と比べて多様に考えられるようになったことが、学習指導要領一部改正に伴う大きな改革的特徴である。つまり、実効性の伴う道徳科授業を目指すなら、当然そこで用いられる道徳教材が具備すべき要件も変わらざるを得ないのである。

　従前は教育課程の一領域であるという立場から、敢えて道徳教材を道徳資料と称していた。教科になって、改めて「教材」と称するようになった経緯がある。では、なぜ道徳の授業では教材（資料）が用いられてきたのであろうか。

### ①　忌憚なく自分の価値観を語るための道徳教材

　その事由は何点かあるが、最大の理由は「間接性の伴う道徳的追体験」をするためである。この点について、文部省教科調査官として道徳教育推進に多年携わった青木孝頼（1978年）は、「ねらいとする道徳的価値が実現されている（もしくは実現することに失敗したものもあるであろう）道徳的な行為の1事例を通して、その主人公が特定の条件のもとに道徳的価値を実現していこうとする考え方の変遷、気持ちの移りかわりを学習することによって、望ましい価値を追求させるほうがはるかに効果的である。ここに道徳指導における資料の存在意義があるものと考えられる」[3]と端的に述べている。また、同時期に中学校道徳担当教科調査官を務めた井上治郎（1990年）は、「道徳授業は、さまざまな道徳問題に直面しつつ、人それぞれの道徳をつくりつつある子どもたちの生活現場を教室に再現し、これを通じて子どもたちに、お互いの道徳を突きあわせる機会を提供してこそ生きると考えている。道徳資料とは、その意味では、学級にはいない第三の級友が、しかるべき道徳問題にいかに対処したかの具体的な事後報告をもって最上とするという考えなのである」[4]と指摘し、教材中に描かれた人物の振る舞い方の是非を間接話法

の形式で批評し合うことで子供は自らの道徳的なものの見方・感じ方・考え方を素直に披瀝し、遠慮のない相互批判を可能にできると主張するのである。現実の学級内の道徳的問題をそのまま取り上げて議論し合い解決するのはリアルであるが、それでは当事者を前にして遠慮したり、しがらみから本音を語れなかったりすることとなる。ゆえに、井上の言葉を借りれば、「特殊具体の状況において特殊具体のだれかれが生きたさまをさながらに描いたもの」として道徳教材は子供一人一人が遠慮なく自分を語るための「隠れ蓑」あるいは「マスク」の役割を果たすのである。

　「道徳の時間」特設当時に指導的な役割を果たした勝部真長（かつべ みたけ）（1969年）は、「しょせん、資料は、生徒一人一人の心を磨く『とぎぐさ』にすぎない、資料の役割は、『たわし』か『垢すり』のようなものである。それによって生徒の心が磨かれるかどうかが第一義の事柄である」5）と、授業中に道徳教材を用いる意味を具体的かつ平易に述べている。

　現行の小・中学校学習指導要領「第3章　特別の教科　道徳」の「第3　指導計画の作成と内容の取扱い」3の(1)には、「児童（生徒）の発達の段階や特性、地域の実情等を考慮し、多様な教材の活用に努める こと。特に、生命の尊厳、自然、伝統と文化、先人の伝記、スポーツ、情報化へ の対応等の現代的な課題などを題材とし、児童が問題意識をもって多面的・多角的に考えたり、感動を覚えたりするような充実した教材の開発や活用を行うこと」と述べられている。今後は、このような視点に立っての道徳教材開発や活用方法改善が進められるであろう。そのためには、日頃から多様なメディアや書籍、身近な日常生活で見出される出来事等に常に関心をもっていることが大切である。

### ②　道徳科教科書のみでない教材開発・発掘の大切さ

　道徳科では、学校教育法等の法令によって道徳科教科書が用いられる。しかし、それだけで充実した授業ができるわけではない。道徳科教科書は文部科学省教科書検定基準に則って各教科書会社で編纂され、検定および採択の手続きを経て全国の子供たちの手に無償配布されるものではあるが、子供にとって有益な教科書外教材も手続きを経て使用できることは法令で規定されている。そ

の意味で、地域文化や郷土の偉人といった子供たちの身近な生活に根ざした道徳的事柄や素材等、道徳科教科書で網羅できない部分を補う意味でも新たな教材開発は急務となってくる。もちろん、副教材としての組み合わせ活用も可能であり、教科書教材一辺倒の画一的な授業とならないようにしたい。

　その際、地域教材では登場する「ひと、こと、もの」に係る肖像権や個人情報等についての掲載許諾を得ることは必須の遵守事項である。また、新聞記事やYouTube等からの時事的な教材を副教材として取り上げる際には著作権法に抵触することがないよう十分配慮をすると共に、学校長や教育委員会等の裁可も得るようにしたい。

　以下は、学習指導要領に示された教材開発や教材選定時の目安となる観点である。それらは同時に、道徳科の教材が具備すべき要件でもある。

---

**道徳教材開発および選定のための観点**

◆子供が道徳的価値について問題意識をもって多面的・多角的に考えたり、感動を覚えたりすることができるような充実した道徳教材であるために。

↓

前提：教育基本法や学校教育法その他の法令に従い学習指導要領の内容に照らし適切と判断されるものであること。

↓

ア．子供の発達の段階に即し、ねらいを達成するのにふさわしいものであること。

イ．人間尊重の精神にかなうものであって、悩みや葛藤等の心の揺れ、人間関係の理解等の課題も含め、子供が深く考えることができ、人間としてよりよく生きる喜びや勇気を与えられるものであること。

ウ．多様な見方や考え方のできる事柄を取り扱う場合には、特定の見方や考え方に偏った取扱いがなされていないものであること。

---

### ③　道徳教材の類型化による有効活用法

　従前の道徳授業では、教材活用方法を巡って学校種間・地域間で様々な齟齬

が生じていたり、教材活用方法が固定化されたりして特定傾向教材のみが用いられるような状況も見られた。そんな混乱した時代に前出の青木（1979年）が「資料活用類型」[6]という考えを提唱した。それは、様々な道徳教材が内包する傾向性から実践教材、葛藤教材、知見教材、感動教材といったカテゴリーに分類してその活用法を考えるという発想ではなく、全くの同一教材中に含まれる内容要素を「共感」「批判」「範例」「感動」という4視点から分析的に捉え、それに基づいてどうその教材活用を進めていくのかという発想転換であった。青木の活用類型論は、これからの教科型道徳科授業の充実においても大いに援用できるものである。

　個々の子供の教育的ニーズや学習集団の道徳的実態を踏まえた道徳的価値の自覚的な理解を促すという目的性に従って教材を分析し、有効な活用方法を検討していく時、その教材が内包する多様性を引き出す視点として「時間軸」「空間軸」「対人関係軸」「状況軸」といった四つの座標に関連する事柄を配置して検討することもよい方法である。どのような素材（教材中の道徳的問題）でも、調理の仕方（分析的活用）でその持ち味が発揮されるものである。

---

**道徳教材の活用類型タイプの考え方**

ア．共感的活用類型：教材中人物の考え方や感じ方を子供一人一人に共感させることによって、現在の自分の価値観に気づかせ、覚醒的に自覚を促すことを意図した活用タイプ。

イ．批判的活用類型：教材中の登場人物の行為や考え方を子供一人一人に批判させ、互いに語り合うことを通して道徳的な考え方や感じ方を深めさせることを意図した活用タイプ。

ウ．範例的活用類型：教材中の登場人物の道徳的行為を一つの範例として子供に受け止めさせることを意図した活用タイプ。

エ．感動的活用類型：教材内容が子供に強い感銘を与えるような場合、そこでの感動からねらいとする道徳的価値への把握へ至るようにすることを意図した活用タイプ。

　ここで示した道徳教材の活用類型タイプを視野に置きながら道徳科授業構想すると、そこには学習指導要領に示された活用教材として具備すべき要件が自ずと満たされてくるのである。また、令和時代の現在ではそれら4類型に新たな視点として論理的思考型あるいは哲学的対話型道徳学習を体現するという見地から、「分析的活用」、「問題解決的活用」といった新たな活用類型タイプも追加され、多様な視点での優れた授業実践が多数なされていることも補足しておきたい。

　ここまでの要約となるが、「道徳教材はあくまでも授業充実・活性化のための手段」と心得るべきことである。道徳学習を展開する子供たちが自らの道徳的価値観を問い、それを多面的・多角的に拡げ深め、納得解を見出していくためには協同学習というフィルターを通さないと実現できないことから、それを体現する共通の道徳的追体験としての役割を果たすのである。子供が自分自身について学び、他者から学ぶための研ぎ草、姿見としての役割を担うのが道徳教材である。よって、教材から授業が構想されるのではなく、主題のねらいを達成する手段として道徳教材を用いるという極めて当たり前の事実から授業構想することが大切なのである。すると、道徳教材を通して自らの道徳的価値観を高めていくプロセスでは、個人の内面で同時進行的に「価値理解」「人間理解」「他者理解」も促進されていくという点である。よって、道徳教材中に描かれた世界に生きる人物は一見すると生きている時代や社会、目の前の道徳的現実等が子供の日常と異なっていることも少なくない。しかし、そこに描かれている人物の生きる姿は自分と同じように今日を生き、明日をもっとよく生きようと願う一人の人間であることに気づいてくる。その人間の生き方に共感してこその道徳学習であり、道徳的価値観形成に向けての道徳科授業であることを念頭に授業構想していきたいものである。

## （4）　子供の学びを肯定的に個人内評価する道徳科

　学校の全教育活動を通じて行う道徳教育も、道徳教育の「要」としての道徳科授業でも、そこで目指すのは、一つに「子供一人一人が『自分事』として道徳的価値を理解し」、二つに「自分の日常的道徳生活との接点をもちながら道徳的価値に気づき」、三つに「これからの自分の在り方や生き方を意識しなが

**図4-9　教師の授業評価観点と子供自身の学習評価視点** （田沼　2019年より作成）

（豊かな学びを創るための教師の評価観点）　　　（子供の豊かな道徳学びを見取るための視点）

教師は、子供たちに何をどう学ばせるためにどのような方法で指導したのか
＝教師の授業改善への具体的な評価観点

子供は授業で道徳の何を学び、それをどう自分事として受け止めたのか
＝子供の具体的な学習状況評価視点

道徳科指導（活動）と評価の一体化

指導を通して、子供が価値を理解する、価値について考える、価値を受け入れ実現しようとする学びを創出できたのか？

通知表と指導要録はその目的から記述内容・表現が異なる

授業ではどのような課題意識で協同学習を推し進め、共通解や納得解を獲得できたのか？どう自ら肯定的自己評価をしたのか？

　ら道徳的価値について自覚していけること」、これに尽きる。そのための道徳評価である。よって、個人を集団や他者と比較してラベリングしたり、ランクづけしたりするといった差別化、選別のための評価であってはならない。

　小・中学校学習指導要領「第3章　特別の教科　道徳」の「第3　指導計画の作成と内容の取扱い」の4には、以下のように道徳教育評価の基本的な考え方とその方法が述べられている。

> 　児童（生徒）の学習状況や道徳性に係る成長の様子を継続的に把握し、指導に生かすよう努める必要がある。ただし、数値などによる評価は行わないものとする。

　この道徳科授業評価理解のポイントは、上の図4-9のように説明できよう。

### ①　道徳科学習評価と道徳授業評価との区別的思考をする

　教育活動を実施すれば、その裏返しの関係として「評価（evaluation）」が伴うのは当然である。また、学校教育の社会的な説明責任（accountability）を遂行する上でも、道徳評価は不可避なのである。ましてや、道徳授業が学校の1領域から特別の教科としての道徳科になったのであるから、当然これまでの指導とは異なってくるであろうし、その評価方法も教科教育に倣うのが妥当な捉え方であろう。つまり、きちんとした道徳科指導を行うためには、表裏一体の

関係性の伴う道徳科評価なしにはあり得ないのである。

　ただ、全く他教科教育と同様に出来ないことには当然ながら留意すべきである。それは内容的目標設定と道徳科授業での方向的目標設定との違いから生ずるものである。道徳科では学校教育の様々な場面で断片的に行っている道徳指導での不十分な点を意図的・計画的な視点から補充し、教材を駆使しながら特定の内容項目に焦点化して深化し、学び手である子供一人一人が自らの内面で統合して得心できるような道徳的実践への心構えとなる実践へ意思力としての「内なる生きる力（道徳的実践力）」を育成することに主眼を置いている。つまり、子供一人一人の人間としての在り方や生き方に収斂されるような、自分自身の将来へつながる生き方学習という方向的目標設定がなされているのである。だからこそ、ただの教科「道徳科」ではなく、「特別の教科　道徳」なのである。そうなれば、当然のことではあるが教科教育と括りは同一であってもその評価観や評価法は各教科と同様にならないのである。

　また、各学校における道徳教育は「学校教育全体で取り組む道徳教育」と「道徳科授業」で構成されるが、そこでの教育評価の視点も異なってくる。つまり、子供一人一人の人格的成長を意図して全教育活動で取り組む道徳教育では個人内自己評価によって自らの成長に気づかせ、意欲を高めることでさらなる自己成長につながるような道徳評価が求められるのである。それに対し、道徳科授業では子供たちの日常的道徳生活を望ましいものとする上で不可欠な道徳的知識や道徳的思考・判断力・表現力、道徳的実践スキルや実践意欲・態度の育成のための具体的評価が求められる。そこには生き方学習としての道徳科の指導観点や評価観点が明確な前提としてなくてはならないし、その学びの成果を具体的かつ肯定的に見取るための方法論も必要である。

### ②　自らの人生をよく生きるために道徳評価を進める

　子供たちに限らず、人間は日常的道徳生活において道徳的に振る舞うことの意味を普段はいちいち考えるようなことはない。周囲の人から賞賛されたいから道徳的スキルを磨こうといった人も中にはいるかもしれない。また、そんなことは一切お構いなしに、気持ちのおもむくままに振る舞っている結果、道徳

的である場合もあるだろう。道徳教育、とりわけ道徳科授業は、普段は当然事として行為していることを振り返り、その行為の中で暗黙に知っていることを自問自答する時間そのものである。その中で、子供たちは改めて気がつくのである。なぜ道徳的に振る舞うのか、その行為する判断基準となっているのは何なのか、そして具体的な道徳的行為をするための方法や手順はどうなっているのか、その行為の結果として自分はどのような眼差しを自分自身に向けるのであろうかと。言わば、自らの道徳的な思考・判断・行為の基となっている自己活動枠組み（self frame）への気づきである。このような「行為の中の省察（reflection in action）」が道徳科での学習評価では何よりも大切にしたい視点である。

　人間は誰しも、かけがえのない「尊在」としてこの世に生を受けている。言わば、幸福で充実した自らの人生を創造することにおいては実践的専門家でもある。この自らの人生を善く生きることを志向し、体現することを目指す人間は、望ましい道徳的行為を暗黙の認識、判断、そして躊躇することなく行為することができる自分の人生の実践的専門家そのものである。この「行為の中の知（knowing in action）」を可能にしていくのは、行為の中で当然のこととして暗黙に取り扱われていた思考・判断・行為への理解や意味づけ、再検証である。それは教師による他者評価よりも、子供自身による自らの生き方学びについての自己評価活動によって可能となってくる。つまり、道徳科授業では子供たちの日常的道徳生活の中で当然のこととして暗黙に取り扱われていた道徳的問題を意図的に取り上げ、思考・判断・行為することへの価値理解やその意味づけ、再検証的省察を加えながら自らの在り方、生き方を自覚的に更新していくことを目的とする学習評価の意味が自ずと見出されてくるのである。

### ③　道徳科授業評価のポイントと方法論的視点を明確に

　道徳科授業を充実させるということの本来的な意味は、子供たちの日常的道徳生活での自己成長機会を豊かにすることそのものである。よって、その授業での道徳学習評価も複眼的かつ多様性をもつものでなければならないのは当然である。道徳科学習評価要件としては、以下の3点が考えられよう。

> ① 子供一人一人の道徳性は様々な関連の中で形成されるもので、個の内面に着目した広い評価視点が必須である。（自己評価、ポートフォリオ評価）
> 　例：ワークシートやノート記述等の学習足跡をファイリングするワンページ・ポートフォリオ、自己成長（キャリア）パスポートの継続的活用等。
> ② 道徳科授業での指導効果をあげるためには道徳学習での個々の学びの多様な情報収集・活用が必要である。（パフォーマンス評価）
> 　例：話す、書く、演ずる、描く、態度表明、挙手や頷き、表情や他者との関わりに関する態度等々。
> ③ 道徳性発達には個人差があり、個に応じたその時々の継続的な指導の視点が重要である。（エピソード評価）
> 　例：各学習場面での課題意識や思考・判断等の蓄積と継続的な働きかけと各々の場面での観察。

　このような道徳科授業における子供の学習評価を1時間の具体的な学習活動における個々の道徳的成長に照らし合わせて検討していくと、道徳科で評価活動を進めるための前提要件がより鮮明になってくる。

### ア．道徳科授業評価は自己成長を促す個人内肯定的評価

　道徳科授業評価の前提となるのは、あくまでも肯定的な個人内評価である。個人のプライベートな道徳性は他者と比べても、ランクづけしても、それは全く意味をもたない。個としてより善く生きるための資質・能力である道徳性の見取りは、あくまでも子供自身の自己成長の足跡を自己評価によって本人に見届けさせる（self monitoring）ことが大切なのである。

### イ．関わり合いの中から見出す個の道徳の成長の姿

　子供の道徳的成長、即ち道徳的学びは「人・こと・もの」との関わり合いを通して生起するものである。それを念頭に、様々な教育活動を通じての道徳教育や道徳授業での活性化の工夫をすれば、自ずと個々の子供の道徳的変容が評価できるようになってくる。

### ウ．個の成長を理解するための複眼的な情報収集

　道徳科授業での指導の効果を高めるためには、子供一人一人の内面を的確に知ることが肝要である。そのための情報収集方法を多様に工夫して評価のための手がかりを得て、多面的・多角的な視点から複眼的に個を理解することで情報活用に基づく指導改善が図れるようになるのである。そして、それが個の道徳的成長を効果的に促進することへとつながっていくのである。

#### ④　自己成長を確認させてさらなる促進を期待する道徳科授業評価

　道徳科学習評価は道徳科授業評価に限らず、子供の内面に関わる事柄であるだけに、外部から推し量ることが難しい。それゆえ、慎重であるべきであるし、あくまでも個の道徳的自己成長を促す肯定的評価でなければならないことは言うまでもないことである。

　ここまで述べたことを踏まえ、整理すると、道徳科授業評価構想が明確になってくる。以下にポイントを示すこととする。

### ア．パフォーマンス評価とポートフォリオ評価で個の成長を見取る

　個の内面にある多様な成長動機と道徳的学びを理解するためにはパフォーマンス（performance）評価が何よりも必要である。そして、それらを個の善い生き方を実現させる望ましい状態（well-being）として一定期間通して評価情報ファイルで累積していくポートフォリオ（portfolio）評価も当然ながら不可欠な視点である。

### イ．道徳的学びを見取る評価観点（rubric指標）を設定する

　道徳科授業評価を進めるためには、それを的確に遂行するための適切な評価観点と評価基準の設定が不可欠である。特に、その授業でのねらいに準拠した評価観点を構成するためには道徳学習内容構成要素と、子供の人格的成長につながる道徳的変容要素とを二元的に捉えていかなければならないことは当然予測されることである。これらが適切にクロス配置されることで、子供の人格的成長をサポートする道徳評価が可能になってくると考える。

　方法論は多様にあると思うが、学習指導要領に示された道徳科の本質を外さないためには本時のねらいにあてはめて、縦軸にその学びで期待する道徳学習

図4－10　道徳評価観点設定のための二次元マトリックスモデル図（田沼　2017年より作成）

◆道徳学びを通して子供に身につけさせる資質・能力

| 学びの内容／成長要素 | 理解・思考・判断 | 心情の覚醒 | 道徳的実践意思力・スキル |
|---|---|---|---|
| 本質的な学びの内容 | | | |
| 価値ある学びの内容 | | | |
| 知って意味ある内容 | | | |

◆指導目標として設定される道徳学び内容の質

内容構成要素を配置し、横軸に道徳的成長要素としての道徳的理解・思考・判断（認知的側面）、道徳的心情の覚醒（情意的側面）、さらには実践化への意思力や技能といった道徳的実践意思力・スキル（行動的側面）を配置し、それらをクロスさせることで簡便な見取りの目安を視覚化することも可能である。

　この図4－10で意図するのは、いつも全ての観点を設定して評価するのではなく、その時々に見取り可能な観点を設定することで、どんな方法を具体的に用いたら具体的かつ明確な評価が可能かと見通しをもてるようにすることである。

　道徳科授業評価をどう理解し、どう進めていけばよいのかと改まって問い直すと、つい「この子は、道徳的にどのように成長したのか」とか、「この子のどのような側面から見ると成長したように判断できるのか」といった、やや大人の都合による客観的事実を背景にした道徳的成長の捉え方とは齟齬を生じがちである。しかし、道徳科授業は「生きて働いてこその力」、道徳的行為を可能にする内面的資質としてそれを支え、後押しする道徳力、いわゆる「道徳的実践力」を育成することが何よりも大切なのである。教師が子供一人一人の道徳的発達の状況を的確に把握し、家庭との連携を図りながら一つ一つの「点」としての子どもの道徳学びを結びつけ合い、関連づけすることで個としての有意味な道徳学び成果という大きな「面」を構成することも大いに可能となってくる。「点から面へ」という指導観、大切にしたいものである。

■第4章の引用文献

1）　文部科学省「いじめに正面から向き合う『考え、議論する道徳』への転換に向けて（文部科学大臣メッセージ）」2016年11月18日

2）　竹内善一「学会ノート」『日本道徳教育学会報』第42号　2016年　p.1

3）　青木孝頼『道徳資料における基本発問』1978年　明治図書　p.10

4）　井上治郎『小学校自作資料選集　中学年』1990年　明治図書　p.1

5）　勝部真長「道徳教育の本道と邪道」月刊『道徳教育』No.101　1969年　明治図書　p.15

6）　青木孝頼『道徳資料の活用類型』1979年　明治図書　pp.7－16

■第4章の参考文献

1）　田沼茂紀編『アクティブ・ラーニングの授業展開　小・中学校道徳科』2016年　東洋館出版社

2）　田沼茂紀『道徳科で育む21世紀型道徳力』2016年　北樹出版

3）　田沼茂紀編『「特別の教科道徳」授業&評価完全ガイド』2016年　明治図書

4）　田沼茂紀編『道徳科授業のつくり方』2017年　東洋館出版社

5）　田沼茂紀編『中学校道徳　アクティブ・ラーニングに変える7つのアプローチ』2017年　明治図書

6）　田沼茂紀編『小・中学校編別冊　指導と評価の一体化を実現する道徳科カリキュラム・マネジメント』2017年　学事出版

7）　田沼茂紀編『小・中学校編別冊　道徳科授業スタンダード』2019年　東洋館出版社

8）　田沼茂紀編『小・中学校編別冊　問いで紡ぐ道徳科授業づくり』2020・2021年　東洋館出版社

9）　小玉重夫『シティズンシップの教育思想』2003年　白澤社

10）　武藤孝典・新井浅浩編『ヨーロッパの学校における市民的社会性教育の発展』2007年　東信堂

11）　森田洋司『いじめとは何か』2010年　中央公論新社

12）　蟹江憲史『SDGs』2020年　中公新書

13）　稲場雅紀・南博『SDGs』2020年　岩波新書

14）　白井俊『OECD Education2030プロジェクトが描く教育の未来』2020年　ミネルヴァ書房

15）　石井英真『今求められる学力と学びとは』2015年　日本標準

16）　G.J.J.ビースタ『よい教育とはなにか』藤井啓之・玉木博章訳　2016年　白澤社

17）　M.S.リップマン『探求の共同体　考えるための教室』河野哲也他訳　2014年　玉川大学出版部

18）　豊田光世『P4Cの授業デザイン』2020年　明治図書

19）　荒木寿友他編『道徳教育はこうすれば〈もっと〉おもしろい』2019年　北大路書房

20）　W.デイモン・A.コルビー『モラルを育む〈理想〉の力』渡辺弥生・山岸明子・渡邉晶子訳　2020年　北大路書房

21）　J.C.ヴィゴツキー『思考と言語』（上・下）柴田義松訳　1962年　明治図書

# 第5章

# 課題探求型道徳科学習指導案の具体構想と今後の検討課題

## 第1節　課題探求型道徳科学習指導案の必然性

### 1　子供が自らの日常的道徳生活をメタ認知

　前章までは順次わが国の道徳教育についての概観とその理論的背景等について道徳科授業の特質や要点を押さえつつ、実際の学習指導をイメージしていくための手続き等について触れてきた。本章では学校教育の場で子供たちと日々接する教師にとって、子供たちが「考え、議論する道徳」とできるような授業構想をどう具現化するのか、それを実現するための道徳科学習指導案をどう構想すればよいのかという視点から、道徳科授業実践について検討していきたい。また、道徳科授業実践プロセスで必然的に生起し、対峙せざるを得ないであろう様々な諸課題についても併せて考察していきたいと考える。

　まず取りかかりとして、本節のタイトルとなっている課題探求型道徳科学習指導案の必然性について検討していきたい。そして、その学習指導案の先に期待する子供の道徳学びの姿を理想実現構想としてイメージ化していきたい。

　ところで、課題探求型道徳科授業構想について言及する上で不可欠な道徳科学習指導案の意義や役割についての理解は十分であろうか。教師にとっては当たり前な学習指導案作成ではあるが、いざ取り組んでみると意外と難しいものである。つまり、授業は教室の中で教師と子供との相互作用によって初めて成立する相互補完的協働活動だからである。よって、いくら普段の子供一人一人の学習実態を把握していたとしても、いくら教師が明確な指導観や豊富な指導スキルをもっていたとしても、リアルな学習展開場面では有効に機能しないことも多々見られることである。むしろ、机上プランとして構想した学習指導案

が現実の授業実践の中で有効に機能するのは希なことかもしれないとさえ思え
てくるのである。ならば、そんなものは最初から不要なのではないかと短兵急
な結論を求めるのもそれはそれで、やや問題であろうと考えるのである。

　道徳科に限らず、指導のための授業構想計画である学習指導案を作成するこ
とは、その先に存在する子供の姿を的確に見据え、そこから学びを引き出し、
よりメタ認知（自己認知に対する客観的認知）的学びへ高めていくという創造活
動だからである。このような営みを前出の佐藤学（2009年）は、「授業の技術は
『技能（skill）』ではなく、『技（craft）』あるいは『技法（art）』である。授業実践
は日常的行為ではなく、創造的行為だからである」[1]と述べている。よって、学習
指導案はただ指導計画に則って、教科書を用いて、指導の手引きに従いながら
作成し、本時指導ができればよしではないのである。

　道徳科学習指導案について述べるなら、それは年間指導計画に基づきながら
もどのような学習内容をどんな教材を用いて具体的に指導し、子供一人一人の
内面へ個別な道徳的価値観を培っていくのか、さらにその発露としての価値理
解、人間理解、他者理解の視点から生きて働く道徳的実践力をどう身につけさ
せていくのかという授業展開のポリシーと道筋を示したものであると説明でき
よう。このような道徳科学習指導案には、その指導展開を詳しく示す「細案」
と、大要を簡略化して示す「略案」とがある。また、これら道徳科学習指導案
には明確な形式が決まっているわけではない。各学校における道徳指導の創意
工夫が盛り込みやすい形式、教師同士が相互の授業参観を通して指導改善のた
めの研鑽を深められる形式のものが望まれる。ここでは、道徳科の趣旨を踏ま
えた道徳科学習指導案モデルを示し、指導案構成要素として盛り込まれる主な
項目とその記述すべき内容について解説的に述べていきたい。

　なお、道徳科学習指導案には一律の定型がないことから、より実践的な視点
から学校独自で、あるいは行政地域内等で検討しながら新たに項立てすること
も一向に差し支えない。また、学習指導案としての機能や役割を考慮すると、
同じ授業であってもその見方は変わってくる。例えば、以下のような捉え方で
ある。

> ☆　教師の側から見れば・・・・学習指導展開構想案（道徳科学習指導案）
>
> ☆　子供の側から見れば・・・・学習活動プロセス案（道徳科学習活動案）

　道徳科学習指導案は、教師の視点での「道徳科指導案」、児童生徒の視点での「道徳科学習活動案」と、意図的に区別して称する場合もある。当然、その立場によって項目内容に関する記述の視点が異なるのは言うまでもない。ただ、大切なのは、道徳科学習指導案はあくまでも「教師の腹案」に過ぎないということである。言わば、道徳科学習指導案は計画案である。その授業において教師が子供たちの思考力や判断力、表現力等を大切に引き出しながら如何にきめ細やかな指導を実現するかの授業設計図が道徳科学習指導案である点を勘案するなら、実際の授業展開においては必要に応じて臨機応変に修正を加えながら実施する勇気と覚悟が常に求められるということでもある。

　いたずらに教師の指導計画を子供たちに押しつけたり、子供をただの聴衆のような立場に追いやったりするだけの学習指導案なら、それこそ最初から不要なものである。初めに学習指導案ありきではなく、あくまでも子供の学びを効果的に引き出すための学習構想案であることを戒めとしてほしい。

## 2　指導案モデル例とその内容項目構成
### （1）　教科教育型で考える道徳科学習指導案モデル

　ここに示す道徳科学習指導案の形式は、一般的によく用いられる構成項目を中心に課題探求型学習指導モデルとして再構想したものである。それを手かがりに用途に応じて指導案形式をアレンジし、指導者にとっても、子供たちにとっても、活用しやすいものとしていくことが大切である。

《道徳科学習指導案モデル例》

第（　）学年（　）組　道徳科学習指導案

指導者（　　　　　）押印省略

1．日　時　　令和（　）年（　）月（　）日　第（　）校時　場所（　　）

2．主題名　　（　　　　　　　　　）　　内容　－　（　　）

3．教材名　「　　　　　　　　　　」（出典　　　　　　　　　）

4．指導・評価計画（＊パッケージ型ユニットであればその概略を記す）

5．主題設定の理由

　(1)　ねらいとする価値について

　(2)　児童（生徒）の実態について

　(3)　道徳教材について

6．本時の指導　（本時○／○時）

　(1)　ねらい

　(2)　展開

| | 学習活動 | 主な発問と予想される反応 | 指導上の留意事項 |
|---|---|---|---|
| 導入 | 共通学習課題設定 | 〈課題設定の必須発問①〉 | |
| | 学習課題： | | |
| 展開 | 共通解の共有 | 《学習課題解決の中心発問》 | |
| | 納得解の紡ぎ | 〈納得解に導く必須発問②〉 | |
| 終末 | 意欲づけ | | |

7．評価（指導評価観点と子供の学習評価視点を分けて）

　このモデル型は一例であり、実際の指導では創意工夫が加味された新たなタイプ型指導案となろう。ここでのモデル型の特徴は、大括りの学習展開プロセスが明快であることである。つまり、導入では日常的道徳生活経験や本時教材から個の道徳的問いを引き出し、それをモデレーション（必須発問①）することで共通学習課題（学習のめあて）を設定する。そして、展開前半の共通学習課題追求プロセスでは課題解決のための中心発問をすることで本時主題に係る価値理解としての見解を共有し合うようにする。次に、その共有した共通解から個々が導入で抱いた道徳的問いに立ち返りながら学習者自身の納得解を必須発問②によって紡ぎ出す。最後に終末では、自らの学びの足跡を辿らせながら実践への意欲を喚起して終了するという特徴的なプロセスでの授業構想である。

　その際、展開部分での協同学習はあくまでも多くの子供にとって共有できる価値理解を追求するためのものであって、これが本時主題のゴールではない点をしっかりと押さえたい。そうでないと個の道徳的問いの追求を可能にするため敢えて共通学習課題追求プロセスとして多面的・多角的に思考深化させることを目的に設定した協同学習の場が単なる集団的合意形成のための協働学習の場にとどまってしまうからである。個としての望ましい在り方や生き方追求を目指すという方向的目標設定を意図する道徳科にあっては協同学習によって導き、共有した共通解（多くの人が共感的に納得できる主題に係る価値理解内容）に照らして個の道徳的問いと再度向き合い、そこで納得できる納得解を紡ぐことが個別な価値観形成促進という大切な道徳学びのゴールとなるのである。

## （2）　指導案構成項目内容についての理解

　道徳科学習指導案は、実際に実践されて初めて役立つものである。よって、それがただの画餅に終わらないよう子供の道徳的実態に即して作成することが大切である。以下に学習指導案を構成する各項目とその内容記述の留意点について解説しておきたい。

### ①　主題について

　その時間での指導内容を適切に表したものを記述する。一般には年間指導計画に示された主題名（ねらい＋教材で構成された主題を適切に表現したもの）を用

いる場合も多いが、能動的な授業構想を体現するような主題設定の工夫を期待したい。

（例）誠実な生き方とは　高学年A(2)正直・誠実

　◇視点１：本時で意図する学習のねらいを的確に体現しているか。

　◇視点２：主題名から本時の授業展開イメージがもてるか。

　② **教材名**

　その時間で用いる教材の出典を明らかにしておく。そうすることで、他者が参考にしようとそれを見た場合、どのような道徳科教材の活用がなされたのか一目瞭然で理解することができる。

（例）教材名「手品師」（出典　文部省「道徳の指導資料とその利用１」）

　◇視点１：子供の道徳的実態、発達特性を踏まえたものとなっているか。

　◇視点２：著作権等をクリアした適切な教材であるかどうか。

　③ **指導・評価計画**（複数時間指導計画の場合は本時○／○時）

　他教育活動と関連づけた指導計画も含め、複数時間構成によるテーマ型ユニットで指導を行う場合は、単元としての指導計画とそれに伴う評価計画を明記する。

　評価計画については、評価するための観点と具体的な方法について記す。

（例）

小単元テーマ名「身近な他者との関係を見直そう」（３時間扱い）

第１次・・・主題名「思いやる心」（本時１／３時）中学年B(6)

　　　　　　　　　　　　　　　　　　　　　　　　親切、思いやり

　評価観点：自分の言動を振り返って思考・判断できる。（ワークシート）

第２次・・・主題名「晴れやかな心」（２／３時）中学年B(10)

　　　　　　　　　　　　　　　　　　　　　　　　相互理解、寛容

　評価観点：異なる考え方への接し方を見つめることができる。（ノート）

第３次・・・主題名「本当の友達とは」（３／３時）中学年B(9)

　　　　　　　　　　　　　　　　　　　　　　　　友情、信頼

　　評価観点：友人関係を問い直し、時と場に応じた言動を考えながら活動で
　　　　　　　きる。（立場の表明、役割演技・シミュレーション）
◇視点１：どんな視点から評価しようとしているか明確になっているか。
◇視点２：具体的な見取り評価の方法が明確化されているか。
（例）ルーブリック評価（観点としての評価指標に基づいた見取り）
　教材：「ないたあかおに」（出典：文部省　道徳指導資料第２集）
　　（観点：「理解・思考・判断」／自分事としての道徳的課題に気づく力）
○自分が赤鬼なら、青鬼とどう接すればよいかを考えることができる。
　　（観点：「心情の覚醒」／道徳的価値について考え、それを深める力）
○なぜ青鬼が赤鬼を残して旅に出たのか、その理由を発表できる。
　　（観点：「道徳的実践意思力」／道徳的価値を納得し受容する力）
○友達にどう接するのが望ましいのかを自分の言葉で説明できる。
　♥このルーブリック評価の目的は、本時のねらいに対して子供の学びを価値
づけることのみでなく、個々の学びのよさをモラルラーニング・スキル
（MLS）という具体的な視点から丁寧に見取って認め励ましていくことである。
　なお、例のような評価視点に対してどの程度達成できているかを子供自身
が自己評価したり、相互評価したりする際の達成度レベルを表すためには評
価基準が必要である。この基準は「よくできた」、「できた」の２段階でもよ
いし、「よくできた」、「だいたいできた」、「もう少し」の３段階でもよい。
要は、子供の実態に即して評価基準設定をすることが大切なのである。

### ④　主題設定の理由

ア．ねらいとする価値について
　本時間で取り上げる道徳的価値（内容項目）についての指導観とねらいを設
定した理由、この指導に込める教師の願いや子供たちに培いたい道徳性につい
て明確に記述する。
　◇視点１：指導者として本時で問題とする内容項目に関する道徳的価値をど
　　　　　　のように理解し、子供たちにどう気づかせようとしているのか。
　◇視点２：本時で理解・自覚化を促そうとしている道徳的主価値（中心価値）

と、それに連なる関連価値（不可分的に結びついて関係する他の価値内容）についての見解を指導者としてどう捉えているのか。

イ．児童（生徒）の実態について

　ねらいとする価値に関わるその学級在籍児童生徒の道徳的実態についてより具体的で日常的な姿を記述する。

　◇視点１：設定したねらいが、子供の道徳性発達においてどのような意味をもつのか。

　◇視点２：子供の日常的道徳実態を受け、この授業を通してどのような道徳的資質・能力を具体的なモラルラーニング・スキルとして培いたいと考えているのか。

ウ．道徳教材について

　その教材を用いる理由（発達段階、教材の特質等）、教材分析（内容構造分析）を通して、どのような学習の場の構成や方法で本時のねらいに迫るのかを明記する。

　◇視点１：道徳教材の内容はどのように構成されていて、具体的な指導場面ではどの部分をどう活用しようとしているのか。

　◇視点２：子供の日常的道徳生活と本時で用いる教材がどのように重なり合い、どのような受け止め方をされると想定して授業構想しているのか。

### ⑤　本時の指導

ア．本時のねらい

　本時の指導を通して児童・生徒にどのような道徳学びを期待し、どのような道徳性を育もうとしているのかを具体的に記述する。

（例）誠実な生き方への気づき（認知的側面）を促し、態度化をねらう場合

　○手品師の心の動きを考える活動を通して、自分に対して正直であることの大切さに気づき、いつも明るく誠実な心で生活しようとする態度を育む。

　情意的側面での陶冶を目指すなら、「～しようとする心情を育む」となり、行動的側面を重視するなら、「～について行動するための見通しをもつことができる」等といった文末表現になろう。

> **本時のねらいを学習活動イメージから適切に設定するための手続き**
>
> ♥本時のねらい設定は、4要素を適切に配置して設定する。
> ①展開する学習活動の視点から
> 　例：手品師の心の動きを考える活動を通して
>
> | 考えさせるために用意する学習活動 |
> | --- |
>
> ＋
>
> ②取り上げる学習内容の視点から
> 　例：自分に対して正直であることの大切さに気づき、
>
> | その活動場面で取り上げたい学習内容 |
> | --- |
>
> ＋
>
> ③そこで目指す道徳的価値の視点から
> 　例：いつも明るく誠実な心で生活しようとする
>
> | 取り上げる学習活動と学習内容とで子供たちに気づかせたい道徳的価値 |
> | --- |
>
> ＋
>
> ④具体的な実践として目指すべき姿の視点から
> 　例：態度を育む。
>
> | 具体的な実践的学びとして目指す姿 |
> | --- |
>
> 　＊事例は小学校高学年（中学校教科書でも1部掲載）教材「手品師」

## イ．本時の展開

### 【導入部分】

＊導入では学習への方向づけをすると共に、個々の道徳的問いを束ねて本時で追求すべき共通学習課題を設定する。（個の問い⇒共通学習課題）

| | 学習活動 | 主な発問と予想される反応 | 留意事項と評価 |
| --- | --- | --- | --- |
| 導入 | 1．学習課題を設定する。 | 《課題設定の必須発問①》 共通学習課題 | |
| | ☆共通解としての価値理解を促し、納得解としての個の価値観形成に導くためには明確な学習課題設定が必要である。 | | |

### 【展開前半「共通解の導き・共有」部分】

＊道徳教材を用い、共通学習課題に基づいての日常を重ね合わせながら道徳的なものの見方・感じ方・考え方を働かせて価値追求していく段階である。そこで重要なのは、教材内容の共通理解、語り合い（話合い活動）の内容を的確な発問によって焦点化することである。

| 展開＊前半 | 2．共通学習課題追求活動での共通解共有。 | 協同思考活動による共通課題の追求と共有（望ましさとしての主題に係る価値理解内容の共有）をする。《共通解に導く中心発問》 | |
| | ☆協同思考活動によって互いに望ましいものと共有し合える共通解（価値理解）を導きだし、それを共有し合う。 | | |

【展開後半「個としての納得解の紡ぎ」部分】

＊協同思考活動を通して学び深めた道徳的価値理解を共有し合い、それを手がかりに再度自分の導入での個としての道徳的問いを思考・吟味することで自分事としての納得解を紡いでいく段階である。

| 展開＊後半 | 3．個としての納得解を紡ぐ。 | 協同思考活動で共有した価値理解を基に自らの納得解を紡ぐ。〈納得解に導く必須発問②〉 | |
| | ☆本時で学んだ共通解を基にしながら、「ならば自分は……」と紡いだ納得解によって自らの価値観形成を促進する。 | | |

【展開終末「まとめ」部分】

＊その時間の中でねらいとする道徳的価値について個々の思考を整理し、まとめをする場面である。特に留意したいのは、ねらいとする価値についての押しつけとならないように留意（教師の説話でも、諺等の紹介でもよいが、子供が押しつけ感を抱かぬように）していきたい。大切なことは本時の道徳学びを肯定できるよう短いエピソードでも、互いに認め合っても、歌を歌ったり踊ったりしてもよい。道徳的実践へ意欲づけとなればよいのである。

| 終末 | 4．本時のまとめをする。 | | |

【道徳科学習指導案に示す「発問と反応」について】

　「発問」とは、文字通り教師が子供に「問いを発すること」、「問いかけで学びを引き出すこと」である。発問と同様に授業で用いられる類似した教師の投げかけには、活動を促す「指示」や「指示的発問」等がある。

　発問は授業でねらう方向性をもって行われるが、子供に問題発見や課題意識をもたせて学習を動機づけたり、思考・判断・表現といった面でよりいっそうの学習深化を期待して「切り返しの発問（子供の発言内容から問い返す）」で揺さぶりをかけたりと、多様に工夫して用いられるものである。裏返すと、この発問次第で授業展開は大いに左右され、子供の気づきや学びの深まりも大きく影響されてしまうので慎重に発問構成を計画したい。なお、道徳科授業で用いられる発問は、以下のようなものがある。

　　中心発問……その授業での中心テーマやねらいに迫るための発問。
　　必須発問……学習展開上どうしても発しなければならない重要発問。
　　基本発問……中心発問へと誘導したり、発展させたりする主要な発問。
　　補助発問……基本発問で伝えきれない、伝わりきれない内容を補う発問。
　　指示発問……学習への関わり方を具体的に明示する発問。

　また、道徳科授業における中心発問の考え方は子供の個別な道徳的問いをモデレーションして設定した共通学習課題と表裏一体のものとして捉えておく必要がある。つまり、中心発問＝共通学習課題である。よって、学習課題を再度問い返す場合もあるし、裏返して問うことで学習課題に迫っていくこともあるし、学習課題解決を意図して別視点から問う場合もあるということである。

　⑥　本時の評価

　課題探求型道徳科授業評価では、そこでの子供の道徳学びの見取り（学習評価視点）と教師側の見取り（指導法評価の観点）とを明確に区別して設定することが大切である。

　◆児童（生徒）の学び評価視点・・・「～できる」
　◆教師側でのその授業評価観点・・・「～できたか」

⑦　**道徳科学習指導略案例**（単時間扱いでの課題探求型授業例）

第6学年　道徳科学習指導案（略案）

1．主題名：誠実に生きることの意味　内容項目A（2）「正直、誠実」
2．教材名：「手品師」（出典　道徳6年「きみがいちばんひかるとき」光村図書）
（あらすじ）

　　あるところに腕はいいが、あまり売れない手品師がいた。手品師はいつか大劇場で手品をしたいと夢見ていたが、その日のパンを買うのもやっとのありさまだった。ある日のこと、手品師はしょんぼりとした小さな男の子と出会う。お父さんを亡くし、お母さんは働きに出てずっと帰ってこないという男の子の話を聞き、手品師は手品をしてみせる。男の子はすっかり元気を取り戻し、「明日も来てくれる？」と手品師にせがむ。どうせ暇な身体と手品師は、「ああ、来るともさ」と男の子に約束をする。

　　その夜、手品師に友人から電話があって、急病で倒れた手品師に代わって大劇場に出演できるチャンスがあるから今すぐ来てほしいと声をかけられる。手品師は男の子との約束と大劇場出演のチャンスを前にして迷ってしまう、しかし、結局は「あした、約束したことがある」と友人の誘いを断ってしまう。

　　翌日、小さな街の片隅でたった一人のお客様を前に、あまり売れない手品師が次々と素晴らしい手品を演じていた。

3．ねらい：手品師の心の動きを考える活動を通して、自分に対して正直であることの大切さに気づき、いつも明るく誠実な心で生活しようとする態度を育む。

4．展開

| 項 | 学習活動 | 主な発問・予想される反応（概略） | ○指導上の留意事項 |
|---|---|---|---|
| 導入 | 1．「誠実さ」について考え、共通学習課題を設定する。 | ①（必須発問①）誠実な生き方をするとは、どんなことと考えますか。＊個の問い⇒全体課題へ練り上げ | ○「誠実な生き方について」学習することを投げかける。 |
| | 学習課題：「誠実に生きる」とは、どのようなことを言うのだろうか？ | | |

| | ２．「手品師」を読んで語り合い、演じ合って課題追求する。〇手品師の生き方について問うことで共通解の検討をする。 | ★手品師の生き方を考えながら、一緒に目で読んでください。（教材提示はICT活用でもよい） | 〇手品師の生き方に着目させ、それから教材提示する。 |
| --- | --- | --- | --- |
| 展開 | 〇大劇場に行きたい自分と、約束を守りたい自分とを役割演技で演じて考える。３．「誠実に生きる」ことについて共通解を導き、共有する。４．共通解から自分自身の納得解を紡ぐ。〇今の自分が受け入れ可能な等身大の納得解を紡ぐ。 | ②手品師の生き方をどう思いましたか。　〇男の子に対して誠実　〇自分の生き方に対して不誠実③大劇場の誘いで迷う手品師の心の中は、どうだったのでしょう。　〇大劇場で夢を叶えたい自分　〇男の子との約束を守りたい自分④（中心発問）手品師にとって、「誠実に生きる」とは、どのようなことを意味しているのでしょうか。　〇自分に対して正直に生きる。⑤（必須発問②）自分にとって、「誠実に生きる」とはどのような姿だと考えますか。　〇こんな生き方も大切だな。　〇今は無理だけど、いつかは。 | 〇手品師の生き方という大括りの判断を問い、多様な捉え方を引き出したい。〇劇場派と男の子派とで役割演技させることで、生き方の是非を焦点化したい。〇選択の是非ではなく、誠実に生きることの意味を自分と重ねて考えさせたい。〇望ましさに対する単なる個の追認ではなく、今の自分が受け入れできる生き方を尊重させたい。 |
| 終末 | ５．本時の学習のまとめをする。 | ＊個々の学び方のよさ等を賞讃し、敢えて新たな発問等は控える。 | 〇副教材等で望ましさの容認を促す。 |

５．評価

・大劇場よりも男の子との先約を優先した手品師の生き方について、自分なりの捉え方で容認することができる。（子供の肯定的な学び評価の視点）

・明るく誠実な心で生活していくことの大切さについて自分との関わりで理解し、その容認を引き出す活動の場が設定できていたか。（教師の指導法評価としての観点）

　以上、ここまで述べてきたような手順を経て、教師にとっての授業構想プランとなる道徳科学習指導案が作成されるのである。その道徳科学習指導案作成で意図するものは、「主体的・対話的で深い学び」としての子供の道徳学びの実現である。つまり、「考え、議論する」道徳科授業の創造そのものである。

## （３）　自己研鑽としての道徳科学習指導案作成

　多忙な教師にとって、毎時間分の道徳科学習指導案を用意することは現実的

ではない。しかし、研究授業や公開授業、授業参観等の機会を捉えて積極的に指導案作成を心がけていくことは専門職としての教師のモチベーション維持と指導スキルのアップデートという点で、計り知れないメリットがあるのである。

　現代の学校教育はより高度化し、複雑化し、多様化している。そんな中で子供たちに必要とされる未来志向型の道徳的資質・能力形成を視座すると、その指導案作成手続きの煩雑さに代え難い教育的意義を見出せるはずである。特に今日の学校では道徳科授業でのICT活用も日常風景となっている。そんな時に「道徳科で目指すゴールの明確化」⇒「道徳学習課題策定とそれを実現する教材と指導法活用構想」⇒「個の問いから共通学習課題設定、そして共通解への導きと共有、共通解を基に個の納得解の紡ぎ」⇒「一連の学びを創出する技法（art&technology）」⇒「創出した学びの適正な評価」を丁寧かつ先見的に構想するなら、それはエビデンスに基づく明確なカリキュラム・マネジメントによる科学的な視点からの道徳科教育学の運用となるのである。

## 第2節　道徳科が克服すべき今後の教育的課題

### 1　未来志向的な道徳科教育学を構想するための課題

　現代のわが国における教育諸課題は、まさに山積である。すぐに思い浮かぶいじめ、不登校・引きこもり、暴力行為、怠学等の学校病理現象は生徒指導に起因する問題も多い。各学校へのスクールカウンセラー配置や教員加配も含めた「チーム学校」という組織的指導にこそ着手しつつあるものの、容易には解決しない現実の只中で学校の疲弊は極限までその度合いを増している。

　特に、いじめ問題は近年ますます複雑な様相を呈して深刻化が増している。また、自殺や他殺、傷害事件といった悲惨な反社会的問題報道も後を絶たない。一方、コロナ禍の状況下でますます増加している不登校児童生徒の中には非社会的問題行動と呼ばれる社会から一定期間断絶された状態の「引きこもり」の者も増加している。このような子供たちの内面的な傷つきの増加こそ、現代社会の心の闇を浮き掘りにしていよう。さらに、小・中学生による対教師暴力や器物損壊、凶悪犯罪加担といった問題行動等は眼前の子供の内面世界の把握が

ますます困難になっている現実を如実に物語っているとも言えよう。

　生徒指導の問題が深刻化する現象を踏まえ、子供たちの心の悩みに専門的立場から援助を行うために学校現場へスクールカウンセラーを派遣したり、児童虐待やネグレクト（neglect：養育放棄）等について人権保護の立場からスクール・ソーシャルワーカーを介入させたりすることが日常的なこととなってきた。しかし、子供たちの心に忍び寄る閉塞感の根底には、あまりにも当たり前過ぎる「学校神話」への疑念も潜んでいるに違いない。

　ここで言う「学校神話」とは、子供がなぜ学校に行かなければならないかという根源的な問題に対する問いである。学校がなければ、学校における生徒指導上の諸問題は霧散する。そして、内面に問題を抱えた当事者でもある子供自身の出口のない苦悩は解消される。当然、問題を抱えて苦しむ子供が皆無になれば、配慮する周囲の大人たちの心労も大いに軽減されよう。一部の大人はいとも容易く「問題児」というレッテルを貼ったり、ラベリングしたりして、その責任を本人に転嫁しがちであるが、それは大きな誤りである。その子供自身の問題行動と映るその言動で、いちばん困っているのは本人自身に違いないのだから。自らの力で解決できない問題を抱えて苦悩するからこそ、問題行動となって表出するのである。言わば、「問題児」と称される子供たちこそ、学校教育の恩恵を十分に受けきれていない被害者であり、より手厚いケアリング（carering：注意深い配慮）とヘルピング（helping：適切な支援）の対象者なのである。そして、その子供たちに寄り添う重要な教育的営みとしての役割を担うのが人間としてのより善い在り方や生き方を認め励ます道徳教育、取り分け道徳科授業がその中軸となることを関係者間で改めて共有したい。

　今日の学校が抱える諸々の根源的問題に対し、真正面から制度そのものの意味を問うたのがオーストリアの哲学者で文明批評家でもあるイヴァン・イリッチ（Ivan Illich　1926-2002年）である。イリッチは著書『脱学校の社会』（1971年）において、制度として学校教育が社会に位置づけられると「学校化（schooling：学校制度受容）」という現象が起こることを指摘している。「なぜ学校を廃止しなければならないか」という刺激的なタイトルの第1章で、イリッチは、「学校化されると、生徒は教授されることと学習することとを混同するように

なり、同じように、進級することはそれだけ教育を受けたこと、免状をもらえばそれだけ能力があること、よどみなく話せれば何か新しいことを言う能力があることだと取り違えるようになる」[2]と指摘している。

　つまり、本来は自分の主体的な欲求として位置づけられるはずの「学び」の価値が学校制度化によって疎外され、何を学んだかではなく、どんな学校に通い、どこの学校を卒業したかということに関心が寄せられる価値の制度化という本来的な意味のすり替えがなされることを指摘するのである。イリッチは学校制度のみを批判したわけではなく、医療制度や福祉制度も同様の弊害に陥っていると指摘するのである。制度による近代化は、様々な利益を社会にもたらす反面、本来の姿を変貌させて人々を疎外するというイリッチの指摘をわが国の教育諸課題にあてはめると、大いに合致する点が思い浮かぶのである。例えば、学校内におけるいじめや暴力行為、不登校等が顕在化したのは、過度に受験競争が過熱した1960年代後半から80年代頃であることからも頷けよう。

　現代社会が創り出した学校神話の無意味さをいちばん敏感に感じ取っているのは、当事者である子供たちであるに違いない。これも衝撃的なタイトルで話題となった『学びから逃走する子どもたち』[3]で著者の佐藤学（2000年）は、学びの時代と称される21世紀に向けて学ぶ子供の「ニヒリズム」を要因として挙げ、「何を学んでも無駄」「何を学んでも人生や社会はかわらない」「学びの意味が分からない」等々、子供たちの心の叫びを指摘する。

　今日の学校において、心の教育の一翼を担う道徳教育はこのような子供たちの思いにどう応えていけばよいのであろうか。GIGAスクール構想をもち出すまでもなく、今後ますます進展が予測される高度情報化、グローバル化する社会の中で人間らしく生き抜くために本当に必要な資質・能力とは何かと考える時、道徳教育や道徳科授業で意図する内容が大きな役割を果たすことは間違いないところであろう。その際、学校における教授機能と対をなす訓育機能としての道徳教育の役割や位置づけを再吟味すると、やはり子供たちに寄り添うためのケアリングやヘルピング機能の充実が切り札になると思われるのである。もちろん、その前提として学校が地域社会の中で果たす役割の問い直しや保護者・地域住民に深く刷り込まれた学力観についての問い直しを促すという最も

厄介で難しい合意形成作業も必要となってこよう。

　そんな中、今すぐ学校で出来ることはないのかと思い致すと浮かんでくるのが小学校学習指導要領「特別の教科　道徳」や「特別活動」の目標に明記された「自己の生き方についての考えを深め」という文言、さらには中学校での「人間としての生き方」や高等学校での「人間としての在り方や生き方」といった文言である。自明なことではあるが、敢えてそれらを取り上げ、不断の決意をもって子供たちに問い続けていくことが何よりも大切な取り組みであろうと改めて考える次第である。道徳教育の要である道徳科授業はその生き方教育を推進する「ハブ（hub：中枢拠点）」とならなければならないのである。

## 2　日本学術会議が指摘する道徳科の諸課題
### （1）　明日の道徳科教育学を展望するために

　令和 2（2020）年 6 月、日本学術会議哲学委員会哲学・倫理・宗教教育分科会から「道徳科において『考え、議論する』教育を推進するために」と題する報告が示された。その報告要旨冒頭では、「今次の『道徳教育』改訂の問題点を指摘しつつも、むしろこの積極的な面を評価し、それをさらによい方向へともたらす展望を検討した」と述べられている。同報告が指摘する道徳教育の諸課題は既成の日本型道徳教育にとっぷりと浸かって管見的思考に陥っていた者には痛烈な一撃であった。同報告の指摘する問題点は、以下の通りである。

　　問題点 1：国家主義への傾斜の問題
　　問題点 2：自由と権利への言及の弱さの問題
　　問題点 3：価値の注入の問題
　　問題点 4：多様性受容の不十分さへの危惧の問題

　これらの問題点を額面通りに受け止めるとあまりにも研究者としての異なる視点での指摘で立場の違いが鮮明になり過ぎ、議論が平行線に陥りそうである。だが、それを敢えて明日の道徳科教育学を展望するためにと同報告で指摘する 4 つの問題点の本質を見極めていければ、そこには目指す道徳科教育学の明日の姿が見えてくるように思えるのである。特に、同報告が問題点を指摘しつつ提言している「よりよい道徳教育のための四つの展望」はわが国の道徳教育や

道徳科を拓き、国民の総意としての合意形成を目指す一里塚であると考えている。そこで示されている4点の提言とは、以下の通りである。

　　展望1：哲学的思考の導入

　　展望2：シティズンシップ教育との接続

　　展望3：教員の素養と教員教育

　　展望4：教科書の検討と作成

　総論的にはなるが、以下に未来志向的な視点から私見を述べていきたい。

### （2）　道徳科の国家主義への傾斜の問題について

　まず気になるのは、国家主義への傾斜という指摘の前提が二項対立的な極論に陥っていないのかという点である。ナショナリズムは国粋主義＝排外主義で全体主義を醸成する危険な人類を滅ぼしかねないもの、持続的な人類共存・繁栄を可能にする共同社会を実現するために不可欠なのはコスモポリタニズム（cosmopolitanism：世界市民的考え方）であるといった頑迷な刷り込みを強く感じるのである。

　例えば、報告では「郷土愛」「愛国心」といった時代性や社会状況を無視したステレオタイプな表現、あるいは「世界＝都会（西洋、現在）」VS「日本＝田舎（自然、昔）」といったやや論理的に飛躍した比喩表現が過大に盛り込まれての道徳教育批判となっている。だが、果たして国家主義は一概に否定されるべきことなのか、国家主義という表現が誤解を招くとするなら、日本国民としてのアイデンティティの育みは不要なのかと大いに危惧するところである。つまり、多様性を前提としたコスモポリタリニズムに従って生きる地球市民は、ややSF的であるが他惑星からの侵略を受けたらやはり国家主義同様の思考に陥るのではないか等々、あれこれと抽象的ではあるが思いを巡らすのである。

　確かに政治哲学者のハナ・アーレント（Hannah Arendt　1951年）が『全体主義の起源』で指摘するように、「血の論理」で同族的・民族的ナショナリズムを標榜する国家はその根拠の乏しさを「大衆運動」という形で全体主義を正当なものとして扇動できることを述べている。また、古くは『国家』を著した古代ギリシャのプラトンも力としての国家は物としてではなく、道義・正義の実現者としての哲人政治による精神的国家を求めた。しかし、アジア・太平洋戦

争後80年を経てもその実効性すら覚束ないわが国の道徳科が、果たしてそのような巧みな世論操作を可能にできるのか可能なのかと推論すると、個人の人権より国家の利益優先を助長するような潜在的カリキュラムとはなり得ないように思われるのである。もちろん、そのような意図を内包するような事態があれば隠された悪を注意深く排除していかなければならないことは言うまでもないことである。戦後から繰り返し展開されてきた「道徳悪玉論」[4]ありきからの議論をどう終息させるのかは21世紀においても相変わらず引き摺らなければならない大きな課題であると考えている。

　この問題に関しては、道徳教育および道徳科授業を直接的に担う教師個々の人格的な啓発を目的とした研修・研究機会が不可欠であろう。教師教育という各教科教育研修や教職キャリア形成的な研究目的とは異なる次元での教員研修、これからの多様化する教育ニーズに対応する教員研修として真摯に向き合っていく必要があろう。教師としての矜持といった本質的な問題の問い直しに係る現職教員研修体制を整備することはとても重要であると考える。

### （3）　自由と権利への言及の弱さについて

　本来的には道徳科というよりも、対他的・社会的にその本質から検討されるべき合理的配慮であるが、性差やマイノリティ等の要因で社会的役割が制限される現実が心情的な心の問題に矮小化され、すり替えられると同報告は指摘する。この問題に関して指摘される道徳科教材や心理主義化という問題については、道徳科での学習対象である子供たちの発達段階や学習内容のシンプル化のプロセスで確かに誤解されるような取り扱いがなされているような側面も否定できないところである。しかし、子供の道徳性発達の特性や社会的な経験の少なさを考慮すると指摘の意図は容易に想像できるところではある。よって、道徳科教科書編纂段階における教材選定過程でのよりいっそうの慎重さを要する点は真摯に受け止め、改善への具体的な方策を検討していくことは急を要する課題である。特に各学校で用いる教科書外教材としての地域教材、自校開発教材の取り扱いにおいてはより慎重さが求められることを肝に銘じたいところである。

　そのような指摘や懸念を抱かせる主たる要因は、個々人の権利に基づく社会

的な諸制度等の実現といったシティズンシップ教育（citizenship education：包括的で安全な持続可能社会実現に必要な知識、スキル、価値、態度育成教育）に対する教師や教育関係者の自覚的な理解が不十分な現実は否めない事実であろう。特に高度化かつ複雑化した現代社会においては当事者相互の納得がいく議論とそれに伴う利益の調整は不可避的なことである。今後はこのような多くの国民に多年滲み込んでいる価値観や思考スタイルが「心理主義的発想」の道徳教育のみを容認し、市民性教育の本質を見落とすような事態が生じることがないよう、常に直視しつつ、その克服に向けての努力をしなければならないことも喫緊の課題であると受け止めている。

### （4）　価値の注入の問題について

　全国的な視点から道徳科授業の指導形態の現実に思い致すなら、やはり乱暴な二分法論的に振り分けると価値注入に類する指導法が未だ改善されていない現実は否定できない。その多くは道徳科指導を担う教師側の理解不足、さらには指導者である教師自身の指導観や個人的な価値観に拠るところも大きい現実であることは予測の範疇でもある。

　同報告で「国内的にはアイデンティティを強調し、国外的にはコスモポリタニズムを唱える態度」と指摘しているように、国際社会を都会とし、日本社会を田舎と無自覚的に表象するような姿勢というのは著者自身が道徳科教科書編集執筆者の一人としてわが身を内省する部分でもある。現在の道徳科教科書に所収されている教材が半世紀を経ても生き残っていたり、中には修身科時代に端を発する教材が当然の正当性を伴って掲載されていたりする現実を勘案すると、やはり旧来のナショナル・アイデンティティ保持の意識は容易に抜けきれないものと認めざるを得ない。また、障害者やマイノリティへの配慮といった側面でも、それらが阻止要因となっていることは否定できない事実でもあろう。

　ただ、そのような問題点を謙虚に受け止めつつも、一方では「国内的にはアイデンティティを強調し、国外的にはコスモポリタニズムを唱える態度」に安堵感を覚える自分自身を全て否定する気になれないのも事実である。全世界に未曾有の危機をもたらしたコロナ禍では各国で排他的な鎖国政策を進めた。そしてその一方では肥大化した経済を1日たりとも休止できないのである。今日

のグローバル経済・高度情報化時代の到来は様々な矛盾を内包していることの証左でもある。例えば、ダボス会議（世界経済フォーラム）や温暖化対策国連会議COP26等では、各国のナショナリズムや大国による覇権主義がより顕在化しつつあることを否定できないし、強者の論理、わが庭の論理だけで世界が回っている現実を直視すると、わが国の道徳教育だけコスモポリタニズムを掲げて邁進するという議論には到底できない矛盾を抱え込んでしまうのである。しかし、同報告が指摘するように、このような一元的には捉えきれない道徳的な課題を抱える現代社会であるからこそ、その本質に迫るために「批判的で、反省的で、対話的な哲学的思考」を道徳教育に躊躇なく導入すべきという提案には手続き上の問題点は危惧するものの、大いに共感する次第である。

### （5）　多様性受容の不十分さへの危惧について

　多様性についての根源的な理解の重要性やその理由の如何を問わない必然的受容に係る問題は、現代社会では不可避的というよりもそれこそ社会構造の根底にこそ据えるべき重要課題でもある。しかし、年間3万人からの外国籍定住者を受け入れ続けているわが国においての無意識的な多様性非受容の現実は、やはりかつての大時代的な発想としての単一民族国家時代の名残そのままであるように思われる。それは時代こそ令和へとシフトしつつも、教材が暗黙的に示している旧来型価値観があるとするなら、それは潜在的カリキュラムとなって次世代に引き継がれてしまうに違いない。それをどのような現実的指導対応として是正していけばよいのか、これも待ったなしの猶予ない喫緊課題であろうと考える。

　多様性受容の問題は、今すぐ対応を迫られている直近の課題でもある。しかし、現実は切迫した現実状況であっても、マイノリティの多様性受容の問題が顕在化しているにもかかわらず、それを未だ大きな問題ではないことと無視し続けている厳然たる現実も一方では否定し得ない克服すべき現実である。

　このような多様性の問題、基本的人権や宗教性に係る様々な問題ときちんと向き合える道徳科となっているのかと問われれば、現時点ではとても十分と言えるような状況でないことだけは確かである。「ならばどうするのか」と問われている道徳科の現実を見据える関係者相互の意識改革こそが早急に必要なこ

とであろう。手緩いことかもしれないが、現実への問い直しという難問が解決されない限り、「裃を着た道徳教育から普段着の道徳教育」への転換は容易でないことを改めて自覚する次第である。

## 3　総括―未来志向型の道徳科教育学定立の必然性

　本書を書き進めている同時期、希有のSF小説家として知られる小松左京（1931-2011年）のベストセラー作品『日本沈没』が現代日本社会の現実を反映してリメイクされ、高視聴率TV作品として放映されるのと重なった。

　同作品は、昭和48（1973）年に刊行されたまさに日本を代表する壮大なスケールでのSF小説である。これまでに映画化は2度、テレビドラマ化も2度、さらにラジオドラマ化や漫画化もそれぞれに2度、2020年にはWebアニメ化されるなど様々なメディアミックスがなされている大作である。著者もこれまで繰り返し同作品に接してきたが、その惹き付けられる強い動機とは日本人としてのアイデンティティにある。国家存亡の危機の中で日本人としての誇りを失わず、同胞と支え合って生きる姿である。これは平成7（1995）年の阪神・淡路大震災や平成23（2011）年に甚大な被害をもたらした東日本大震災等でも、絶望の淵でごく当たり前の姿として発揮され、海外にも広く知られた事実である。

　このような無意識的に行動する姿は賞賛を得たくてといった意図的なものではなく、日本人としてのアイデンティティに根ざした「主体性を保持した寛容性と謙虚さ」の発揮である。そこにあるのは単独の存在としての個の姿ではなく、自分と同様に生きようとする他者との共生の姿である。そのような国民性は諸外国には異質なものと映るものであろうし、その理解を促すことも難しい現実に違いない。このような原点としての日本人としての生き方、日本人としてのアイデンティティだけは失ってはいけないものであると著者は考えている。それは単なる付和雷同的な生き方でもないし、個としての主体性を放棄した生き方でもない。ここにこそ、日本学術会議哲学委員会哲学・倫理・宗教教育分科会が批判的考察として指摘するわが国道徳教育の本質があると考える次第である。これをなくしてわが国道徳教育の実施意味などあり得ないであろうし、

コスモポリタニズムを実現しようとする主体的な日本人としての意志力など育成されようがないのである。

　今から1世紀程前、世界的な新教育運動が展開された時代があった。その理想教育への漸進的な取り組みはダイナミックであり、わが国においても大いに開花した。この新教育運動成果については著者の研究領域でもあり、単著『再考−田島体験学校』（2002年）に取りまとめたことがある。その研究対象となった神奈川県橘樹郡田島町（現在は川崎市）の田島尋常小学校では、ドイツ文化教育学を基底にした体験教育実践において既に今日の喫緊課題でもあるナショナリズムとコスモポリタニズムの相克を「和魂洋才」という教育思想にまで高めることで克服する意義について言及されていた。この田島尋常小学校の先見的でダイナミックな実践を指導したのは、東京帝大教授でわが国におけるドイツ文化教育学の提唱者でもあった前出の入澤宗寿である。その指導を受けながら、わが国初めてとなる体験教育をベースにした児童主体教育を10年余にわたって先導したのがやはり前出の同校校長の山崎博であった。当時はデューイの経験主義教育を取り入れることで教育改革運動を展開しようとする学校も全国各地で多く見られたが、入澤と山崎が理想実現を目指した斬新な教育改革運動の原点こそ、令和の教育改革キーワードとなっている「個別最適な学び」「協働的な学び」を標榜する日本型学校教育と同一基軸をなすものでもあった。

　その田島体験学校での教育実践の根本思想でもある「和魂洋才」、日本人としてのアイデンティティをしっかりと胸に刻み、世界に拓かれた多様性を全て包摂するインクルーシブな視点からコスモポリタニズムを実践できるような教育の在り方こそ、まさしくわが国の道徳教育、取り分け道徳科授業では中核に据えなければならない基本理念であると考える次第である。そして、それらが空理空論に終始することなく、実効性の伴う人間形成教育として充実できるように基底でしっかりとバックアップする機能を果たすのが道徳科教育学であることを訴えて本書の結びとしたい。

■第 5 章の引用文献

1 ）　佐藤学『教師花伝書』2009年　小学館　p.63

2 ）　I.D.イリッチ『脱学校の社会』東洋、小澤周三訳　1977年　東京創元社　p.13

3 ）　佐藤学『学びから逃走する子どもたち』　2000年　岩波ブックレット　NO.524　pp.22
　　－24

4 ）貝塚茂樹『道徳教育の取扱説明書』2012年　学術出版会　pp.23－24

■第 5 章の参考文献

1 ）　N.ノディングズ『ケアリング』立山善康他訳　1997年　晃洋書房

2 ）　R.R.カーカフ『ヘルピング』1992年　講談社現代新書

3 ）　H.アーレント『全体主義の起源』Ⅱ　大久保和郎訳　1972年　みすず書房

4 ）　小松左京『日本沈没』（上・下）2020年　角川文庫

5 ）　入澤宗寿・山崎博『体験教育に於ける個性及個性教育の実際』1925年　内外書房

6 ）　山崎博『吾が校の体験教育』1932年　明治図書

7 ）　入澤宗寿・山崎博『体験教育の理論と実際』1932年　内外書房

あとがき

　令和新時代の歩みと符合し、道徳科授業が義務教育学校の全てにおいて実施されるようになった。本来であれば道徳教育関係者は誰しも感無量の思いに浸るはずであったが、残念なことに全世界を突如席巻したコロナウイルス感染症（COVID-19）の余波で出鼻を挫かれ、思わぬ停滞を余儀なくされてしまった。

　戦後時代と称されるようになって早80年を経るが、その間の紆余曲折こそあったものの、「特別の教科　道徳」は電光石火のごとく誕生した。ただ、それを日々の教室で具体的に実践していくための環境整備には、まだまだ少なからぬ時間を要することであるに違いなかった。「鉄は熱いうちに打て」という諺も蘇ってくるが、それも途上でコロナ禍があれこれの諸事情を全て飲み込んでしまった。教員研修機会はむろんのこと、各学校での道徳科実施に様々な制約が課せられ、甚だ心許ない実施体制下での見切り発車となってしまった。その余波がわが国の今後の道徳科阻害要因にならなければと願うばかりである。

　さて、本書はそんな道徳科の置かれた事情を傍らに眺めつつも、未来志向的に「道徳科教育学の定立」をキーワードに掲げ、その育みの視点や理論的な背景、指導内容や指導方法、学習評価等の在り方について著者のこれまでの研究成果を踏まえつつ展開してきた。その意図は、これからもわが国道徳教育の充実に携わる教師やこれから教壇に立って道徳教育の明日を拓くことを志す教職志望学生の熱き魂を鼓舞したいからに他ならない。なぜならば、未来社会の担い手となる有為な人材を育成し、個々人の有意味な人生を基底で支える人格形成を促す上で最も影響力を行使するのが教師だからである。

　子供の道徳性の育み＝人間力の育みである。本書は日々教壇に立ち、子供と向き合いながら道徳教育や道徳科授業充実を真摯に目指す教師への励ましのメッセージでもある。最後に刊行機会を与えていただいた北樹出版編集部の古屋幾子氏をはじめ、ご関係の方々に衷心より感謝申し上げると共に、わが生涯の師である押谷慶昭先生の御霊に本書を捧げて結びとしたい。

令和4（2022）年早春　　著　　　者

# 【 資 料 編 】

## ①小学校学習指導要領第3章「特別の教科 道徳」 (平成29年3月告示)

第1 目 標

第1章総則の第1の2に示す道徳教育の目標に基づき、よりよく生きるための基盤となる道徳性を養うため、道徳的諸価値についての理解を基に、自己を見つめ、物事を多面的・多角的に考え、自己の生き方についての考えを深める学習を通して、道徳的な判断力、心情、実践意欲と態度を育てる。

第2 内 容

学校の教育活動全体を通じて行う道徳教育の要である道徳科においては、以下に示す項目について扱う。

A 主として自分自身に関すること

〔善悪の判断、自律、自由と責任〕

〔第1学年及び第2学年〕

よいことと悪いこととの区別をし、よいと思うことを進んで行うこと。

〔第3学年及び第4学年〕

正しいと判断したことは、自信をもって行うこと。

〔第5学年及び第6学年〕

自由を大切にし、自律的に判断し、責任のある行動をすること。

〔正直、誠実〕

〔第1学年及び第2学年〕

うそをついたりごまかしをしたりしないで、素直に伸び伸びと生活すること。

〔第3学年及び第4学年〕

過ちは素直に改め、正直に明るい心で生活すること。

〔第5学年及び第6学年〕

誠実に、明るい心で生活すること。

〔節度、節制〕

〔第1学年及び第2学年〕

健康や安全に気を付け、物や金銭を大切にし、身の回りを整え、わがままをしないで、規則正しい生活をすること。

〔第3学年及び第4学年〕

自分でできることは自分でやり、安全に気を付け、よく考えて行動し、節度のある生活をすること。

〔第5学年及び第6学年〕

安全に気を付けることや、生活習慣の大切さについて理解し、自分の生活を見直し、節

度を守り節制に心掛けること。

［個性の伸長］

〔第1学年及び第2学年〕

　自分の特徴に気付くこと。

〔第3学年及び第4学年〕

　自分の特徴に気付き、長所を伸ばすこと。

〔第5学年及び第6学年〕

　自分の特徴を知って、短所を改め長所を伸ばすこと。

［希望と勇気、努力と強い意志］

〔第1学年及び第2学年〕

　自分のやるべき勉強や仕事をしっかりと行うこと。

〔第3学年及び第4学年〕

　自分でやろうと決めた目標に向かって、強い意志をもち、粘り強くやり抜くこと。

〔第5学年及び第6学年〕

　より高い目標を立て、希望と勇気をもち、困難があってもくじけずに努力して物事をやり抜くこと。

［真理の探究］

〔第5学年及び第6学年〕

　真理を大切にし、物事を探究しようとする心をもつこと。

B　主として人との関わりに関すること

［親切、思いやり］

〔第1学年及び第2学年〕

　身近にいる人に温かい心で接し、親切にすること。

〔第3学年及び第4学年〕

　相手のことを思いやり、進んで親切にすること。

〔第5学年及び第6学年〕

　誰に対しても思いやりの心をもち、相手の立場に立って親切にすること。

［感謝］

〔第1学年及び第2学年〕

　家族など日頃世話になっている人々に感謝すること。

〔第3学年及び第4学年〕

　家族など生活を支えてくれている人々や現在の生活を築いてくれた高齢者に、尊敬と感謝の気持ちをもって接すること。

〔第5学年及び第6学年〕

　日々の生活が家族や過去からの多くの人々の支え合いや助け合いで成り立っていることに感謝し、それに応えること。

［礼儀］

〔第1学年及び第2学年〕
　気持ちのよい挨拶、言葉遣い、動作などに心掛けて、明るく接すること。
〔第3学年及び第4学年〕
　礼儀の大切さを知り、誰に対しても真心をもって接すること。
〔第5学年及び第6学年〕
　時と場をわきまえて、礼儀正しく真心をもって接すること。
〔友情、信頼〕
〔第1学年及び第2学年〕
　友達と仲よくし、助け合うこと。
〔第3学年及び第4学年〕
　友達と互いに理解し、信頼し、助け合うこと。
〔第5学年及び第6学年〕
　友達と互いに信頼し、学び合って友情を深め、異性についても理解しながら、人間関係を築いていくこと。
〔相互理解、寛容〕
〔第3学年及び第4学年〕
　自分の考えや意見を相手に伝えるとともに、相手のことを理解し、自分と異なる意見も大切にすること。
〔第5学年及び第6学年〕
　自分の考えや意見を相手に伝えるとともに、謙虚な心をもち、広い心で自分と異なる意見や立場を尊重すること。
C　主として集団や社会との関わりに関すること
〔規則の尊重〕
〔第1学年及び第2学年〕
　約束やきまりを守り、みんなが使う物を大切にすること。
〔第3学年及び第4学年〕
　約束や社会のきまりの意義を理解し、それらを守ること。
〔第5学年及び第6学年〕
　法やきまりの意義を理解した上で進んでそれらを守り、自他の権利を大切にし、義務を果たすこと。
〔公正、公平、社会正義〕
〔第1学年及び第2学年〕
　自分の好き嫌いにとらわれないで接すること。
〔第3学年及び第4学年〕
　誰に対しても分け隔てをせず、公正、公平な態度で接すること。
〔第5学年及び第6学年〕
　誰に対しても差別をすることや偏見をもつことなく、公正、公平な態度で接し、正義の

実現に努めること。

[勤労、公共の精神]

〔第1学年及び第2学年〕

　働くことのよさを知り、みんなのために働くこと。

〔第3学年及び第4学年〕

　働くことの大切さを知り、進んでみんなのために働くこと。

〔第5学年及び第6学年〕

　働くことや社会に奉仕することの充実感を味わうとともに、その意義を理解し、公共のために役に立つことをすること。

[家族愛、家庭生活の充実]

〔第1学年及び第2学年〕

　父母、祖父母を敬愛し、進んで家の手伝いなどをして、家族の役に立つこと。

〔第3学年及び第4学年〕

　父母、祖父母を敬愛し、家族みんなで協力し合って楽しい家庭をつくること。

〔第5学年及び第6学年〕

　父母、祖父母を敬愛し、家族の幸せを求めて、進んで役に立つことをすること。

[よりよい学校生活、集団生活の充実]

〔第1学年及び第2学年〕

　先生を敬愛し、学校の人々に親しんで、学級や学校の生活を楽しくすること。

〔第3学年及び第4学年〕

　先生や学校の人々を敬愛し、みんなで協力し合って楽しい学級や学校をつくること。

〔第5学年及び第6学年〕

　先生や学校の人々を敬愛し、みんなで協力し合ってよりよい学級や学校をつくるとともに、様々な集団の中での自分の役割を自覚して集団生活の充実に努めること。

[伝統と文化の尊重、国や郷土を愛する態度]

〔第1学年及び第2学年〕

　我が国や郷土の文化と生活に親しみ、愛着をもつこと。

〔第3学年及び第4学年〕

　我が国や郷土の伝統と文化を大切にし、国や郷土を愛する心をもつこと。

〔第5学年及び第6学年〕

　我が国や郷土の伝統と文化を大切にし、先人の努力を知り、国や郷土を愛する心をもつこと。

[国際理解、国際親善]

〔第1学年及び第2学年〕

　他国の人々や文化に親しむこと。

〔第3学年及び第4学年〕

　他国の人々や文化に親しみ、関心をもつこと。

〔第5学年及び第6学年〕

　他国の人々や文化について理解し、日本人としての自覚をもって国際親善に努めること。

D　主として生命や自然、崇高なものとの関わりに関すること

［生命の尊さ］

〔第1学年及び第2学年〕

　生きることのすばらしさを知り、生命を大切にすること。

〔第3学年及び第4学年〕

　生命の尊さを知り、生命あるものを大切にすること。

〔第5学年及び第6学年〕

　生命が多くの生命のつながりの中にあるかけがえのないものであることを理解し、生命を尊重すること。

［自然愛護］

〔第1学年及び第2学年〕

　身近な自然に親しみ、動植物に優しい心で接すること。

〔第3学年及び第4学年〕

　自然のすばらしさや不思議さを感じ取り、自然や動植物を大切にすること。

〔第5学年及び第6学年〕

　自然の偉大さを知り、自然環境を大切にすること。

［感動、畏敬の念］

〔第1学年及び第2学年〕

　美しいものに触れ、すがすがしい心をもつこと。

〔第3学年及び第4学年〕

　美しいものや気高いものに感動する心をもつこと。

〔第5学年及び第6学年〕

　美しいものや気高いものに感動する心や人間の力を超えたものに対する畏敬の念をもつこと。

［よりよく生きる喜び］

〔第5学年及び第6学年〕

　よりよく生きようとする人間の強さや気高さを理解し、人間として生きる喜びを感じること。

第3　指導計画の作成と内容の取扱い

1　各学校においては、道徳教育の全体計画に基づき、各教科、外国語活動、総合的な学習の時間及び特別活動との関連を考慮しながら、道徳科の年間指導計画を作成するものとする。なお、作成に当たっては、第2に示す各学年段階の内容項目について、相当する各学年において全て取り上げることとする。その際、児童や学校の実態に応じ、2学年間を見通した重点的な指導や内容項目間の関連を密にした指導、一つの内容項目を複数の時間で扱う指導を取り入れるなどの工夫を行うものとする。

2　第2の内容の指導に当たっては、次の事項に配慮するものとする。

　(1)　校長や教頭などの参加、他の教師との協力的な指導などについて工夫し、道徳教育推進教師を中心とした指導体制を充実すること。

　(2)　道徳科が学校の教育活動全体を通じて行う道徳教育の要としての役割を果たすことができるよう、計画的・発展的な指導を行うこと。特に、各教科、外国語活動、総合的な学習の時間及び特別活動における道徳教育としては取り扱う機会が十分でない内容項目に関わる指導を補うことや、児童や学校の実態等を踏まえて指導をより一層深めること、内容項目の相互の関連を捉え直したり発展させたりすることに留意すること。

　(3)　児童が自ら道徳性を養う中で、自らを振り返って成長を実感したり、これからの課題や目標を見付けたりすることができるよう工夫すること。その際、道徳性を養うことの意義について、児童自らが考え、理解し、主体的に学習に取り組むことができるようにすること。

　(4)　児童が多様な感じ方や考え方に接する中で、考えを深め、判断し、表現する力などを育むことができるよう、自分の考えを基に話し合ったり書いたりするなどの言語活動を充実すること。

　(5)　児童の発達の段階や特性等を考慮し、指導のねらいに即して、問題解決的な学習、道徳的行為に関する体験的な学習等を適切に取り入れるなど、指導方法を工夫すること。その際、それらの活動を通じて学んだ内容の意義などについて考えることができるようにすること。また、特別活動等における多様な実践活動や体験活動も道徳科の授業に生かすようにすること。

　(6)　児童の発達の段階や特性等を考慮し、第2に示す内容との関連を踏まえつつ、情報モラルに関する指導を充実すること。また、児童の発達の段階や特性等を考慮し、例えば、社会の持続可能な発展などの現代的な課題の取扱いにも留意し、身近な社会的な課題を自分との関係において考え、それらの解決に寄与しようとする意欲や態度を育てるよう努めること。なお、多様な見方や考え方のできる事柄について、特定の見方や考え方に偏った指導を行うことのないようにすること。

　(7)　道徳科の授業を公開したり、授業の実施や地域教材の開発や活用などに家庭や地域の人々、各分野の専門家等の積極的な参加や協力を得たりするなど、家庭や地域社会との共通理解を深め、相互の連携を図ること。

3　教材については、次の事項に留意するものとする。

　(1)　児童の発達の段階や特性、地域の実情等を考慮し、多様な教材の活用に努めること。特に、生命の尊厳、自然、伝統と文化、先人の伝記、スポーツ、情報化への対応等の現代的な課題などを題材とし、児童が問題意識をもって多面的・多角的に考えたり、感動を覚えたりするような充実した教材の開発や活用を行うこと。

　(2)　教材については、教育基本法や学校教育法その他の法令に従い、次の観点に照らし適切と判断されるものであること。

　　ア　児童の発達の段階に即し、ねらいを達成するのにふさわしいものであること。

　　イ　人間尊重の精神にかなうものであって、悩みや葛藤等の心の揺れ、人間関係の理解
　　　等の課題も含め、児童が深く考えることができ、人間としてよりよく生きる喜びや勇
　　　気を与えられるものであること。
　　ウ　多様な見方や考え方のできる事柄を取り扱う場合には、特定の見方や考え方に偏っ
　　　た取扱いがなされていないものであること。
4　児童の学習状況や道徳性に係る成長の様子を継続的に把握し、指導に生かすよう努める
　必要がある。ただし、数値などによる評価は行わないものとする。

## ②中学校学習指導要領第3章「特別の教科　道徳」（平成29年3月告示）

第1　目標
　第1章総則の第1の2に示す道徳教育の目標に基づき、よりよく生きるための基盤となる
道徳性を養うため、道徳的諸価値についての理解を基に、自己を見つめ、物事を広い視野か
ら多面的・多角的に考え、人間としての生き方についての考えを深める学習を通して、道徳
的な判断力、心情、実践意欲と態度を育てる。
第2　内容
　学校の教育活動全体を通じて行う道徳教育の要である道徳科においては、以下に示す項目
について扱う。
A　主として自分自身に関すること
　[自主、自律、自由と責任]
　　自律の精神を重んじ、自主的に考え、判断し、誠実に実行してその結果に責任をもつこ
　と。
　[節度、節制]
　　望ましい生活習慣を身に付け、心身の健康の増進を図り、節度を守り節制に心掛け、安
　全で調和のある生活をすること。
　[向上心、個性の伸長]
　　自己を見つめ、自己の向上を図るとともに、個性を伸ばして充実した生き方を追求する
　こと。
　[希望と勇気、克己と強い意志]
　　より高い目標を設定し、その達成を目指し、希望と勇気をもち、困難や失敗を乗り越え
　て着実にやり遂げること。
　[真理の探究、創造]
　　真実を大切にし、真理を探究して新しいものを生み出そうと努めること。
B　主として人との関わりに関すること
　[思いやり、感謝]
　　思いやりの心をもって人と接するとともに、家族などの支えや多くの人々の善意により
　日々の生活や現在の自分があることに感謝し、進んでそれに応え、人間愛の精神を深める

こと。

[礼儀]

　礼儀の意義を理解し、時と場に応じた適切な言動をとること。

[友情、信頼]

　友情の尊さを理解して心から信頼できる友達をもち、互いに励まし合い、高め合うとともに、異性についての理解を深め、悩みや葛藤も経験しながら人間関係を深めていくこと。

[相互理解、寛容]

　自分の考えや意見を相手に伝えるとともに、それぞれの個性や立場を尊重し、いろいろなものの見方や考え方があることを理解し、寛容の心をもって謙虚に他に学び、自らを高めていくこと。

C　主として集団や社会との関わりに関すること

[遵法精神、公徳心]

　法やきまりの意義を理解し、それらを進んで守るとともに、そのよりよい在り方について考え、自他の権利を大切にし、義務を果たして、規律ある安定した社会の実現に努めること。

[公正、公平、社会正義]

　正義と公正さを重んじ、誰に対しても公平に接し、差別や偏見のない社会の実現に努めること。

[社会参画、公共の精神]

　社会参画の意識と社会連帯の自覚を高め、公共の精神をもってよりよい社会の実現に努めること。

[勤労]

　勤労の尊さや意義を理解し、将来の生き方について考えを深め、勤労を通じて社会に貢献すること。

[家族愛、家庭生活の充実]

　父母、祖父母を敬愛し、家族の一員としての自覚をもって充実した家庭生活を築くこと。

[よりよい学校生活、集団生活の充実]

　教師や学校の人々を敬愛し、学級や学校の一員としての自覚をもち、協力し合ってよりよい校風をつくるとともに、様々な集団の意義や集団の中での自分の役割と責任を自覚して集団生活の充実に努めること。

[郷土の伝統と文化の尊重、郷土を愛する態度]

　郷土の伝統と文化を大切にし、社会に尽くした先人や高齢者に尊敬の念を深め、地域社会の一員としての自覚をもって郷土を愛し、進んで郷土の発展に努めること。

[我が国の伝統と文化の尊重、国を愛する態度]

　優れた伝統の継承と新しい文化の創造に貢献するとともに、日本人としての自覚をもって国を愛し、国家及び社会の形成者として、その発展に努めること。

[国際理解、国際貢献]

世界の中の日本人としての自覚をもち、他国を尊重し、国際的視野に立って、世界の平和と人類の発展に寄与すること。

D　主として生命や自然、崇高なものとの関わりに関すること

[生命の尊さ]

生命の尊さについて、その連続性や有限性なども含めて理解し、かけがえのない生命を尊重すること。

[自然愛護]

自然の崇高さを知り、自然環境を大切にすることの意義を理解し、進んで自然の愛護に努めること。

[感動、畏敬の念]

美しいものや気高いものに感動する心をもち、人間の力を超えたものに対する畏敬の念を深めること。

[よりよく生きる喜び]

人間には自らの弱さや醜さを克服する強さや気高く生きようとする心があることを理解し、人間として生きることに喜びを見いだすこと。

第3　指導計画の作成と内容の取扱い

1　各学校においては、道徳教育の全体計画に基づき、各教科、総合的な学習の時間及び特別活動との関連を考慮しながら、道徳科の年間指導計画を作成するものとする。なお、作成に当たっては、第2に示す内容項目について、各学年において全て取り上げることとする。その際、生徒や学校の実態に応じ、3学年間を見通した重点的な指導や内容項目間の関連を密にした指導、一つの内容項目を複数の時間で扱う指導を取り入れるなどの工夫を行うものとする。

2　第2の内容の指導に当たっては、次の事項に配慮するものとする。

⑴　学級担任の教師が行うことを原則とするが、校長や教頭などの参加、他の教師との協力的な指導などについて工夫し、道徳教育推進教師を中心とした指導体制を充実すること。

⑵　道徳科が学校の教育活動全体を通じて行う道徳教育の要としての役割を果たすことができるよう、計画的・発展的な指導を行うこと。特に、各教科、総合的な学習の時間及び特別活動における道徳教育としては取り扱う機会が十分でない内容項目に関わる指導を補うことや、生徒や学校の実態を踏まえて指導をより一層深めること、内容項目の相互の関連を捉え直したり発展させたりすることに留意すること。

⑶　生徒が自ら道徳性を養う中で、自らを振り返って成長を実感したり、これからの課題や目標を見付けたりすることができるよう工夫すること。その際、道徳性を養うことの意義について、生徒自らが考え、理解し、主体的に学習に取り組むことができるようにすること。また、発達の段階を考慮し、人間としての弱さを認めながら、それを乗り越えてよりよく生きようとすることのよさについて、教師が生徒と共に考える姿勢を大切にすること。

(4)　生徒が多様な感じ方や考え方に接する中で、考えを深め、判断し、表現する力などを育むことができるよう、自分の考えを基に討論したり書いたりするなどの言語活動を充実すること。その際、様々な価値観について多面的・多角的な視点から振り返って考える機会を設けるとともに、生徒が多様な見方や考え方に接しながら、更に新しい見方や考え方を生み出していくことができるよう留意すること。

(5)　生徒の発達の段階や特性等を考慮し、指導のねらいに即して、問題解決的な学習、道徳的行為に関する体験的な学習等を適切に取り入れるなど、指導方法を工夫すること。その際、それらの活動を通じて学んだ内容の意義などについて考えることができるようにすること。また、特別活動等における多様な実践活動や体験活動も道徳科の授業に生かすようにすること。

(6)　生徒の発達の段階や特性等を考慮し、第2に示す内容との関連を踏まえつつ、情報モラルに関する指導を充実すること。また、例えば、科学技術の発展と生命倫理との関係や社会の持続可能な発展などの現代的な課題の取扱いにも留意し、身近な社会的な課題を自分との関係において考え、その解決に向けて取り組もうとする意欲や態度を育てるよう努めること。なお、多様な見方や考え方のできる事柄について、特定の見方や考え方に偏った指導を行うことのないようにすること。

(7)　道徳科の授業を公開したり、授業の実施や地域教材の開発や活用などに家庭や地域の人々、各分野の専門家等の積極的な参加や協力を得たりするなど、家庭や地域社会との共通理解を深め、相互の連携を図ること。

3　教材については、次の事項に留意するものとする。

(1)　生徒の発達の段階や特性、地域の実情等を考慮し、多様な教材の活用に努めること。特に、生命の尊厳、社会参画、自然、伝統と文化、先人の伝記、スポーツ、情報化への対応等の現代的な課題などを題材とし、生徒が問題意識をもって多面的・多角的に考えたり、感動を覚えたりするような充実した教材の開発や活用を行うこと。

(2)　教材については、教育基本法や学校教育法その他の法令に従い、次の観点に照らし適切と判断されるものであること。

　ア　生徒の発達の段階に即し、ねらいを達成するのにふさわしいものであること。

　イ　人間尊重の精神にかなうものであって、悩みや葛藤等の心の揺れ、人間関係の理解等の課題も含め、生徒が深く考えることができ、人間としてよりよく生きる喜びや勇気を与えられるものであること。

　ウ　多様な見方や考え方のできる事柄を取り扱う場合には、特定の見方や考え方に偏った取扱いがなされていないものであること。

4　生徒の学習状況や道徳性に係る成長の様子を継続的に把握し、指導に生かすよう努める必要がある。ただし、数値などによる評価は行わないものとする。

# 人物索引

# 事項索引

【編者紹介】

田沼　茂紀（たぬま しげき）新潟県生まれ。

上越教育大学大学院学校教育研究科修了。國學院大學人間開発学部初等教育
学科教授。専攻は道徳教育学、教育カリキュラム論。
川崎市公立学校教諭を経て高知大学教育学部助教授、同学部教授、同学部附
属教育実践総合センター長。2009年より國學院大學人間開発学部教授。同人
間開発学部長を経て現職。日本道徳教育学会理事、日本道徳教育方法学会理
事、日本道徳教育学会神奈川支部長。小・中学校道徳科教科書『きみがいち
ばんひかるとき』（光村図書）編集著作者代表。
主な単著、『表現構想論で展開する道徳授業』1994年、『子どもの価値意識を
育む』1999年、『再考－田島体験学校』2002年（いずれも川崎教育文化研究
所刊）、『人間力を育む道徳教育の理論と方法』2011年、『豊かな学びを育む
教育課程の理論と方法』2012年、『心の教育と特別活動』2013年、『道徳科で
育む21世紀型道徳力』2016年、『未来を拓く力を育む特別活動』2018年、『学
校教育学の理論と展開』2019年（いずれも北樹出版刊）。 主な編著『問いで
紡ぐ小（中）学校道徳科授業づくり』2020（2021）年（東洋館出版社刊）、
『道徳科重要用語事典』2021年（明治図書刊）、新道徳教育全集第5巻『道徳
教育を充実させる多様な支援』2021年（学文社刊）等々多数。

道徳科教育学の構想とその展開

2022年4月10日　初版第1刷発行

著　者　　田　沼　茂　紀

発行者　　木　村　慎　也

定価はカバーに表示　　　　　印刷　恵友社／製本　カナメ製本

発行所　株式会社 北 樹 出 版

〒153-0061　東京都目黒区中目黒1-2-6
URL：http://www.hokuju.jp
電話(03)3715-1525(代表)　FAX(03)5720-1488